Georg Popp
Große Frauen des 20. Jahrhunderts

Georg Popp

Große Frauen des 20. Jahrhunderts

Herausgegeben unter der Mitarbeit von
Gisela Bonn, Ursula Carl,
Agnes Emrich, Ernst L. Erd, Paul Handschin,
Klaus Klöckner, Mareta Luchner,
Hans Mayer, Gerda Neumann,
Hans-Georg Noack, Heinrich Pleticha,
Max Rößler, Bruno Rottenbach,
Heinrich Satter, Max Schäfer, Ellen Schöler,
Hermann Schreiber, Margarete von
Schwarzkopf, Karl Rolf Seufert,
Rüdiger Siebert und Volkmar Zühlsdorff

Arena

CIP-Kurztitelaufnahme der Deutschen Bibliothek

Große Frauen des 20. [zwanzigsten] Jahrhunderts/Georg Popp. Hrsg. unter d. Mitarb. von Gisela Bonn... – 1. Aufl. – Würzburg: Arena, 1986.
ISBN 3-401-04109-6
NE: Popp, Georg [Hrsg.]

1. Auflage 1986

Schutzumschlaggestaltung: Karl Müller-Bußdorf unter Verwendung eines Fotos von Keystone, Hamburg
Bildnachweis: Archiv Gerstenberger, Frankfurt: S. 238 unten; Archiv für Kunst und Geschichte, Berlin: S. 49 oben, S. 50 oben, S. 67 unten rechts; Interfoto München: S. 50 unten, S. 68, S. 118, S. 136 unten rechts, S. 237, S. 238 oben; Keystone Pressedienst, Hamburg: S. 49 unten links, S. 117, S. 136 unten links, S. 219; Süddeutscher Verlag, München: S. 255, S. 256; alle übrigen: Arena-Archiv
Gesamtherstellung: Pfälzische Verlagsanstalt GmbH, Landau/Pfalz
ISBN 3-401-04109-6

Inhalt

Alphabetisches Verzeichnis

Die 1. Zahl bezeichnet den Band, in dem der Beitrag über die jew. Persönlichkeit zu finden ist (1 = Georg Popp: Große Frauen der Welt, 2 = Georg Popp: Große Frauen des 20. Jahrhunderts). Die 2. Zahl ist die Seitenzahl des jew. Beitrags.

Vorwort

Was hat sie groß gemacht?

Wenn man davon absieht, daß die Bezeichnung »groß« im Hinblick auf eine Persönlichkeit immer von verschiedenen Gesichtspunkten aus definiert und beurteilt werden kann, so ist doch objektiv viel leichter feststellbar, wer sich im Urteil der Geschichte als bedeutend erwiesen hat. Wer aber sind »große Frauen des 20. Jahrhunderts«?
Gehören dazu zum Beispiel auch Sportlerinnen, die oft wenige Jahre nach ihren Erfolgen schon nicht mehr bekannt sind? Können wir sie mit der Bedeutung einer Golda Meir oder einer Indira Gandhi vergleichen? Und selbst diese: Werden sie nach Jahrhunderten noch zu den Großen zählen?
Unter diesem Gesichtspunkt stellte sich zu Beginn der Arbeit an diesem Buch eine wichtige Frage: Werden sich überhaupt so viele bedeutende Frauen finden lassen, die den Vergleich mit der Geschichte aushalten, um in einen Band der Großen des 20. Jahrhunderts aufgenommen zu werden?
Doch diese Frage zeigte sich schon rasch als sehr oberflächlich gestellt. Frauen, die in unserem 20. Jahrhundert als groß bezeichnet werden dürfen, gibt es weit mehr, als dieses Buch umfangmäßig aufnehmen kann. Man könnte eine ganze Reihe von Büchern mit ihnen füllen.
So ergab sich als wichtigstes Auswahl-Kriterium, daß nicht die über allen Zweifeln erhabene Bedeutung – wer hätte diese feststellen wollen? – allein und an erster Stelle entscheidend sein sollte. Viel mehr sollten Frauen aus *allen Bevölkerungsschichten* und *allen Berufen* vorgestellt werden.
Die Vorkämpferin für die Frauenrechte ebenso wie die bewahrende, sich für ihr Volk opfernde Frau; die Politikerin nicht weniger als die Künstlerin; die Sportlerin genauso wie die Forscherin.

Sicher würden auch die Interpretinnen dazugehören und nicht nur die Neues schaffenden Künstlerinnen. (Allein aus praktischen Gründen – des Umfangs wegen – mußten sich Verlag und Herausgeber jedoch entscheiden, in diesem Fall nur eine einzige Frau, Greta Garbo, »Die Göttliche«, stellvertretend für die vielen Schauspielerinnen und Darstellerinnen aufzunehmen. Allein diese Gruppe hätte sonst einen eigenen Band füllen können.)
Große Frauen aus allen Berufen und aus allen Lebensbereichen vorzustellen, das war das Hauptkriterium der Auswahl, wie ja auch die Leserinnen und Leser dieses Bandes aus allen Bevölkerungsschichten kommen. Sie sollen sich in diesen Frauen finden können.
»Große Frauen des 20. Jahrhunderts«: Unmittelbar vor uns haben sie gelebt oder leben noch direkt neben uns. Ihre Lebenserfahrungen, ihre Erfolge und Leistungen sind uns ebenso wie ihre Fehler und Mißerfolge leichter verständlich als die von Menschen früherer Jahrhunderte. Die Frauen dieses Buches lebten und leben noch in der Zeit, die auch die unsere ist. In der Welt, die auch wir gestalten und uns untertan machen wollen.
So unterschiedlich ihre Herkunft und ihr Leben, so verschieden ihre Aufgaben und ihre Berufe waren, eines hatten diese »großen Frauen des 20. Jahrhunderts« alle gemeinsam:
Sie lebten nicht für sich allein.
Sie ließen sich nicht von Selbstsucht und Egoismus leiten. Ob sie für die Befreiung ihrer Geschlechtsgenossinnen kämpften oder ihre Umgebung mit ihrer Kunst bereichern wollten, ob sie Neuland erforschten oder im Sport neue Ziele setzten, ob sie uns eine neue Entdeckung oder »nur Unterhaltung« schenken wollten:
Immer ging es ihnen um ihre Mitmenschen.
Um deren Freiheit und deren Freude. Um deren Hoffnung und deren Hilfe.
Sie wollten anderen einen Weg zeigen.
Sie wollten uns allen das Leben ein wenig leichter und den Alltag eine Kleinigkeit heller machen.
Das hat sie groß gemacht.

Georg Popp

Selma Lagerlöf
Achtung vor dem Menschenbild

von Gerda Neumann

Selma Lagerlöf, eines der größten Erzählertalente aus dem Norden, ist ein wenig aus der Mode gekommen. Das ist bedauerlich und ungerecht. Wenn man nach langen Jahren wieder mit ihren Werken in Berührung kommt, ist man überrascht, wie gut sie Menschen, Milieus und das Einwirken auch des unerklärbar Geheimnisvollen, ja des Schauerlichen darzustellen vermochte. Auch der Vorwurf, sie, die nie die Liebe kennengelernt habe, könne diese nicht schildern, trifft nicht mehr zu, nachdem wir heute viel mehr gerade auch über die Auswirkung körperlicher Empfindungen wie Anziehung oder Abstoßung wissen, die dem Werden einer Liebe förderlich oder hinderlich sein können. Ihre psychologisch begründeten Handlungsverläufe führen meistens nicht zu einem strahlenden Happy-End, wie es sich ihre Gestalten erträumten, sondern zum Verzicht auf zu hoch gesteckte Ziele und zum Abbau von Illusionen. Erst muß der Mensch eine gründliche Leidenszeit durchmachen, ehe er sich geläutert mit einem bescheideneren Glück zufriedengibt. Barmherzigkeit stellte die Autorin über alles. Ihre Gestalten laden Schuld auf sich, sühnen schwer und beugen sich manchmal erst spät ihrem Schicksal. Selma Lagerlöf hatte »Achtung vor dem Menschenbild« aller sozialen Schichten. Als »Herrschaftskind« geboren, steht sie dennoch den Nöten aller Menschen unvoreingenommen gegenüber, und gerade die Armen sind es oft, die die besser Gestellten durch Güte beschämen und die durch Eigenheiten interessanter werden als der Durchschnittsbürger. Spießbürgermoral lag der Autorin fern, die zum Beispiel auch Verständnis für die Beweggründe einer Kindsmörderin zeigte. So läßt sie in »Jerusalem« (Teil I) einen Pfarrer sagen, daß allein die Tatsache, die Mutter seines getöteten Kindes nicht abgeschoben, sondern zu seiner legalen Frau gemacht zu haben, den jungen Ingmar in den Kreis der Großen seines Geschlechts erhöbe.
Selma Ottilia Lovisa Lagerlöf wurde als Gutsbesitzerstochter am 20.

November 1858 in Värmland geboren, einer Landschaft mit reicher alter Erzähltradition. Viele ihrer Vorfahren waren Pfarrer, manche von ihnen hatten sich mit alten Sagen und Volksmärchen befaßt. Mårbacka, Selmas Elternhaus, war Pfarrhof gewesen, bis dort Selmas Großvater, der Regimentsschreiber Daniel Lagerlöf, einheiratete. Dessen Sohn, Leutnant Erik Gustav Lagerlöf, verwaltete sein Gut und war nebenher Steuereinnehmer und Versicherungsagent. Seine heitere, phantasievolle Art machte ihn zum idealen Gastgeber. Er sammelte und schrieb die värmländischen Sagen auf, die seine Tochter später in ihrem ersten großen Werk verwendete, der »Gösta Berling Saga«. Seine herbe, weniger zugängliche Frau finden wir in der Karin Ingmarsdotter porträtiert. Mårbacka war der bescheidenste Herrenhof weit und breit, nicht einmal weiß gestrichen und besaß keinen Saal, in dem man hätte tanzen, spielen oder Gesellschaften geben können. Dies alles konnte sich die Autorin später aus eigener Kraft schaffen, als sie den Hof zurückkaufte. Doch bei aller Bescheidenheit der Umstände erblühte dort, insbesondere im Sommer, ein heiter geselliges Leben, wenn all die städtischen Verwandten zu Besuch kamen.
Wie die Kinder Lagerlöf von Erzieherinnen unterrichtet wurden, spielten, musizierten, Theatervorstellungen gaben und sich von Herzen wohl und geborgen fühlten, das schildert die Autorin in ihren herrlichen Kindheitserinnerungen, die spannend und voll von Atmosphäre sind. Sie war das vierte Kind ihrer Eltern, und nach knapp vier Jahren kam das fünfte, die kleine Gerda, die ihr auch später am nächsten stand. Selma wurde mit einem Hüftleiden geboren, das aber niemand recht ernst nahm, bis sich plötzlich eine völlige Lähmung einstellte. Vermutlich war hier Seelisches mit im Spiel: Zu kurz war die Zeit, in der das Kind im Mittelpunkt gestanden hatte, nun lenkte das Leiden wieder die Aufmerksamkeit auf sie. Eine Reise zwecks kräftigender Bäder nach Strömstad wurde insofern erfolgreich, als auf der Rückreise das Kind plötzlich ganz von selbst anfing zu gehen, um einen Paradiesvogel zu betrachten. Die Eltern schickten Selma für einen Winter nach Stockholm, wo sie Gesundheitsgymnastik treiben sollte. Das hatte einen doppelten Erfolg: Selma hinkte kaum noch, als sie heimkam und war randvoll von kulturellen Eindrücken, die sie begeistert den Geschwistern schilderte. So kam es zum ersten Versuch, Theater zu spielen, ein Stück, das zum Vergnügen der Erwachsenen von Sentimentalität nur so troff. Als 13jährige erlebte

Selma auf einem Picknickball, zu dem man sie zu gehen zwang, eine schwere Zurücksetzung. Hinfort brauchte sie nie wieder Mauerblümchen spielen, aber der angerichtete Schaden in der Seele des Mädchens wurde wohl nie behoben: Selma fand sich häßlich und unansehnlich und schloß von vornherein aus, daß man sie je begehrenswert finden könne. Dabei zeigen viele Fotos von ihr, daß sie ein schönes, regelmäßiges Gesicht hatte und auch im Alter noch eindrucksvoll war. Sie suchte Entschädigung in Büchern und fand sie dort, insbesondere, als sie feststellte, daß das Glück selbst zu schreiben andere Glücksmöglichkeiten aufwog.

Sie las so gern, daß sie sich als 10jährige allein durch ein französisches Märchenbuch durchbuchstabierte. Um ihren Vater zu retten, brachte sie Gott das große Opfer, die ganze dicke Familienbibel durchzulesen. Schweigend duldete sie Neckereien und nahm den Vorwurf hin, eine arge Betschwester zu sein. Erst bei den »Offenbarungen« angekommen, merkte sie, daß die Mutter ihr Motiv durchschaute. Da gab sie auf. Ganz gesund wurde der Vater nie mehr.

An einem schönen Frühlingsabend gelang der 15jährigen das erste Gedicht. Sie war nicht zur Lyrikerin geboren, und auch die Vermittlung einer Stockholmerin mit literarischen Verbindungen blieb erfolglos. Niemand wollte ihre Verse haben. Da beschloß sie, selbständig zu werden und bereitete sich in Stockholm auf die Prüfung für die Zulassung zum Königlichen Lehrerinnenseminar vor, die sie als 24jährige zwischen sehr viel jüngeren bestand, obwohl sie nie eine öffentliche Schule besucht hatte, und nur die Hälfte der Bewerberinnen es schafften. Bald wurde sie Wortführerin ihres Jahrgangs, da sie auch Wirklichkeitssinn besaß. Nun fand sie auch literarisch ihren richtigen Weg. Angeregt durch Vorlesungen des Dichters Viktor Rydberg und im Bewußtsein daran, daß nun, nach dem Tode des Vaters, das geliebte Mårbacka verkauft werden mußte, wo dieser all die Geschichten von den Kavalieren auf Ekeby erzählt und aufgeschrieben hatte, sah sie es als Pflicht an, daraus ein Buch zu machen. Eins der Stücke wurde von der Zeitschrift »Idun« preisgekrönt, und damit war der Weg zur Drucklegung geebnet. »Die Gösta Berling Saga« fand Beifall, errang aber den verdienten ganz großen Erfolg erst, als die dänische Ausgabe vom damaligen Literaturpapst Georg Brandes abgesegnet wurde und auch in Deutschland großen Erfolg hatte. »Eigentlich wollen die Menschen von jedem Verfasser nur ein einziges Buch. Bei mir war es der Gösta Berling«, sagte die Autorin im

Alter. Glücklicherweise war ihr das in den 90er Jahren noch nicht bewußt. Denn nun erschien fast Jahr für Jahr ein Buch von ihr. Mit ihrer Freundin, der Schriftstellerin Sophie Elkan, reiste sie, mit einem Stipendium ausgestattet, 1895 nach Italien, wo sie zu dem Roman »Die Wunder des Antichrist« angeregt wurde, der Geschichte einer tragischen Liebe und eines gefälschten wundertätigen Bildes. Hier setzte sie sich mit den antichristlichen Strömungen ihrer Zeit auseinander, deren Motive sie verstand, aber nicht billigte. »Niemand kann die Menschen von ihren Leiden befreien; aber dem wird viel vergeben werden, der ihnen Mut macht, ihr Leiden zu tragen« heißt es am Schluß des 1897 erschienenen Buches. Selma Lagerlöf gab ihren Beruf auf und zog nach Falun zu ihrer Schwester Gerda, um sich ganz der Schriftstellerei zu widmen. Begleitet von der Freundin reiste sie zu dieser Zeit nach Ägypten, ins damalige Palästina und in die Türkei. Im Heiligen Lande traf sie schwedische Bauern, die sich einer Erweckungsbewegung angeschlossen hatten. Ihre Erfahrungen mit ihnen veranlaßten sie zu dem zweiteiligen Roman »Jerusalem« (1901/2). Im ersten Bande erzählt sie die Geschichte des alten Bauerngeschlechts, der Ingmarssöhne und der Einwohner eines Dorfes in Darlekarlien. Im zweiten führt sie den Leser mit dem letzten Ingmar ins Heilige Land, wo dieser im Auftrag seiner Frau seine einstige Geliebte vom Wahnsinn befreien und heimholen soll. Die Verwirrte wird zwar geheilt, heiratet jedoch einen anderen, während Ingmar die von ihm getrennt lebende eigene Frau lieben lernt. Neigung zum

Selma Lagerlöf

wurde am 20. November 1858 als Tochter eines Gutsbesitzers in Mårbacka/Schweden geboren. Eine Kinderlähmung fesselte das begabte Mädchen an das Haus. Nach Besuch eines Lehrerseminars war sie von 1885 bis 1895 als Lehrerin tätig. 1891 erzielte sie mit ihrem ersten Roman »Gösta Berling« einen großen schriftstellerischen Erfolg. Er erlaubte es ihr, von 1897 an als freie Schriftstellerin zu leben. In zahlreichen Erzählungen und Romanen setzte sie sich in der Folgezeit für ihre moralischen, sozialen und christlichen Ideale ein. Sie wurde die bedeutendste schwedische Dichterin der Gegenwart. 1909 erhielt sie den Nobelpreis. Sie starb am 16. März 1940 in Mårbacka.

Sektierertum und Aussterben eines alten Geschlechts, typische Probleme schwedischen Bauerntums, finden hier individuelle Gestaltung. In der Karin Ingmarsdotter erkennen wir das Porträt der Mutter Lagerlöf: schwerfällig, langsam, unschön aber beharrlich und zutiefst fromm.

Reisen nach Norwegen, Italien, durch Nordschweden und Lappland, nach Dänemark und England (1902/5) vermitteln viele neue Eindrücke und Anregungen. 1904 wird die Autorin mit der »Goldenen Medaille« der Schwedischen Akademie geehrt, »Idun« vertraut ihr die Literatursparte an. Sie lernt die große Welt kennen und greift doch wieder ein heimisches Thema auf: »Herrn Arnes Schatz« entstammt thematisch einer Ballade aus dem 15. Jh.: Die Geschichte eines grausamen Raubmordes und dessen Sühne. Ein Auftrag des schwedischen Unterrichtsministeriums, ein Geographiebuch für die Schulen zu schreiben, wurde ein internationaler Erfolg: »Die wunderbare Reise des kleinen Nils Holgersson mit den Wildgänsen«. Ebenso wie die »Christuslegenden« wurde es zur Lieblingslektüre ganzer Generationen. Ein Waisenkind gleichen Namens tauchte auf, dem Selma Lagerlöf zur zweiten Mutter wurde.

Ehrendoktorate von Uppsala und Greifswald bewiesen, daß man nicht nur die Dichterin, sondern auch die große weise, mütterliche Frau verehrte.

1909 erhielt sie den Nobelpreis für Literatur der Schwedischen Akademie, den sie mit einer Dankesrede an ihren verstorbenen Vater in Empfang nahm. Nun konnte sie auch noch die Ländereien zu dem inzwischen zurückerworbenen Gutshaus kaufen und schuf sich dort ein Heim, wie sie es sich als Kind erträumt hatte. Viele prominente Gäste aus dem In- und Ausland kamen, und sie selbst wußte nun, daß ihr Wort galt und gebraucht wurde wie 1911 auf dem Kongreß für Frauenstimmrecht in Stockholm, wo sie nicht als eifernde Suffragette sondern als besonnene Vortragende auftrat, die der Meinung war, Männer und Frauen sollten gemeinsam »das große Meisterwerk, den guten Staat« schaffen.

1914 wurde Selma Lagerlöf als erste Frau in die Schwedische Akademie, unter die »Achtzehn Unsterblichen« des Landes, aufgenommen. In ihren Skizzen »Stimmungen aus den Kriegsjahren« zeigt sie ihr Mitgefühl für alle Leidenden. Sie opfert einen großen Teil ihrer Einkünfte für notleidende Kinder in den betroffenen Ländern, und sie gedenkt in »Die Himmelstreppe« des großen Sterbens.

In ihren drei Löwenschöld-Romanen offenbart sie noch einmal ihre Auffassung, daß nicht Askese, sondern ehrliches und liebevolles Verhalten zu den Mitmenschen zur Verwirklichung des christlichen Lebensideals führt, dazu freilich gehört auch Entsagung, Verzicht um eines anderen willen. Der dritte Band erschien an ihrem 70. Geburtstag, dem 20. November 1928, der festlich in der Königlichen Oper zu Stockholm in Anwesenheit der Königlichen Familie begangen wurde. Es gab »Die Kavaliere von Ekeby«, eine Oper nach ihrem Roman, komponiert von dem Italiener Riccardo Zandonai. Am nächsten Abend wurde das Schauspiel »Onkel Theodor« von Selma Lagerlöf im Königlichen Schauspielhaus aufgeführt. Dieser Tag war ein letzter Höhepunkt in ihrem Leben. Ehrungen kamen aus aller Welt. Ihren Lebensabend verbrachte sie als Gutsherrin in Mårbacka und beschloß ihn dort geruhsam 1940. Trotz der Zeitereignisse verlor sie den Glauben an das Gute, das Göttliche im Menschen nie.

8 Millionen Exemplare ihrer Werke erschienen allein in Schweden, und während der 30er Jahre galt sie dort immer noch als die meistgelesene Schriftstellerin, »Gösta Berling« als das Lieblingsbuch. In Deutschland wurden bis 1933 500000 Exemplare ihrer Bücher verkauft, darunter 50000 von »Nils Holgersson«. Im »Dritten Reich« wurde sie nicht verboten, aber man sorgte dafür, daß die Erinnerung an sie verblaßte.

Helene Lange / Gertrud Bäumer
Auszug aus »Kirche, Küche, Kinderstube«

von Bruno Rottenbach

Kurz vor ihrem 16. Geburtstag im Frühjahr 1864 kam Helene Lange in das Eninger Pfarrhaus unweit Reutlingen. Begierig sog sie die geistige Atmosphäre dieses gastlichen Hauses ein. Ein Umstand stieß ihr dabei allerdings besonders auf: die geistige Trennung der Geschlechter. War nämlich das Pfarrkränzchen beendet, ritten die Männer nach dem Kaffee Geistesturniere und fachsimpelten über Gott und die Welt. Die von ihnen getrennten Frauen aber stiegen hinab in die Küchensphäre. Gewohnt, im Kreise auch älterer Freunde an lebhaften philosophischen und politischen Diskussionen teilzunehmen, fand sie die Unterwerfung der Frauen durch diese Scheidung der Welten erniedrigend. So wurde der Aufenthalt im Eninger Pfarrhaus für Helene Lange die Geburtsstunde der Frauenbewegung. Als sie 1903 fünfzigjährig mit der Studentin Gertrud Bäumer eine enge Lebens- und Arbeitsgemeinschaft einging, strebte beider gemeinsames Wirken für Rechte und Gleichberechtigung der Frau endlich spürbaren Erfolgen zu. Doch die Ernte der Arbeit zweier Leben für die Frauen konnten sie nicht mehr einbringen. Das Dritte Reich löste die Frauenfrage auf seine Weise.

Es ist ebenso aufschlußreich wie faszinierend, den Lebensweg dieser beiden herausragenden Persönlichkeiten der Frauenbewegung zu verfolgen, zeigt er doch die heute fast unvorstellbaren Hindernisse auf, die ein konventionelles Patriarchat aufbaute, um zu verhindern, daß die unterdrückte Mehrheit zu Wort kam. Längst haben die von der neuen Frauenbewegung ans Licht gebrachten aktuellen gesellschaftspolitischen Mißstände Öffentlichkeitsrang erreicht. Damals umgrenzten jedoch »Kirche, Küche und Kinderstube« das Reich der Frau. Wie hätte es sonst Ende des 19. Jahrhunderts einen regelrechten Aufruhr geben können, als Helene Langes »Gelbe Broschüre« eine größere Beteiligung des weiblichen Elements am wissenschaftlichen Unterricht auf Mittel- und Oberstufe der öffentlichen Mädchenschulen vom

Preußischen Kultusministerium wie dem Abgeordnetenhaus forderte. Die Behörden empfanden die Denkschrift als »unerhörte Rebellion«. 126 Direktoren der öffentlichen Mädchenschulen protestierten gegen jegliche Bevorzugung von Frauen für leitende Stellungen. Die Oberlehrer wandten sich mit verletzten philisterhaften Herrengefühlen gegen die »Anmaßung der Frauenrechtlerinnen«. Der Deutsche Lehrerverein löste 1906 die »Lehrerinnenfrage« mit einem Verdikt über die erzieherische Minderwertigkeit der Lehrerin.

Auf der Gegenseite focht Helene Lange, unterstützt von aufgeschlossenen und mutigen Frauen und weitsichtigen Männern. Sie verstand sich auf kämpferische Auseinandersetzungen, hatte sie doch bereits seit 1887 Stellung genommen gegen den geringen Einfluß der Frauen auf die konventionelle Mädchenbildung. Ihr Leben hatte sie geradezu prädestiniert zur Vorkämpferin für eine bessere Mädchenbildung. Ihr Vater ließ sie am langen Zügel laufen und sprach nur äußerst selten ein Machtwort.

Bereits mit 18 Jahren wurde ihre Neigung zum Lehrerinnenberuf gefördert, als sie aus dem Eninger Pfarrhaus auf eine Au-Pair-Stelle im Pensionat der Mademoiselle Verenet in Petit Chateau bei Beblenheim im Elsaß wechselte. Halb Schülerin, halb Lehrerin, lehrte sie dort ohne jede Vorbildung deutsche Grammatik und Literatur. Die als Autodidakt gewonnenen Kenntnisse reichten aus, um Ostern 1867 eine Erzieherinnenstelle auf Burg Grebesch bei Osnabrück zu übernehmen, um die in drei Klassen gehörenden fünf Kinder in allen Schulfächern einer höheren Mädchenschule zu unterrichten.

Im Herbst 1871 ging sie nach Berlin, um mit 23 Jahren ihre Lehrerinnenprüfung abzulegen. In Berlin, wo sie 45 Jahre bleiben sollte, wurde Helene Lange mit den brennenden Fragen der Frauenbildung und auch der Frauenbewegung schärfer als vorher konfrontiert. Sie hatte wohl die Gründung des Allgemeinen Deutschen Frauenvereins am 18. Oktober 1865 durch Luise Otto und Auguste Schmidt registriert. Auch die Gründung des Vereins Deutscher Lehrerinnen und Erzieherinnen 1869 in Berlin. Aber motiviert für eigene Aktivitäten wurde sie erst Mitte der siebziger Jahre durch Henriette Tiburtius, eine Pionierin der Frauenbewegung, und das damals Aufsehen erregende Buch John Stuart Mills »Subjection of women«, »Die Hörigkeit der Frau«.

Nach wie vor galt ihr besonderes Augenmerk der Mädchenbildung. 1876 übernahm sie in den Crainschen Anstalten einige Stunden in

einem Lehrerinnenkurs. Mitte der siebziger Jahre wurde sie in den Vorstand des Berliner »Vereins deutscher Lehrerinnen und Erzieherinnen« gewählt. 1877 wurde sie in eine Kommission berufen, die sich mit der höheren Mädchenbildung beschäftigte. Konsequent steuerte sie als Ziel an: eine Mädchenschule unter der Leitung von Frauen und ausschlaggebenden Einfluß von Frauen auf Unterricht und Erziehung. Die 1884 von Marie Loeper-Houselle gegründete Zeitschrift »Die Lehrerin in Schule und Haus« diente der gleichen Aufgabe.
Stärker gefordert wurde Helene Lange ab November 1887, als sie die »Gelbe Broschüre« als Denkschrift zu einer Petition abfaßte. In ihr wurden neben der stärkeren Beteiligung von Frauen am Unterricht der höheren Mädchenschulen vor allem Anstalten zur Ausbildung wissenschaftlicher Lehrerinnen für die Oberklassen der Höheren Mädchenschulen gefordert. Trotz des negativen Echos auf diese Denkschrift ließen die Vorkämpferinnen für eine bessere Mädchenbildung den Mut nicht sinken. 1889 richtete Helene Lange Realkurse für Frauen zur Vertiefung und Ergänzung der Allgemeinbildung und Vorbildung für höhere gewerbliche oder wissenschaftliche Tätigkeit ein. Sie wurden später in Gymnasialkurse mit dem Ziel der Reifeprüfung umgewandelt. Als Ostern 1896 die ersten sechs Schülerinnen die Prüfungen mit besten Noten bestanden, war ein wesentlicher Durchbruch erzielt. Doch wer nun glaubte, der Allmacht konservativen Geistes eine Schlappe beigebracht zu haben, irrte. Es dauerte noch bis 1908, bis Preußen sich durchrang, weibliche Abiturienten studieren zu lassen. Baden ging 1901 voran, Bayern folgte 1903, Württemberg 1904, das »weltstürzende Experiment« der Zulassung weiblicher Abiturientinnen an seine Hochschulen zu wagen.
Von diesem Mittelpunkt der Arbeit für die Hochschulvorbildung und der Zulassung der Frauen zur Hochschule und akademischen Berufen verbreiterte sich das Lebenswerk Helene Langes über die Mädchenbildung hinaus hin zur Frauenfrage im weitesten Sinne. In Gertrud Bäumer, mit der sie bis zu ihrem Tode im Jahre 1930 eine beide tragende und ergänzende Lebensgemeinschaft verband, fand sie eine Kampfgefährtin und Nachfolgerin. Beide erlebten das seltene Glück einer geistig hochgespannten und menschlich reichen Freundschaft. An Arbeit und Engagement mangelte es beiden nicht.
In Friedrichroda war 1890 der Allgemeine Deutsche Lehrerinnenverein gegründet worden, als deren Vorstand Helene Lange gewählt wurde. Gemeinsam mit Gertrud Bäumer baute sie das »Handbuch der

Frauenbewegung« auf. Gertrud Bäumer hatte auch an anderen Aufgaben wesentlichen Anteil. 1904 war sie an der Vorbereitung eines großen Internationalen Frauenkongresses beteiligt. 1910 bis 1918 führte sie den Vorsitz im Bund deutscher Frauenvereine. 1914 gründete sie den Nationalen Frauendienst zur Betreuung von Kriegerfrauen. 1917 leitete sie die Soziale Frauenschule in Hamburg. Daneben arbeitete sie an der von Helene Lange gegründeten Zeitschrift »Die Frau« mit, einem wichtigen Werkzeug für den Bau der geistigen Fundamente der Frauenbewegung. Als Mitarbeiterin der Zeitschrift »Die Hilfe« fühlte sie sich von 1912 an dem sozialen Ideengut Friedrich Naumanns als Freund und Weggefährte besonders verpflichtet. Sie begründete die Deutsche Demokratische Partei mit und vertrat sie in der Deutschen Nationalversammlung in Weimar. 1919 wurde sie in den Reichstag gewählt. Im Sommer 1920 erreichte sie der Ruf in das Reichsministerium des Innern. Dort war sie als Ministerialrätin 13 Jahre lang zuständig für Fragen der Jugendwohlfahrt und Schule. In dieser Funktion vertrat sie auch die deutsche Regierung in der Jugendwohlfahrts- und Mädchenschutzkommission im Völkerbund in Genf.

Diese Daten markieren einen bewegten Lebensweg, der über drei Jahrzehnte hinweg immer als der zweier Frauen gesehen werden muß, obwohl Helene Lange wie Gertrud Bäumer eigengeprägte Persönlichkeiten von hohem geistigen und politischen Rang waren. Beide leisteten einen wesentlichen Beitrag für den Neuaufbruch der Frauenbewegung nach dem Ersten Weltkrieg. Denn auch Helene Lange blieb bis ins hohe Alter aktiv. Gemeinsam mit Gertrud Bäumer gründete sie in Hamburg die Soziale Frauenschule und das Sozialpädagogische Institut, das am 30. April 1917 mit 100 Schülerinnen eröffnet wurde. Die Hamburger schätzten diese Arbeit und wählten Helene Lange in die Hamburger Bürgerschaft, als deren Alterspräsidentin sie am 24. März 1919 die konstituierende Versammlung eröffnete. Am 4. Juni 1923 verlieh ihr die Universität Tübingen in Anerkennung ihrer Verdienste als Vorkämpferin für die Eingliederung der Frau in die Volkswirtschaft die Doktorwürde. Anläßlich der Trauerfeier am 17. Mai 1930 würdigte Theodor Heuß die Ehrenvorsitzende der Deutschen Demokratischen Partei, Helene Lange, als eine Demokratin, die jeden engen Parteirahmen sprengt.

Gertrud Bäumer versuchte dem ihr hinterlassenen Erbe gerecht zu werden. Doch schon warf das heraufziehende Dritte Reich seine

Schatten. Wegen »nationaler Unzuverlässigkeit« 1933 aus dem Staatsdienst entlassen, widmete sie sich der Zeitschrift »Die Frau«, die erstaunlicherweise bis 1944 erscheinen konnte, und darüber hinaus schriftstellerischer Arbeit. Sie galt namentlich den Gebieten der Geistes-, Literatur- und Kunstgeschichte. Dem bereits 1927 erschienenen Band »Die Frauengestalt der deutschen Frühe« folgte 1935 die Schrift »Ich kreise um Gott«, 1936 der Roman »Adelheid, Mutter der Königreiche«, 1938 »Wolfram von Eschenbach«, 1939 Frauenbildnisse unter dem Titel »Gestalt und Wandel«, 1942 die Dante-Biographie »Die Macht der Liebe«. Auch nach Kriegsende griff Gertrud Bäumer wieder zur Feder. 1947 erschien ihre Biographie Ottos III., »Der Jüngling unter dem Sternenmantel«, 1949 eine Biographie der Frau Rath Goethe und im gleichen Jahr eine Biographie von Ricarda Huch.
Doch damit sind wir der Zeit vorausgeeilt. Zunächst wurde Gertrud Bäumer im Frühjahr 1934 von Frau von Sanden und ihrer Tochter Isabel auf Schloß Obergießmannsdorf in Schlesien in eine neue Lebensgemeinschaft aufgenommen. Obwohl ihr der Verzicht auf politisches Wirken nicht leichtfiel, trug sie doch schwerer am deutschen Gesamtschicksal als am persönlichen.
Dennoch führte sie kein Einsiedlerdasein. Bedrängten und Bedrohten gewährte sie Schutz. Jüdischen Freunden verhalf sie zur Emigration oder Flucht. Noch bis in den Zweiten Weltkrieg hinein, dessen Ausbruch sie in Gießmannsdorf erlebte, hielt sie Vorträge. Sie waren für viele eine Quelle des Trostes und der Kraft. Beim SD (Sicherheitsdienst der SS) und der Gestapo (Geheime Staatspolizei) stand sie auf der Liste jener Personen, die ständig beobachtet werden sollten. 1938, 1939 und 1943 hatte Himmler auf ihre Akten geschrieben: »Verhaften!« Es geschah allerdings nicht, auch dann nicht, als sie im Dezember 1944 am Sarge einer Schülerin sprach, deren Mann aufgrund eines Todesurteils des Volksgerichtshofes gehängt worden war.
Archiv und Bibliothek mußten zurückbleiben, als Gertrud Bäumer knapp anderthalb Jahre nach ihrem 70. Geburtstag, in der Nacht vom 11. zum 12. Februar 1945, im großen Treck mit Gutsherrschaft und Dorfgemeinschaft das geliebte Domizil verlassen mußte. Es gelang ihr, abgesondert vom Flüchtlingszug, über das Sudetenland und Thüringen nach Bamberg zu kommen, wo sie im Hause einer jüngeren Freundin zunächst Zuflucht fand. Von 1947 bis 1953 lebte sie in Bad Godesberg, wo ihre Schwester den gemeinsamen Haushalt führte. Trotz Alter, Flucht und Daseinssorge beteiligte sie sich lebhaft an

Plänen zur Neugründung einer politischen Partei, nachdem sie bereits im November 1945 in Bamberg Verbindung zur neugegründeten Christlich-Sozialen-Union aufgenommen hatte. Der Lebensschluß Gertrud Bäumers – sie starb am 25. März 1954 in Bethel – war tragisch umdüstert. Theodor Heuß, der zu Gertrud Bäumer von allen ehemaligen Reichstagsabgeordneten das menschlich nächste Verhältnis hatte, rühmt sie in seinen »Erinnerungen« als eine edle Erscheinung, mit einem schön durchgebildeten Antlitz, in ihrem Wesen eine eigentümliche Mischung von nüchterner Sachdurchleuchtung und dem heimlichen Ehrgeiz, auch als Dichterin in die Geschichte einzugehen.

Helene Lange

wurde am 9. April 1848 in Oldenburg geboren. Nach dem Tod der Eltern im Frühjahr 1864 Einzug in das Eninger Pfarrhaus. Herbst 1871 Übersiedlung nach Berlin. Dort blieb sie 45 Jahre. Nach Lehrerinnenprüfung ab Herbst 1876 Unterricht in Crainschen Anstalten. 1877 Mitglied einer Kommission für höhere Mädchenbildung.
1887 erregte ihre »Gelbe Broschüre« Aufsehen und Protest. Pfingsten 1890 Verband deutscher Lehrerinnen gegründet. 1894 Realkurse, später Gymnasialkurse eingerichtet. 1919 Alterspräsidentin der Hamburger Bürgerschaft. 1923 Ehrendoktor der Universität Tübingen. Gestorben am 13. Mai 1930.

Gertrud Bäumer

Geboren am 12.9.1873 in Hohenlimburg. Lehrerinnenexamen, mit 19 Jahren Lehrerin in Hamm, 1894 in Magdeburg. 1898 zum Studium nach Berlin. Dort Begegnung mit Helene Lange. Beider Lebensgemeinschaft dauerte bis zu deren Tod.
1904 promoviert. 1906 Konferenz für Mädchenschulreform. 1910 Vorsitzende des Bundes deutscher Frauenvereine. Nach dem Krieg Deutsche Demokratische Partei mitgegründet, in Nationalversammlung und Reichstag gewählt. 1920 ins Innenministerium berufen. 1933 aus Staatsdienst entlassen. 1934 Umzug nach Gießmannsdorf in Schlesien. Am 12.2.1945 Flucht bis Bamberg. Lebte 1947 bis 1953 in Bad Godesberg. Starb am 25. März 1954 in Bethel.

Ricarda Huch
Eine Dichterin zwischen Romantik und Realismus

von Margarete von Schwarzkopf

Heidelberg war für die Schriftstellerin Ricarda Huch immer der Inbegriff der deutschen Romantik gewesen. Im zweiten Band ihres Werkes über die Romantik schreibt sie: »Die eigentliche Stadt der Romantik, wo sie ihre wildesten Feste feierte, dessen Raketen und Funkensprühen weithin sichtbar wurde, war Heidelberg, das altehrwürdige, malerische, von Wäldern und Hügeln umringte . . .«
Doch die Stadt zeigte sich in keiner Weise romantisch, sondern kalt und regnerisch an dem Tag im Oktober 1932, als Ricarda Huch dort einzog. Es dauerte einige Wochen ehe sie sich in der Stadt am Neckar eingelebt hatte. Und kaum war ihr dies gelungen, begannen die dunklen Jahre für Deutschland, die Ricarda Huch zutiefst erschütterten und die sie kämpferisch durchlebte.
Sofort nach der Machtergreifung der Nationalsozialisten trat die Dichterin für die aus der Preußischen Akademie der Künste und Wissenschaften entlassenen, politisch unbequemen und »nichtarischen« Mitglieder energisch ein. Käthe Kollwitz trat als erste aus Protest aus der Akademie aus. Anfang März folgte ihr Ricarda Huch. Im Februarheft der Zeitschrift »Die Wandlung« des Jahres 1949 ist ihr Briefwechsel mit dem Vorsitzenden der Akademie, Max von Schilling, abgedruckt. Der erste Brief war eine Antwort auf den Vorschlag der Akademie, die Schriftstellerin solle sich »gleichschalten«, um Ärger und Zwistigkeiten zu vermeiden. Daraufhin schrieb die Dichterin empört: »In Erwiderung Ihres Schreibens vom 14. März bestreite ich Ihre Kompetenz, mir eine Frage von so unübersehbaren Konsequenzen vorzulegen, und lehne infolgedessen ab, sie zu beantworten. Die Mitglieder der Akademie werden nach Wortlaut der Statuten zur Ehrung und Anerkennung ihrer Leistungen berufen, ohne daß ein politisches Bekenntnis von ihnen gefordert würde. Ich bin, seit ich der Akademie angehöre, stets mit Nachdruck dafür eingetreten, daß bei der Wahl der Mitglieder nicht anderes maßgebend sein

darf als ihre künstlerische Leistungen und die Bedeutung ihrer Persönlichkeit . . .«
Dieser Brief entstand am 18. März 1933. Knapp sechs Tage später schrieb Ricarda Huch einen zweiten an Max von Schilling: ». . . Aus Ihrem Schreiben vom 22. März schließe ich, daß Sie meine Ablehnung, die mir vorgelegte Frage zu unterzeichnen, so aufzufassen gedenken, als hätte ich sie mit Ja beantwortet. Ich kann aber dies Ja um so weniger aussprechen, als ich verschiedene der inzwischen vorgenommenen Handlungen der neuen Regierung aufs schärfste mißbillige . . . Sie zweifeln nicht, daß ich an dem nationalen Aufschwung von Herzen teilnehme, aber auf das Recht der freien Meinungsäußerung will ich nicht verzichten. Ich nehme an, daß ich durch diese Feststellung automatisch aus der Akademie ausgeschieden bin. Übrigens müßte ich darauf gefaßt sein, wenn ich in dieser Form in der Akademie bliebe, mein Leben im Zuchthause zu beschließen als ›in einen nationalen Verband eingeschlichen‹.«
Max von Schilling setzte zwar alles daran, Ricarda Huch dazu zu überreden, doch in der Akademie zu verbleiben. Doch in einem Brief vom 9. April 1933 erklärt sie deutlich ihren Austritt. Dieser Brief belegt zugleich auch die stark deutsch-nationale Gesinnung der Dichterin, die stets stolz gewesen war, eine Deutsche zu sein. Doch ist ihr Nationalgefühl gewachsen auf dem Hintergrund des Wissens um die Bedeutung der deutschen Geschichte im Abendland, aus dem Bewußtsein heraus, daß den »Deutschen eine große und ehrenhafte Rolle in der Geschichte der Völker zukommt«. Dieses Nationalbewußtsein, dem Ricarda Huch in ihren Büchern immer wieder Ausdruck verliehen hat, mal mit romantisch-leidenschaftlichem Feuer wie in ihren Frühwerken, mal im Gewand historisch-nüchterner oder psychologisch-analysierender Form wie in ihren späteren Werken, hat nichts gemein mit dem fanatischen Rassismus der neuen Herren Deutschlands.
So sagt sie in ihrem Schreiben an Schilling: »Es liegt mir daran, Ihnen verständlich zu machen, warum ich Ihrem Wunsche nicht entsprechen kann (in der Akademie zu verbleiben). Daß ein Deutscher deutsch empfindet, möchte ich fast für selbstverständlich halten; aber was deutsch ist, und wie Deutschtum sich betätigen soll, darüber gibt es verschiedene Meinungen. Was die jetzige Regierung als nationale Gesinnung vorschreibt, ist nicht mein Deutschtum. Die Zentralisierung, den Zwang, die brutalen Methoden, die Diffamie-

rung Andersdenkender, das prahlerische Selbstlob halte ich für undeutsch und unheilvoll. Bei einer so sehr von der staatlich vorgeschriebenen Meinung abweichenden Auffassung halte ich es für unmöglich, in einer staatlichen Akademie zu verbleiben ... Abgesehen davon, daß eine ›loyale Mitarbeit an den satzungsmäßig der Akademie zufallenden nationalen und kulturellen Aufgaben im Sinne der veränderten geschichtlichen Lage‹ eine Übereinstimmung mit dem Programm der Regierung erfordert, die bei mir nicht vorhanden ist, so würde ich keine Zeitung oder Zeitschrift finden, die eine oppositionelle Meinung abdruckte. Da bliebe das Recht der freien Meinungsäußerung in der Theorie stecken ...«

Trotz dieser endgültigen Absage an die Akademie mußte Ricarda Huch noch darum kämpfen, daß ihr Name weiterhin, als habe es diesen Briefwechsel und ihr klares Nein nie gegeben, in der Mitgliederliste der Akademie aufgeführt wurde. Nur nach langem Hin und Her gelang es ihr, in der Presse eine Berichtigung unterzubringen.

Die ersten zwei Jahre des neuen Regimes, die auch in Heidelberg zu Tumulten und Ausschreitungen gegen jüdische Mitbürger führten, belasteten die Dichterin schwer, vor allem deshalb, da ihrer Auffassung nach der Staat in erster Linie Träger des Rechts, und zwar des göttlichen Rechts, sein sollte. Was nun in Deutschland geschah, erin-

Ricarda Huch

wurde am 18. 7. 1864 als Kaufmannstochter in Braunschweig geboren. Studium in Zürich. 1898 heiratet sie den italienischen Arzt Dr. Ermanno Ceconi. Das Paar zieht nach Triest, wo ihnen 1900 eine Tochter geboren wird. Ricarda arbeitet trotz großer Armut an Erzählungen und beendet den ersten Band der »Romantik«. Nach dem Umzug nach München sammelt sich rasch ein Kreis gleichgesinnter Freunde um sie. Die Ehe zerbricht. 1907 heiratet Ricarda ihre Jugendliebe, ihren Vetter Richard Huch. Diese Ehe hält nur knapp drei Jahre. Zwischen 1912 und 1916 erscheinen viele Werke von ihr. Es folgt eine Zeit ständiger Umzüge: Bern, wieder München, Berlin. Sie wird 1927 Mitglied der Preußischen Akademie der Künste und Wissenschaften. Die Zeit des Dritten Reiches verbringt sie in Heidelberg, Freiburg und Jena. 1947 reist Ricarda Huch nach Berlin, wo sie als Ehrenpräsidentin des Ersten Deutschen Schriftstellerkongresses die Eröffnungsrede hält. Mit 83 Jahren stirbt sie am 17. 11. 1947 in Schönberg im Taunus.

nerte sie an den Tanz der Israeliten um das Götzenbild des »Goldenen Kalbes« am Berge Sinai.
Im Februar 1934 verunglückte die Dichterin und mußte bis kurz vor ihrem 70. Geburtstag am 18. Juli in der Universitätsklinik Heidelberg zubringen. Den Geburtstag feierte sie dann im Kreise ihrer besten Freunde. Anläßlich dieses großen Tages war im Atlantis-Verlag ein von ihren Freunden zusammengestelltes Buch mit dem Titel »Ricarda Huch« herausgekommen.
Gerade vor den dunklen Schatten des Nationalsozialismus ist zu verstehen, weshalb Ricarda Huch in Heidelberg mit der Arbeit ihres dreibändigen Werkes über die deutsche Geschichte begann. Sie wollte das wahre Deutschland zeigen und einen Kontrapunkt bilden zu dem, was nun im Namen Deutschlands geschah. In diesem ersten Band der Heidelberger Jahre fließen Romantik und Realismus, Phantasie und Objektivität zu einer großartigen Einheit zusammen. In Heidelberg arbeitete sie an der »glücklichsten Zeit des Reiches«, am Mittelalter. In Freiburg, wohin sie 1934 im Herbst mit der Familie ihrer Tochter übersiedelte, wandte sie sich dann einem wesentlich schmerzlicheren Thema zu, der Zeit der Glaubensspaltung. Dieser zweite Band erschien 1937 in Zürich, ein Jahr nachdem Ricarda Huch von Freiburg, zu dem sie nie ein Verhältnis gefunden hatte, nach Jena gezogen war.
In Jena bildete die Dichterin rasch einen Kreis politisch und literarisch Gleichgesinnter um sich. Man traf sich einmal in der Woche, zunächst im Café Puhlvers, dann im Gasthaus »Die Göhre«. Alle waren sich einig in ihrem Urteil über die unheilvolle Politik des nationalsozialistischen Regimes, alle waren erfüllt von der Hoffnung, daß dieses System eines Tages an sich selbst zerbrechen würde. Daß diese Treffen nicht ganz ungefährlich waren, mußte die Dichterin am eigenen Leibe erfahren. Ein Ehepaar, das nicht zum »Runden Tisch« des wöchentlichen Jour Fix gehörte, hatte Ricarda Huch und ihren Schwiegersohn Professor Böhm zu einem Ehepaar mitgenommen, das, wie es hieß, sehr viel Wert auf eine Bekanntschaft mit der Autorin legte. Der Gastgeber, Kolb, hatte lange Zeit zum engsten Vertrautenkreis Hitlers gehört, was Ricarda Huch nicht ahnen konnte.
Als die Rede auf die Juden kam, geriet Kolb außer sich vor Empörung über Ricarda Huchs und Franz Böhms scharfe Äußerungen gegen die Judenverfolgung. Wenig später wurde gegen die beiden ein Verfahren »wegen Vergehens gegen das Heimtückegesetz« einge-

leitet. Das Verfahren führte in erster Instanz zu einer Entlassung Böhms aus dem Universitätsdienst, das Urteil wurde später in frühzeitige Versetzung in den Ruhestand »abgemildert«. Das Verfahren gegen Ricarda Huch wurde aufgrund der Amnestie beim Einmarsch Hitlers in Österreich 1938 aufgehoben. Die Dichterin wehrte sich dagegen, da sie in einem Verfahren die Möglichkeit zur offenen Meinungsäußerung über diesen »Unheilsstaat« gesehen hatte. Doch ihr Protest nützte nichts. Die Untersuchung gegen sie wurde eingestellt.
Ihr Schwiegersohn knüpfte in den späteren Jahren Verbindungen zu den Widerstandskämpfern Goerdeler und Graf Peter Yorck, beides Männer des 20. Juli. Diesen Männern wollte Ricarda Huch als letzte Tat ihres Lebens nach dem Krieg noch ein literarisches Denkmal setzen, doch blieb ihr Werk über die »Märtyrer der Freiheit« unvollendet.
Obwohl Ricarda Huch immer offen und freimütig als Gegnerin des Regimes auftrat, belastete sie doch stets das schlechte Gewissen, daß sie zu denen gehörte, die »Menschen zur Regierung hatten kommen lassen, denen wir mißtrauen mußten«, wie sie es in einer Neujahrsbetrachtung 1945/46 formulierte. Weiterhin schreibt sie: »Wenn ein anderer, ein Fremder, uns unsere Schuld vorhält, mögen wir denken, er weiß ja nicht, wie wir Schritt für Schritt hineingerissen sind, wie wir gerungen, wie wir gelitten haben. Wir müssen aber, um unsererseits gerecht zu sein, unsere Schuld so vor uns hinstellen, wie sie einem Außenstehenden erscheinen muß und wie sie sich tatsächlich ausgewirkt hat.«
Im Jahre 1947 erwirken Freunde ihre Ausreise aus Jena. Ricarda Huch ist zur Ehrenpräsidentin des Ersten Deutschen Schriftstellerkongresses gewählt worden. Die Jahre des Krieges und der Hunger der Nachkriegszeit haben die Dichterin physisch sehr geschwächt, aber der Geist der 83jährigen Frau ist ungebrochen. Ihre Begrüßungsansprache zur Eröffnung des Kongresses ist ein letztes großes Bekenntnis zu Deutschland, zu den Idealen deutscher Geschichte und dem Erbe des »Heiligen Römischen Reiches Deutscher Nation«. Hier in Berlin, der Bühne so vieler dramatischer historischer Ereignisse und Tragödien, erhebt sie noch einmal die Stimme für ein gesundes Nationalbewußtsein, das in Zukunft so unheilvolle »Irrläufer der Geschichte« wie den Nationalsozialismus abwehren könne. Bei ihrem letzten öffentlichen Auftritt – sie stirbt wenige Monate später – spricht Ricarda Huch Worte der Mahnung und zugleich der

Ermunterung an eine Nachwelt, die aus den Fehlern ihrer Vorfahren lernen solle: »Man hat den Deutschen ein zu starkes Nationalgefühl vorgeworfen; ich möchte eher sagen, wir hätten ein zu schwaches oder besser, ein teils zu schwaches, teils zu starkes. Das hängt mit dem historischen Erbe zusammen, das uns zuteil geworden ist ... Es blieb etwas Unorganisches; auf der einen Seite die Neigung, fremde Nationen schwärmerisch zu bewundern und die eigene herabzusetzen und zu bemäkeln, auf der anderen im Gegensatz dazu ein heftig hervorbrechendes, herausforderndes Nationalgefühl ... Ich bin in den letzten Jahren oft an meinem Volk verzweifelt, aber zugleich habe ich so viel Seelengröße und Opferbereitschaft gesehen, daß für mein Gefühl viel Schlechtes ausgeglichen ist. Mich hat immer der Ausspruch ... Luthers bewegt: ›Für meine Deutschen bin ich geboren, und ihnen diene ich auch.‹ Deutschland zu dienen, Deutschland zu retten, haben in den letzten Jahren viele ihr Leben geopfert. Ihrer soll jetzt in Treue und Verehrung gedacht werden.«

Käthe Kollwitz
Kunst aus der Armenpraxis

von Hermann Schreiber

Es gibt Künstler, deren ganzer Lebensweg durch heitere Landschaften und in der Sonne dahinzuführen scheint, und andere, deren Schöpfertum wir uns ohne die Nachtseiten des Lebens gar nicht mehr denken können. Zu diesen tiefen Naturen, denen ihr Genie gegeben wurde, damit sie den Schmerz zu besiegen vermochten, gehört von den deutschen Künstlern niemand deutlicher als die Zeichnerin und Bildhauerin Käthe Kollwitz.

Vieles ist in diesem Leben so merklich vorbestimmt, daß man nicht zu unterscheiden vermag, ob sie ihrem Schicksal folgte oder es suchte. Nichts scheint zufällig in diesem Leben, und alles hat zumindest nachträglich seinen Sinn erhalten durch ein künstlerisches Werk, das aus diesem Leben so geworden ist, wie es werden mußte.

Das begann vielleicht schon vor dem Tag, an dem Käthe als Tochter des Maurers und Baumeisters Carl Schmidt im preußischen Königsberg geboren wurde, denn schon die Ahnenreihe, die Vorfahren-Konstellation ist eigenartig und folgenreich: Dr. Julius Rupp, der Großvater auf der mütterlichen Seite, war zu seiner Zeit eine deutsche Berühmtheit, ein streitbarer Theologe, Abgeordneter und schließlich sogar als Gründer der protestantischen »Freien Gemeinde« so etwas wie ein Reformator, dessen polemische Feder von vielen Gegnern gefürchtet wurde. Dr. Julius Rupp hatte sich mit der Unbedingtheit und Strenge, wie man sie bis heute häufig an Sektengründern findet, eine Gemeinde aufgebaut, die auf seine Persönlichkeit schwor und seinen Predigten zuströmte. Diesen Wirkungen konnte sich naturgemäß auch die Familie nicht verschließen, in der dieser übermächtige Großvater mit seiner patriarchalischen Erscheinung, mit seiner geübten Rednerstimme und der kompromißlosen Rechtschaffenheit und Rechthaberei seines eigenen Gottverständnisses in heute nicht mehr vorstellbarer Weise dominierte. Das Mädchen Käthe wurde, wie auch die anderen Familienmitglieder, durch

Rupps Einfluß täglich an ihr Gewissen gemahnt, an die Verantwortung des Menschen für sein Tun und Lassen.
Das Kind, das vor dem väterlichen Atelier am alten Pregel spielte, trug eine unsichtbare Bürde von alldem und eine unsichtbare Hilfe, damit fertig zu werden: die bildnerische Begabung, die ihr von dem hochbegabten Vater zugekommen war, der sich vom Maurer zum Architekten hochgearbeitet und – trotz mangelnder Vorbildung – Königsberg eine ganze Reihe bemerkenswerter Bauten geschenkt hatte. Er war ein Mann von schöpferischer Kraft, von Phantasie und Mut, und der Zufall wollte es, daß dies dem sensiblen fünften Kind zugute kam.
»Wir lebten damals«, erinnert sich Käthe Kollwitz, »auf dem Weidendamm Nr. 9 in Königsberg. Ich erinnere mich dunkel an eine Stube, in der ich tuschte, deutlich aber besinne ich mich auf Höfe und Gärten. Durch einen kleinen Vorgarten kamen wir auf einen großen Hof, der bis zum Pregel reichte. Dort hielten die flachen Ziegelkähne, und die Ziegel wurden auf dem Hof abgeladen und geschichtet, so daß Hohlräume blieben, in denen wir Kind und Mutter spielten. ... Unten am Pregel war ein Floß zum Wäschespülen. Da wurde einmal ein totes Mädchen angespült und mit dem Armen-Leichenwagen abgeholt, einem schauderhaften Leichenwagen und Sarg.«
Das alte Königsberg mit seinen vielen Wasserflächen, Hafenstadt und Stadt am Haff, war ein Gemeinwesen von reizvoller, heute für immer verlorener Eigenart, eine Stadt, die Hamann, Herder und Kant in ihren Mauern gesehen hatte und die auch in Käthe Kollwitz, ja in dem Kind schon das Schöpfertum weckte: »In den niederen, langgestreckten Gebäuden, die die Höfe trennten, wohnte ein Gipsgießer. Da stand ich oft und sah zu, wie er formte. Ich rieche noch die feuchte Gipsluft da unten. Bis zu meinem neunten Jahr wohnten wir auf dem Weidendamm. Immer haben wir Kinder mit Sehnsucht daran zurückgedacht. Es gab unendliche Spielgelegenheiten und viele Abenteuer auf den Höfen.«
Carl Schmidt, der Vater, gelangte zu Ansehen und zu Vermögen, erwarb ein großes Stadthaus und ein kleineres Haus draußen an der See, in dem Fischerdorf Rauschen. Aber das Stadtwunder Königsberg bleibt in der Seele der Käthe Kollwitz lebendig mit Pregelufer, Lagerhäusern, Gärten am Wasser und den alten Mauern aus der Ordenszeit, auch als sie 1884 mit der Mutter zu reisen beginnt und 1885 als Kunststudentin zu Karl Stauffer-Bern nach Berlin geht.

Immer wieder unterbricht sie ihre Studien in Berlin und München, um längere Zeiträume im alten Königsberg zuzubringen, und erst 1891, in ihrem vierundzwanzigsten Lebensjahr, schlägt wirklich die Abschiedsstunde, als Käthe den vier Jahre älteren Kassenarzt Dr. Karl Kollwitz heiratet und mit ihm eine Wohnung im Berliner Norden bezieht (heutige Käthe-Kollwitz-Straße).

In den Jahren, die nun folgen beginnt ein neues Leben. Die Tochter des angesehenen Baumeisters ist als Frau eines Armenarztes plötzlich in das Großstadtproletariat mitten hineingestellt, und das zu einer Zeit, da das, was wir heute soziale Sicherheit oder Fürsorge nennen, noch so gut wie gar nicht existierte. Bettine von Arnim hatte, wenige Jahrzehnte vor Käthe Kollwitz, nicht aufgehört, Preußens Souveräne auf die sozialen Mißstände vor allem in Berlin aufmerksam zu machen, aber was Käthe Kollwitz und so manche andere Arztfrau, Pfarrfrau und Krankenschwester tagtäglich in Berlin zu sehen bekamen, ließ nur zu deutlich erkennen, daß man sich bei Hof und in den Ministerien über diese Mißstände noch nicht viele Gedanken gemacht hatte.

Neu an Käthes Existenz war aber auch, daß sie nun Kinder hatte, den 1892 geborenen Sohn Hans und den vier Jahre jüngeren Peter, und daß sie begann, sich einen eigenen Namen zu machen. Es war nicht mehr die Tochter des begabten Baumeisters, sondern die Frau des

Käthe Kollwitz

wurde am 8. Juli 1867 in Königsberg geboren. Erste künstlerische Anregungen erhielt sie von ihrem Vater (Architekt) und einem Gipser und Kupferstecher aus der Nachbarschaft. Sie besuchte die Kunstakademien in Berlin und München. 1891 heiratete sie den Arzt Dr. Karl Kollwitz und nahm starken Anteil an seiner Berliner Armenpraxis. Radierungen und Skizzen zeigten sie mit dieser neuen Umwelt und mit sich selbst beschäftigt.

Von einer Aufführung Hauptmanns »Weber« angeregt, schuf sie 1895/98 die Blattfolge »Ein Weberaufstand«, die sie schnell berühmt machte.
1904 Aufenthalt in Paris, 1907 verbrachte sie ertragreiche Monate in Florenz. 1914 fiel ihr Sohn Peter, ein Verlust, der für immer ihr Leben verdüsterte. Wegen ihrer Anstrengungen in Antikriegsbewegungen geriet sie 1933 in Konflikt zu den neuen Machthabern. Am 22. April 1945 starb Käthe Kollwitz in Moritzburg (Dresden).

Doktors Kollwitz, die 1893 mit zwei Pastellen und einer Radierung die Aufmerksamkeit des berühmten Kunstkritikers Julius Elias erregte.
Aber ein so starkes, von seinem Auftrag erfülltes Talent wie Käthe Kollwitz hatte nicht die Absicht, sich mit wohlwollender Anerkennung zu begnügen. Ihr ging es um etwas in ihrer Kunst, und darum suchte sie die Konfrontation: Sie hatte schon als Mädchen Gerhart Hauptmann kennengelernt, sie hatte am 26. Februar 1893 die sensationelle Uraufführung von Hauptmanns aufrüttelndem Schauspiel »Die Weber« in der Berliner »Freien Bühne« gesehen, und so begann sie, im vollen Bewußtsein der Auseinandersetzungen, die sie heraufbeschwören würde, mit der Arbeit an ihrem großen Zyklus »Ein Weberaufstand«.
Schon 1890 hatte der Berliner Polizeipräsident, ein Freiherr von Richthofen, auf die Frage, warum denn Sudermanns Stück »Sodoms Ende« verboten worden sei, kaltschnäuzig und hoheitsvoll geantwortet: »Die janze Richtung paßt uns nich« (ein Wort, das meist fälschlich Kaiser Wilhelm II. zugeschrieben wird). Durch Hauptmanns wirksam geradeaus schlagendes Vielpersonenstück von den schlesischen Webern und ihrem Elend war die Diskussion um die soziale Frage neu angefacht worden und brandheiß, als die junge Künstlerin ihre Folge »Ein Weberaufstand« im Rahmen der Großen Berliner Kunstausstellung von 1898 dem Publikum darbot.
Adolph von Menzel, der unbeirrbare, große alte Mann der deutschen Kunstszene, schlug Käthe Kollwitz für die sogenannte »Kleine goldene Medaille« der Ausstellung vor, was schon sehr viel bedeutete; das Veto jedoch, das der Kaiser gegen diese Auszeichnung einlegte, machte die Preisverleihung zur Sensation und Käthe Kollwitz mit einem Schlag berühmt. Die Sachsen, die schon immer etwas gegen Preußen hatten, erwarben ein Jahr später die ganze Folge für das berühmte Dresdener Kupferstichkabinett. Hier bekam Käthe Kollwitz auch die verliehene »Kleine goldene Medaille« dann tatsächlich.
Ein ähnlicher Vorgang war noch 1907 zu verzeichnen: Käthe Kollwitz hatte für die Deutsche Heimarbeits-Ausstellung ein Plakat entworfen, ihre erste Arbeit dieser Art. Aber es mußte auf Wunsch von Kaiserin Auguste Viktoria wieder von den Plakatwänden entfernt werden.
Da die Kaiserin wie so manche hochgestellte Dame selbst karitativ tätig war, ist dieses Verbot einer Arbeit der nur wenige Jahre jünge-

ren Künstlerin symptomatisch für die Kluft zwischen den Klassen, für den unüberbrückbaren Zwist in den Auffassungen. Auguste Viktoria sah alles, was sie und die Gesellschaft an Wohltätigkeit auf die Armen herabrieseln ließen, als eine Gnade an, bei welchen Gnadenerweisen auch noch sorgfältig darauf zu achten war, daß nur ja kein Unwürdiger, etwa ein Trinker oder ein schlechter Christ, in den Genuß dieser allerhöchsten Spenden käme. Käthe Kollwitz hingegen fühlte sich zwar schon vom Vater und vom Bruder auf den Sozialismus hingewiesen, hatte den eigentlichen Wandel ihrer Grundeinstellung jedoch dem unmittelbaren Kontakt mit der Not zu verdanken, wie ihn die Arztpraxis ihres Mannes mit sich brachte: »Ungelöste Probleme wie Prostitution und Arbeitslosigkeit quälten und beunruhigten mich und wirkten mit als Ursache dieser meiner Gebundenheit an die Darstellung des niederen Volkes, und erst diese immer wiederholte Darstellung öffnete mir ein Ventil, eröffnete mir eine Möglichkeit, das Leben zu ertragen.«

Bald sollte eine Möglichkeit, den Tod zu ertragen, daraus werden, denn 1914 kam, was angesichts der britischen, deutschen und österreichischen Imperialismen kommen mußte: der große Krieg, der blutige Erste Weltkrieg. Sohn Hans wird sofort mobilisiert, Sohn Peter, achtzehnjährig, meldet sich freiwillig und wird, unzureichend ausgebildet, ein Opfer der rücksichtslosen und sinnlosen Sturmläufe im Oktober 1914: er fällt in der Nacht auf den 23. Oktober beim flandrischen Dixmuiden.

Zwischen Müttern und Söhnen gibt es viele Geheimnisse, und die tiefsten sind ihnen selbst unbewußt. So war Käthe Kollwitz stets überzeugt gewesen, Peter, den jüngeren Sohn, nicht mehr zu lieben als Hans. Aber da Peter zeichnete und modellierte, da er länger an ihrer Seite geblieben war, und sie ihm mehr zuwenden konnte aus den Quellen ihrer Mutterliebe und ihrer Kreativität, darum war der Verlust Peters das Schlimmste, was ihr überhaupt widerfahren konnte. Sie hat ihn auch nie überwunden, nicht einmal mit den großen Mitteln und Möglichkeiten ihrer Kunst – dieser Kunst, die sie immerhin am Leben erhält, die ihr schon wenige Wochen nach dem Eintreffen der bitteren Nachricht den Gedanken eingibt, für den jungen Toten ein Denkmal zu schaffen. Und damit auch für die ganze geopferte Generation.

Käthe Kollwitz wird fünfzig in diesem Krieg, sie ist eine berühmte Künstlerin, und sie denkt nicht mehr daran, zu schweigen und zuzusehen oder nur mit der leisen Sprache der bildenden Kunst mitzureden. Als der Dichter Richard Dehmel im letzten Kriegsjahr zu neuen Freiwilligenmeldungen der Jugend aufruft, tritt sie offen gegen ihn auf und antwortet im »Vorwärts« und in der »Vossischen Zeitung«: »Die Tat Richard Dehmels, daß er sich jetzt wieder zur Front meldet, achte ich ... Aber man darf nicht vergessen, daß Dehmel den wertvollsten Teil seines Lebens hinter sich hat. Was er zu geben hatte – Wunderschönes und Wertvolles – hat er ausgegeben. Ihn hat nicht mit zwanzig Jahren ein Weltkrieg verbluten lassen. Aber die ungezählten Tausende, die auch zu geben hatten, anderes noch als ihr junges, nacktes Leben, ist es wirklich zu verantworten, daß, als diese eben anfangen sollten, sich zu entfalten, sie in den Krieg gerissen wurden und legionenweise starben? Es ist genug gestorben! Keiner darf mehr fallen! Ich berufe mich gegen Richard Dehmel auf einen Größeren, welcher sagte: Saatfrüchte sollen nicht vermahlen werden.«

Das war am 30. Oktober 1918; zwölf Tage später war alles vorbei und auch dem hartnäckigsten Durchhaltepolitiker klar, daß jenes letzte Opfer, zu dem der Dichter aufgerufen hatte, sinnlos gewesen wäre. Das Wort von den Saatfrüchten jedoch behält seinen Sinn, es kehrt in Tagebüchern und Briefen der Käthe Kollwitz seit dem Jahr 1915 immer wieder, und schließlich trägt es dann eines ihrer letzten und düstersten Blätter als Titel, im Herbst 1942, als ihr geliebter Enkel Peter in Rußland fällt.

Der große Schmerz aus dem Jahr 1914 macht Käthe Kollwitz unempfindlich gegen alle Angriffe, die sie in der Zeit zwischen den Kriegen und vor allem nach 1933 zu erdulden hat. 1932, am Vorabend der Hitlerschen Machtübernahme, stellt sie ihr erschütterndes Denkmal »Die Eltern« zunächst in der Berliner Nationalgalerie aus, wo Tausende an dem Mahnmal stumm vorüberziehen, obwohl der Krieg doch nun schon lange zurückliegt. Wochen darauf findet das für den toten Sohn geschaffene Mahnmal seine Aufstellung auf dem belgischen Soldatenfriedhof bei Roggevelde, auf dem auch Peter Kollwitz ruht.

Die Kunst der Käthe Kollwitz, wie die des Ernst Barlach ist schlicht, gegenständlich, verständlich, für jeden Menschen mit Herz und Augen erreichbar. Die Nationalsozialisten haben keine Argumente gegen die größten deutschen Künstler, aber sie verfolgen sie, weil einer, der die trauernden »Eltern« der Kollwitz gesehen hat, nicht in den Krieg ziehen, nicht auf die Kinder anderer Eltern schießen würde. Ernst Barlach, der geistesverwandte Freund und Förderer, stirbt verbittert 1938 in Rostock; 1940 holt der Tod Käthes Gatten, Dr. med. Karl Kollwitz; 1943 wird Käthe Kollwitz, nun sechsundsiebzig Jahre alt, aus der Hauptstadt evakuiert und geht nach Nordhausen. Noch im gleichen Jahr zerschlägt ein Bombentreffer die Arztwohnung in der Weißenburger Straße; Drucke, Platten und andere wertvolle Materialien werden dabei vernichtet. Es ist ein Inferno, in dem die Welt der Käthe Kollwitz, dieser Künstlerin, die durch zwei Kriege so hart getroffen wurde, nun endgültig zertrümmert wird, und der Umzug nach dem lieblichen Moritzburg bei Dresden kann keinen Neubeginn mehr bringen: Acht Monate nach dem Umzug, wenige Tage vor dem chaotischen Ende dieses längst verlorenen Zweiten Weltkriegs, stirbt Käthe Kollwitz, die schon beinahe drei Jahre lang nicht mehr gearbeitet, keine neuen Blätter mehr geschaffen hat.

Marie Curie
Eine Frau und die Strahlen

von Hermann Schreiber

Kommt man heute nach Warschau in die Fretastraße 16, so befindet man sich vor einem Haus, das als Museum eingerichtet und dem Andenken von Marie Sklodowska-Curie gewidmet ist. Der Besucher wird vielleicht überrascht sein von der imposanten Fassade, der Weitläufigkeit der Gänge, Räume und Flure und in diesem Gebäude alles andere als ein Geburtshaus vermuten. Die Überraschung findet denn auch ihre Erklärung in der Tatsache, daß jenes Haus, in dem Maria Sklodowska am 7. November 1867 als letztes von fünf Kindern geboren wurde, damals eines der angesehensten Mädchenpensionate der Stadt war. Daß Maria gerade hier geboren wurde, verdankt sie ihrer Mutter, die Leiterin der Schule war. Es mag lebhaft zugegangen sein in einem Haus, in dem nicht nur höhere Töchter unterrichtet wurden, sondern auch fünf eigene Kinder heranwuchsen. Dieses stattliche Gebäude mußte jedoch schon bald nach Marias Geburt verlassen werden. Die Familie siedelte in einen anderen Stadtteil Warschaus über, als Vater Wladyslaw Sklodowski zum Unterinspektor des Warschauer Knabengymnasiums ernannt wurde. Die Kinder hatten nun ihre Mutter ganz für sich, doch leider sollte dieses Glück nicht von Dauer sein: Im Mai 1878 starb die Mutter, erst zweiundvierzigjährig, an der Tuberkulose, der man damals noch hilflos gegenüberstand. Als das Jüngste der Kinder schloß sich Maria nun um so enger an den Vater an, der jetzt allein die Last der Verantwortung und die Sorge um seine Familie zu tragen hatte. Eine tiefe Zuneigung, die beide ein Leben lang verbinden sollte, nahm damals ihren Anfang.

Die politische Situation Polens war um die Mitte des vorigen Jahrhunderts für die Bevölkerung sehr schwierig. Der größte Teil des Landes gehörte seit dem Wiener Kongreß 1815 zum Zarenreich, was zur Folge hatte, daß die nationale Eigenart der Polen in allen Bereichen unerbittlich unterdrückt wurde. Jede dieser Maßnahmen mußte dieses stolze und seit jeher patriotisch empfindende Volk tief treffen. So gab es zwar Privatschulen, die von polnischen Lehrern geleitet wurden, doch selbst in ihnen war Russisch die Unterrichtssprache. Zeugnisse auszustellen, war allein den staatlichen Schulen vorbehalten, welche ausschließlich von russischen Erziehern geleitet wurden. Ihre polenfeindliche Gesinnung bestimmte denn auch das Klima in der Klasse.

Maria und ihre Schwester Bronislawa hatten ihre Ausbildung in einer Privatschule begonnen und – um den staatlichen Abschluß zu erhalten – in einer staatlichen Schule beendet. An ein Studium in Polen war jedoch weder für Bronia noch für Maria zu denken, da die polnischen Universitäten Frauen zum Studium nicht zuließen. Darum traf Maria mit ihrer Schwester Bronia ein geheimes Abkommen, das beiden ein Studium an der Sorbonne ermöglichen sollte: Einer sollte auf Kosten des anderen studieren. Die ältere Bronia sollte zuerst nach Paris reisen. Wenn sie ihr Medizin-Studium abgeschlossen hatte, wollte Maria nachkommen.

Im November 1891 traf eine kleine, blasse und recht bescheiden gekleidete junge Dame in Paris ein, und hätten nicht Bronia und ihr Mann Kazimierz Dluski – inzwischen beide praktizierende Ärzte – sie mit so überschwenglicher Herzlichkeit empfangen, wer weiß, ob die kleine, schüchterne Polin den Mut gefunden hätte, der großen Stadt Paris die Stirn zu bieten. So jedoch wurde ihr der Anfang leichtgemacht. Bei den Dluskis konnte Maria zunächst wohnen, doch das Glück der Geborgenheit war nur von kurzer Dauer, denn schon bald mußte Maria einsehen, daß es in diesem Haushalt, vor allem nach

Marie Curie

kam am 7.11.1867 als Tochter des Lehrerehepaars Sklodowska in Warschau zur Welt. Nach der Schulzeit ging sie zum Studium nach Paris. Hier heiratete sie 1895 den Chemiker und Physiker Professor Dr. Pierre Curie. Die Jahre harter Arbeit bis 1903 brachten Akademiepreise, das Doktorat für Marie Curie und wachsendes Interesse für die Arbeiten des Ehepaares über die radioaktiven Substanzen. 1902 gelang Marie erstmals die Darstellung des Elements Radium, 1903 erhielt sie mit ihrem Mann und dem Physiker Becquerel den Nobelpreis für Chemie. Am 4. Juli 1934 erlag Marie in Sancellemoz (Schweiz) der Strahlenschädigung ihres Blutes.

der Geburt des zweiten Kindes, so turbulent zuging, daß ihr keine Zeit zum konzentrierten Lernen blieb. Und zu lernen hatte sie mehr als genug, galt es doch von Anfang an, den Vorlesungen in französischer Sprache zu folgen und ihren Wissensstand dem der französischen Abiturienten anzugleichen. Maria machte sich daher bald auf die Suche nach einer eigenen Behausung, die in Anbetracht ihrer bescheidenen Mittel sehr einfach sein mußte.

Drei Francs mußten für Zimmermiete, Brennstoff, Verpflegung, Kleidung, Wäsche, Bücher, Hefte und – das Wichtigste – die Studiengebühren – ausreichen. Trotz dieser äußersten Not war Maria keineswegs unglücklich. Im Gegenteil. Zum erstenmal in ihrem Leben fühlte sie sich wirklich frei und unabhängig. Ohne irgendeiner anderen Tätigkeit nachgehen zu müssen, konnte sie sich ihren wissenschaftlichen Studien widmen.

»Alles, was ich Neues sah und lernte, begeisterte mich«, schrieb sie. »Vor mir tat sich eine neue Welt auf, eine Welt des Wissens, zu der mir endlich der Zutritt gestattet war.« 1893/94 wurden ihre Mühen belohnt: Sie schnitt als Beste bei den Prüfungen für Physik und als Zweitbeste in Mathematik ab. Anläßlich einer kleinen Feier der Universität, zu der junge Physiker eingeladen waren, begegnete Maria zum erstenmal jenem Manne, der fortan ihr Leben bestimmen sollte: Pierre Curie. Damals fünfunddreißig Jahre alt, hatte er auf dem Gebiet der Physik bereits einige Erfolge zu verzeichnen. Gemeinsam mit seinem Bruder Jacques war es ihm gelungen, die sogenannte Piëzoelektrizität zu entdecken, wofür beide 1895 mit dem Prix Pranté ausgezeichnet wurden. Ihre Entdeckung gelangte später zu großer praktischer Bedeutung, denn durch sie wurde es möglich, mechanische Schwingungen in elektrische – und umgekehrt – umzuwandeln, was bei Mikrophonen, Kopfhörern und Lautsprechern genutzt wird.

Pierre hatte zu jener Zeit die Stelle eines Adjunkten in der städtischen Schule für Physik und industrielle Chemie inne, einen Posten, dem er zweiundzwanzig Jahre seines Lebens treu bleiben sollte. Da er kein eigenes Laboratorium besaß, war er auf das nur notdürftig eingerichtete der Schule angewiesen.

Pierre Curie war von der Erscheinung der jungen polnischen Wissenschaftlerin tief beeindruckt. Ihr scheues, zurückhaltendes Wesen, ihre großen, klugen Augen, ihre zarte Gestalt beschäftigten ihn in den folgenden Wochen unablässig. Den Heiratsantrag, den Pierre seiner Freundin wenige Monate später machte, lehnte Maria allerdings ab. Sie wollte sich noch nicht binden. Zudem hatte sie den Plan, nach Polen zurückzukehren und ihrem Vaterland nützlich zu sein, noch nicht aufgegeben. Ein kurzer Aufenthalt in Polen belehrte sie jedoch eines Besseren: Weder in Warschau noch in Krakau gelang es ihr, eine Stelle zu finden. So kehrte sie reumütig nach Paris zurück; in ihren Erinnerungen sagt sie dazu ganz unpathetisch: »Schließlich gelangten wir beide zu der Überzeugung, daß keiner von uns einen besseren Lebenskameraden finden könnte.«

Die Hochzeit fand im Jahre 1895 im Hause von Pierres Eltern in Sceaux bei Paris statt.

Im August 1896 legte Marie in ihren Fächern – als Beste – eine weitere Prüfung ab, die es ihr gestattete, den Professortitel zu führen und an Mädchenschulen zu unterrichten. Fortan konnte sie auch mit Pierre in dessen Schullaboratorium arbeiten.

Maries neues Leben unterschied sich von allem bisher Dagewesenen; sie war gezwungen, die Hausfrauenpflichten in ihren Tageslauf einzubeziehen. Das Schlimmste daran war nach ihrem eigenen Geständnis, daß sie das Mittagessen selbst kochen mußte. Die Situation spitzte sich dramatisch zu, als dem Ehepaar Curie im September 1897 eine Tochter – Irene – geboren wurde. Da es sowohl für Pierre als auch für Marie feststand, daß Marie ihre wissenschaftlichen Arbeiten nicht unterbrechen durfte, mußte, trotz äußerst beschränkter Mittel, ein Dienstmädchen eingestellt werden.

Als Marie ihre Forschungsarbeit über die Magnetisierung des gehärteten Stahls abgeschlossen hatte, suchte sie nach einem Thema für ihre Doktorarbeit. Zu jener Zeit hatte Henri Becquerel (1852–1908) eine Entdeckung gemacht, die schließlich Maries ganze Aufmerksamkeit gefangennahm: Er hatte herausgefunden, »daß sich eine mit schwarzem Papier abgedeckte photographische Platte, die sich in unmittelbarer Nähe von Uransalz befindet, so verhält, als ob sie der Lichteinwirkung ausgesetzt sei«. Es mußten von den Salzen also Strahlen ausgehen, die sich von den einfachen Lichtstrahlen unterschieden. Marie hatte das Thema ihrer Doktorarbeit gefunden.

Bei ihren Untersuchungen fand Marie Curie als erste heraus, daß die vom Uransalz ausgehende Strahlung die Leitfähigkeit der Luft erhöhte und daß sie von äußeren Bedingungen wie Beleuchtung oder Raumtemperatur unabhängig war. Danach begann sie nach anderen Elementen zu suchen, die die gleichen Eigenschaften wie das Uran aufwiesen.

Marie nennt die Strahlung Radioaktivität und jene Elemente, die eine Strahlung aussenden, radioaktiv. Sie stellt fest, daß diejenigen Elemente, die Uran oder Thorium enthalten, sich als radioaktiv erweisen, und andere, die weder Uran noch Thorium enthalten, inaktiv bleiben. Doch dann fällt ihr noch etwas anderes auf: Einige Stücke zeigen eine größere Radioaktivität als man nach der in ihnen enthaltenen Menge Uran oder Thorium erwarten mußte. Zuerst glaubte Marie, einen Fehler bei den sehr komplizierten Messungen gemacht zu haben, doch da die Experimente immer die gleichen Ergebnisse zeigten, wußte sie, daß sie einer neuen Substanz auf der Spur war. Zu den weiteren Untersuchungen wählten die Curies – Pierre hatte sich nun ebenfalls in die Forschungsarbeiten seiner Frau eingeschaltet – Pechblende, auch Uranpecherz genannt, aus, weil die von ihm ausgehende Strahlung etwa viermal höher war als nach dem darin enthaltenen Uran zu vermuten gewesen wäre. In mühevoller, aufreibender Arbeit, welche unter den schwierigsten äußeren Bedingungen vor sich gehen mußte, trennten sie die einzelnen Bestandteile der Pechblende voneinander und entdeckten schließlich neben dem Uran zwei weitere stark radioaktive Elemente, denen sie die Namen Radium bzw. Polonium gaben. Im Juli und Dezember des Jahres 1898 wurde ihre Existenz der staunenden Fachwelt bekanntgemacht. Der größte Teil der technischen Arbeiten lag jedoch noch vor dem forschenden Ehepaar, denn bisher hatten sie die beiden Elemente nur aufgrund ihrer Strahlungsfähigkeit erkennen können. Beide als reine Substanzen darzustellen, war die nächste Aufgabe. Auch sie konnte schließlich gelöst werden. Das städtische Schullaboratorium war für die umfangreichen Untersuchungen, die angestellt werden mußten, viel zu klein. An ein eigenes, größeres Laboratorium war nicht zu denken. Als einzige Lösung bot sich ein Schuppen auf dem Hof der städtischen Schule an, den sie zusätzlich benutzen durften.
Trotz der widrigen Umstände schlug Pierre den Lehrstuhl für Physik, den ihm die Universität Genf angeboten hatte, aus. Ihn schreckten sowohl die Umstellung für sich und seine Familie als auch eine längere Unterbrechung seiner Arbeit. Immerhin hatte das Genfer Angebot zur Folge, daß die Pariser Universität auf die Curies aufmerksam wurde und Pierre einen Lehrstuhl für Physik an der Sorbonne erhielt. Ein Laboratorium fehlte indessen nach wie vor, so daß Pierre gezwungen war, weiterhin in der städtischen Schule zu unterrichten. Auch Marie erhielt zu jener Zeit eine neue Stelle: Sie wurde als Pro-

fessorin an der »Ecole Normale Supérieure pour Filles« eingestellt. Durch die neuen Aufgaben, so ehrenvoll und einträglich sie auch sein mochten, war die Arbeitslast jedoch derart stark angewachsen, daß Marie sich bald am Ende ihrer Kräfte fühlte. Außerdem machten sich nun auch schon die ersten Auswirkungen der radioaktiven Strahlen bemerkbar, denen beide ständig ausgesetzt waren und von deren Gefährlichkeit sie nichts wußten. Pierre litt unter starken Muskelschmerzen und unter ständiger Müdigkeit, für die weder er noch sein Arzt eine plausible Erklärung fanden und die man schließlich als Rheumatismus bezeichnete. Marie hatte in vier Jahren sieben Kilo abgenommen, und da sie ihre körperlichen Schwächezustände nicht beachtete, sondern im Gegenteil verbissen weiterarbeitete, geriet sie in einen Zustand nervlicher Überreiztheit, der so weit führte, daß sie nachts aufstand und mit geschlossenen Augen in der Wohnung umherirrte. Als sie schließlich von anderen Wissenschaftlern auf die gefährliche Auswirkung der Strahlen auf den lebenden Organismus aufmerksam gemacht wurden, war dies für sie nur ein Anstoß zu neuen Experimenten. Pierre setzte seinen Arm mehrere Stunden lang den gefährlichen Strahlen aus und verfaßte daraufhin über die entstandenen Verbrennungen und den extrem langsamen Heilungsprozeß einen längeren Bericht für die Akademie der Wissenschaften. Marie beobachtete Veränderungen an den Händen, die sie ebenfalls in einem Bericht festhielt, in dem es hieß: »Die Haut der Hände neigte allgemein zur Schuppenbildung. Die Fingerspitzen, in denen wir die Röhrchen oder Kapseln mit den hochradioaktiven Substanzen hielten, wurden hart und schmerzten manchmal sehr stark. Bei einem von uns dauerte die Entzündung der Fingerspitzen zwei Wochen und endete mit einer völligen Häutung, die Schmerzempfindlichkeit war jedoch selbst nach zwei Monaten noch nicht ganz behoben.«

Diese Begleiterscheinungen waren für die Curies zwar lästig, aber von untergeordneter Bedeutung. Viel wichtiger erschien ihnen, daß zwei ihnen bekannte Mediziner – Borchard und Balthazard – bei Tierexperimenten festgestellt hatten, daß Radiumstrahlen kranke Gewebe zerstören und zur Heilung auch von bösartigen Geschwülsten führen konnten. Daß sie selbst schon die todbringende Krankheit in sich trug, davon ahnte Marie nichts.

Am 10. Dezember 1903 erhielten die Curies von der Akademie der Wissenschaft in Stockholm die Nachricht, daß ihnen und Henri Bec-

querel der Nobelpreis für Physik zuerkannt worden war. Er wurde vergeben für die Entdeckung der Radioaktivität. Der Preis war mit 140000 Francs dotiert, so daß die Curies mit 70000 Francs rechnen konnten, einer Summe also, über die sie noch nie in ihrem Leben verfügt hatten und die eine spürbare Erleichterung in ihren, von ständigen Geldsorgen geplagten, Alltag brachte.
Zwei Ereignisse sollten Maries Leben noch in entscheidender Weise beeinflussen: Am 6. Dezember 1904 wurde ihre zweite Tochter Eve, die spätere Journalistin, geboren, und im April 1906 verlor sie durch einen Verkehrsunfall ihren Mann Pierre. Vor allem der Tod Pierres war für sie ein Schicksalsschlag, der sie so tief traf wie nichts zuvor in ihrem Leben.
Von tiefem Schmerz erfüllt, schrieb Marie Briefe an ihren toten Gatten. In einem von ihnen heißt es: »Pierre, mein kleiner Pierre ... Ich möchte Dir sagen, daß ich die Sonne nicht mehr liebe und nicht die Blumen. Ihr Anblick bereitet mir Schmerzen. Ich fühle mich besser, wenn es trübe ist wie am Tag Deines Todes, und wenn ich schönes Wetter nicht hasse, dann nur darum nicht, weil die Kinder es nötig haben.« Die Kinder und die Arbeit waren es dann auch, welche ihr die Kraft und den Mut zum Weitermachen gaben. Sie nahm den ihr angetragenen Lehrstuhl für Physik an und setzte die Vorlesungen an der Sorbonne an der Stelle fort, an der Pierre sie unterbrochen hatte.
Im Jahr 1911 wurde Marie Curie nach zahlreichen anderen internationalen Ehrungen zum zweitenmal der Nobelpreis verliehen. Sie erhielt ihn für die Reindarstellung des Elements Radium.
Im Sommer 1934 unternahm Marie Curie in Begleitung ihrer Schwester Bronia einen Autoausflug in das von ihr so sehr geliebte Südfrankreich. Auf dieser Reise erkältete sie sich, und ihr Zustand verschlimmerte sich so, daß sie gezwungen war, nach Paris zurückzukehren. Die Ärzte und sie selbst nahmen an, daß ein altes Lungenleiden sich wieder bemerkbar gemacht hätte. Die Diagnose ergab jedoch, daß es sich um Anämie handelte, die man mit Sicherheit auf die jahrelange Einwirkung der schädlichen Strahlen zurückführen konnte, eine Tatsache, die man ihr freilich bis zuletzt verschwieg. Am 4. Juli 1934 starb Marie Curie.

Alexandra David-Néel
Allein im Himalaya

von Heinrich Pleticha

Nur wenigen Reisenden gelang es in den zweieinhalb Jahrhunderten zwischen 1700 und 1950 nach Tibet vorzudringen; denn wie kaum ein anderes verschloß sich dieses Land hinter dem gewaltigen Gebirgswall des Himalaya im Herzen Asiens dem Vordringen der Fremden, vor allem der Europäer. Einfache Bauern und Nomaden lebten hier, vor allem aber auch buddhistische Mönche, die sich zur Religion des Lamaismus bekannten. Grundlage ihrer Religion ist der Glaube an eine endlose Kette von Wiedergeburten. Nichts ist dauerhaft und die äußere Welt nur Schein. Um zur Wahrheit zu gelangen, muß der Mensch lernen, seinen eigenen Willen und damit seine ganze Persönlichkeit auszuschalten und sich völlig vom Irdischen zu lösen.
Es mochte an der Einsamkeit des Landes, vielleicht auch an dem Leben in einer durchschnittlichen Höhe von 4000 Metern liegen, daß sich die Mönche so bereitwillig den Forderungen dieser Religion beugten und das große Ziel ihres Lebens in einer Verbindung von Meditation, rituellen Zeremonien und Yoga zu erreichen suchten. Viele von ihnen brachten es dabei zu erstaunlichen Erfolgen, und Berichte ernst zu nehmender Beobachter über Unempfindlichkeit gegen physische Verletzungen und über hypnotische und telepathische Fähigkeiten dürfen nicht in das Reich der Fabel verwiesen werden. Überall in den einsamen Tälern vom Himalaya bis zum Transhimalaya entstanden Klöster, die regen Zulauf fanden. Lhasa, wo der Dalai Lama als geistiges und weltliches Oberhaupt dieser Mönchsgemeinschaft residierte, wurde zum Mittelpunkt und zur Hauptstadt Tibets.
Das mußte kurz gesagt werden, um die Leistungen Alexandra David-Néels richtig würdigen zu können, die als erste und einzige Frau 1912 in das für Europäer so streng verschlossene Land vordrang und – mit Unterbrechungen – insgesamt 14 Jahre in den dortigen Klöstern oder sogar abgeschieden und ganz allein in einsamen Gebirgsgegenden lebte. Mit der Zeit lernte sie alle Mundarten Tibets sprechen, und bald

gehörte sie zu den besten Kennern des Lamaismus. Sie gewann das Vertrauen der bedeutendsten tibetischen Mönche und Gelehrten und war eine der ganz wenigen Europäer, die auch in die Geheimnisse der Magier und des tibetischen Dämonenwesens eingeweiht wurden. Kein Wunder, daß sich ihre Bücher, wie etwa »Heilige und Hexer« oder »Ariopa. Meine Reise nach Lhasa«, wie spannende Abenteuerromane lesen und Europäern manchmal geradezu unglaubwürdig erscheinen, obwohl Alexandra David-Néel eine ernst zu nehmende Wissenschaftlerin war.

Aber es sind nicht allein ihre Reiseberichte, die uns heute so faszinieren, sondern auch ihre Briefe, die sie aus den entlegendsten Teilen der Welt an ihren Mann schrieb; denn aus ihnen spricht nicht so sehr die kühle Forscherin, sondern die Frau in allen ihren Widersprüchen: die Strapazen willig auf sich nahm und doch unter ihnen litt, die leicht und bequem in ihre französische Heimat hätte reisen können und die doch in der Einsamkeit der Fremde aushielt, weil sie geradezu besessen war von ihrem Wissens- und Erkenntnisdrang. Gewiß war sie eine »Aussteigerin«, wie wir heute vielleicht sagen würden, und oberflächlich betrachtet, hat sie auch manches mit jenen jungen Menschen gemeinsam, die aus der europäischen Zivilisation in eine ihrer Meinung nach freiere Welt des Ostens flüchten.

Alexandra David-Néel suchte nicht eine vordergründige Freiheit, sondern die Wahrheit, und sie glaubte schließlich, sie in der lamaistischen Form des Buddhismus gefunden zu haben. Aber sie ließ sich nicht von ihren Gefühlen treiben, sondern suchte ihre Erkenntnisse durch gründlichste Studien und beständige wissenschaftliche Arbeit zu untermauern.

Über ein Jahr lang, von Anfang Juni 1915 bis Ende August 1916, lebte sie zusammen mit zwei tibetischen Dienern in einer einsamen Hütte am Nordrand des Hochhimalaya, nur knapp 200 Kilometer östlich des Mount Everest an der Grenze zwischen Sikkim und Tibet. Ihre Briefe aus dieser Zeit sind »Zeugnisse von tiefer philosophischer Einsicht in die Hinfälligkeit alles Zeitlichen«, aber zugleich auch Spiegelbilder eines faszinierend-abenteuerlichen Lebens.

»Ich befinde mich hier in 3900 Meter Höhe ... die winzige Hochfläche, auf der ich meine Zelte aufgeschlagen habe, ist von unwegsamen Bergen umgeben, die in zerklüfteten, scharfkantigen Felsspitzen enden. Etwas tiefer erstreckt sich ein schmales Tal voll jener Zwergsträucher mit aromatischen Blättern, die die Luft mit dem für den Hochhi-

malaya typischen Duft erfüllen. Das Tal endet in einem Halbkreis schneebedeckter Berge, von denen Sturzbäche niedergehen. Diese Landschaft ist sehr schön, erhaben und auch ein wenig schrecklich...«, so beschreibt sie die kleine Hochfläche, die ihr für ein ganzes Jahr zur Heimat werden sollte.
Ein paar Tibeter halfen ihr und den Dienern, eine einfache Holzhütte zu zimmern. So einsam und kärglich in den folgenden Wochen und Monaten ihr Leben dort oben war, so plagten sie doch die Sorgen um den alltäglichen Lebensunterhalt, zumal der Krieg in Europa die Geldsendungen ihres daheimgebliebenen Mannes erschwerte. Dankbar registrierte sie deshalb jede kleine Unterstützung, die ihr von einheimischen Fürsten oder gelegentlich auch von Engländern zugeleitet wurde.
Schließlich war Mitte August ihr »Haus« fertig, das sie auch sogleich ihrem Mann beschreibt: »Zunächst ist da ein langes, an den Felsen gelehntes Zimmer, das ich mit Vorhängen unterteilt habe. Der vordere Teil ist mein Arbeitszimmer, in dem ich auch esse, im hinteren Teil befindet sich mein Schlafzimmer, das durch eine dreistufige Treppe mit der Höhle verbunden ist, in der ich bei einem früheren Aufenthalt in dieser Gegend gewohnt habe. An diesem langen Zimmer läuft ein ziemlich breiter Balkon entlang, an den sich ein winziges Badezimmer anschließt. Unter dem Balkon befindet sich der Gang, der zur Küche führt und von dem aus auch die Toiletten zu erreichen sind. Oberhalb des langen Zimmers befinden sich, in stufenförmiger Anordnung, zwei kleinere Räume. Der eine dient nötigenfalls als Gästezimmer, wenn meine Freunde von der Missionsstation hierher kommen; der andere birgt einen Teil meiner Vorräte.«
Sie schwärmte zwar von der Einsamkeit in den Bergen und meinte, daß es jene am besten getroffen hätten, die abgeschieden und fern vom Trubel der Welt ihr Leben verbringen, gab aber gleichzeitig zu, daß sie sich selbst noch nicht zur vollen Entsagung durchgerungen habe und klagte mitten im Sommer über die Kälte: »Jetzt herrscht Winter, bald herrscht tiefer Winter, hier herrscht immer Winter!«
Unter der Anleitung zweier Lamas, die zu ihr heraufgestiegen waren, nahm sie sprachwissenschaftliche Arbeiten über das Sanskrit und das Tibetische auf. Ein anderer Lama unterrichtete sie in der Umgangssprache. Sie konnte sich ja dort oben in der Einsamkeit der Berge ganz auf ihre Arbeit konzentrieren: »Wenn ich weiterhin und mehr als je zuvor Orientalistin sein will, so gebe ich mich natürlich nicht damit

zufrieden, ein Lampengehäuse ohne Licht zu sein. Meine Studien und meine Betrachtungen sollen es mir ermöglichen nachzuvollziehen, was den Buddhas vorschwebte.«

So eignete sie sich in diesen Wochen und Monaten jene Kenntnisse an, die ihr in den folgenden Jahren ermöglichen sollten, in tibetischen Klöstern wie ein Mönch unter Mönchen zu leben und die Anerkennung dieser verschlossenen und fremdenscheuen Männer zu finden. Der Preis, den sie dafür zahlen mußte, war hoch: ein hartes Leben, das sie aber mit erstaunlicher Gelassenheit und Bereitschaft auf sich nahm. Sie begleitete einzelne Lamas bei ihren Wanderungen ins Gebirge in Höhen von über 5000 Metern hinauf, doch war es für sie trotzdem »immer wieder lustig, sich in frischer Luft herumzutreiben«.

Mit dem Einbruch des Winters wurde die Lage kritischer. Sie erkrankte schwer, und um ein Haar wäre auch ihre Behausung abgebrannt. Aber selbst heftige Schneeverwehungen hinderten sie nicht, regelmäßig ihren Studien nachzugehen: »In dieser Jahreszeit pflegen sich die hohen Lamas einen Monat lang völlig zurückzuziehen, und auch mein Nachbar ist diesem Brauch gefolgt. Er hat mir allerdings erlaubt, jeden zweiten Tag zu ihm hinaufzuklettern, um unter seiner Anleitung weiterhin Tibetlektüre zu betreiben. Ich habe den Unterricht nicht ein einziges Mal versäumt.«

Nicht genug damit, suchte sie die Lebensgewohnheiten der Mönche am eigenen Leib zu studieren: »Falls das Wetter es zuläßt, steige ich nächste Woche zu einem Paß hinauf... und betreibe dort oben ein wenig ›camping‹, wie die Engländer sagen... Ein ganz kleines Zelt, ein Jakfell und nur ein paar Decken, keine Diener, sondern völlige Einsamkeit. Obwohl es hübsch kalt ist, werde ich meine Morgenwäsche am Bach erledigen. Ich will dort oben allein sein, um einige Theorien der Lamas über die Erzeugung von Wärme zu überprüfen... manche Einsiedler leben tatsächlich nackt inmitten der Schneemassen... Ich kenne das Verfahren ein wenig und habe es mit mäßigem Erfolg schon selbst erprobt. Trotzdem bin ich etwas skeptisch und möchte mir das Ganze gern aus der Nähe anschauen.«

Mit den Lamas zusammen beging sie Anfang März 1916, immer noch bei klirrender Kälte, das tibetische Neujahrsfest, das nach Landessitte mit einem großen Essen und viel Buttertee mit Salz für die Diener gefeiert wurde. Ihre tibetischen Sprachkenntnisse wurden immer besser: »Ich beherrsche es jetzt gut genug, um mit dem Lama über

Käthe Kollwitz

'laria Montessori

Helene Lange

Rosa Luxemburg

Gertrud von le Fort

Lise Meitner

philosophische Probleme diskutieren zu können. Ich muß allerdings hinzufügen, daß er über eine bemerkenswerte Intelligenz verfügt und selbst die leiseste Andeutung versteht«, schreibt sie am 16. März an ihren Mann, aber schon in einem ihrer nächsten Briefe klagt sie: »Ich spüre, daß Dich das alles wenig interessiert. Zwischen uns beiden besteht der Unterschied, daß ich mich für das, was Du machst, interessiere, Du jedoch für meine Arbeit nichts übrig hast... Wer den Weg geht, den ich gehe – sei er groß oder klein, ein Buddha oder ein Wurm, mit Riesenschritten oder kriechend – ist allein.«
Ende April verdrängten Frühling und sonniges Wetter die trüben Gedanken. Die Temperaturen stiegen auf 15 Grad, aber noch setzte die Forscherin intensiv ihre Thoumo-Übungen fort, jene in Tibet so berühmte autosuggestive Methode, innere Wärme zu erzeugen und Atmung und Blutkreislauf so zu beeinflussen, daß der Körper gegen Kälte unempfindlich wird. Noch einige Wochen, die den abschließen-

Alexandra David-Néel

wurde am 24. Oktober 1868 in Saint Mandé in Belgien geboren, wohin ihr Vater von Frankreich aus politischen Gründen emigriert war. Schon in jungen Jahren mußte sie sich ihren Lebensunterhalt selbst verdienen und wurde Sängerin und Schauspielerin. Abenteuerlust und Unruhe trieben sie aus der Heimat fort. Mit 27 Jahren nahm sie ein Engagement im damaligen Indochina an, 1899 ging sie an die Oper nach Athen und von da nach Tunesien. 1903 kehrte sie nach Belgien zurück, wechselte den Beruf und wurde Journalistin. Ein Jahr später heiratete sie während eines erneuten Tunesien-Aufenthalts den um 7 Jahre älteren Philippe Néel, den Direktor einer Eisenbahngesellschaft. Er zeigte erstaunliches Verständnis für ihr Fernweh und ihre philosophischen Interessen. Obgleich sie fast dauernd unterwegs war, verstand sie sich doch sehr gut mit ihrem Mann, der nach besten Kräften ihre ausgedehnten Reisen finanzierte.
1911 ging sie nach Indien, wo sie den Dalai-Lama von Tibet kennenlernte. Seine Einladung war der Anlaß für einen jahrelangen Tibetaufenthalt, in dessen Verlauf sie Lhasa besuchte und weite Teile des für Europäer damals noch verschlossenen Landes kennenlernte. Dazwischen besuchte sie Japan, Korea und China. 1941 starb ihr Mann, erst 1944 kehrte sie selbst als 77jährige Frau wieder nach Europa zurück, wo sie sich mit erstaunlicher Rüstigkeit ihren Veröffentlichungen widmete, die sie als eine der besten Kennerin des tibetischen Buddhismus auswiesen. Sie starb in ihrem 101. Lebensjahr am 8. September 1969 in Digne.

den Sprachstudien gewidmet waren, dann nahte nach mehr als einem Jahr Ende August 1916 die Abschiedsstunde von ihrer einsamen Unterkunft im Himalaya. »Ich hatte in den letzten Tagen den etwas melancholischen Eindruck, ich hätte mein letztes Abenteuer erlebt und die letzte Seite im Buch meiner verspäteten, dafür aber um so längeren Jugend umgeblättert.«
Japan wartete nun auf sie, dann Korea und China, danach aber, das konnte sie in dieser einsamen Stunde des Abschieds vom Himalaya noch nicht ahnen, kam noch einmal Tibet, die Reise nach Lhasa, in die verbotene Stadt, die Erfüllung ihrer Lebensaufgabe.

Else Lasker-Schüler
Der schwarze Schwan Israels

von Hans Mayer

»Ich und Ich« heißt der Titel des letzten Schauspiels, das Else Lasker-Schüler niedergeschrieben hat. Schon die extravagante Form dieses Titels zeigt, worum es der Künstlerin in ihrem Schaffen ging: Schreibend war sie bestrebt, ihrer Begegnung mit der Welt und dem Leben Ausdruck zu verleihen; ihr eigener Ort, Konturen des gesuchten und gefragten Ich sollten dabei hervortreten.

Man zählt Else Lasker-Schüler zum Umkreis des Expressionismus, jener Kunstrichtung im frühen 20. Jahrhundert, welche dem problemgeladenen und problembewußten Seelenleben des Menschen nach außen hin – durch bildende Kunst und durch das Mittel der Sprache – Geltung verschaffen wollte. Loslösung von gängigen Klischees, Mißachtung bestehender Normen, ungebundener Zugriff auf das Leben durch frei gestaltende Sprache – all das kennzeichnet das Schaffen von Else Lasker-Schüler. Und dabei ging es immer auch um sie selbst. Unablässig war sie bemüht, das gesuchte Ich mit einer vielfältigen Welt und einem zersplitterten Leben künstlerisch zusammenzubringen. Vor allem die Lyrik der jüdischen Dichterin fand Beachtung; aber auch Prosa und Dramen entstammen ihrer Feder.

Künstlerische Lebenserfassung muß über die nüchterne Faktenwelt hinausdringen und eine eigene bedeutsame Wirklichkeit schaffen. Wie Else Lasker-Schüler sich das zur Aufgabe gemacht hat, wird schon deutlich, wenn man ein Bild ihrer Kindheit, ihres Elternhauses zu gewinnen sucht. Die eigenen Aussagen der Künstlerin sind nicht trockene Erinnerung an Vergangenes. Mit aussagekräftiger Gestaltung hat sie nachprüfbare Tatbestände überdeckt.

Das beginnt mit dem Geburtsdatum. Es wurde versetzt, von 1869 auf 1876, aber auch auf 1881 und 1891. Umgang mit der Zeit war ihr keine rechnerisch überprüfbare Angelegenheit: »Der Künstler trägt die Zeit nicht, zwischen zwei Deckel gelegt, bei sich an einer Kette; er richtet sich nach dem Zeiger des Universums, weiß darum immer, was

die Urkuckucksuhr geschlagen!« Diese Art künstlerischer Lebenserfassung setzt sich fort in der Beschreibung der Familie.
Den Urgroßvater väterlicherseits hat Else Lasker-Schüler als Rabbi gezeichnet. In einer Zeit, als der Antisemitismus in Deutschland wuchs, ein unerschrockenes Bekenntnis zum Judentum, zu ihrer Abstammung und ihrer religiösen Welt. Im Urgroßvater-Rabbi verkörpert sie in beeindruckender Weise eine urtümlich-kindliche Gotteszugewandtheit, ein spielerisch-künstlerisches Wesen, das aus seinem Glauben heraus friedensstiftend wirkt. Seinen Enkel, ihren Vater Aron Schüler, rückt die Dichterin dem Rabbi nahe. Ein aufgeweckter Wunderknabe, begabt trotz ungenügender schulischer Leistungen, temperamentvoll und lebensfroh, ohne doch nachteilig lebensfremd zu sein. Von der beruflichen Tätigkeit ihres Vaters – er hatte sich vom Handelsvertreter zum kleinen Bankier emporgearbeitet – fand die Künstlerin ein Wirken auf dem Bausektor darstellenswert. Sie sah ihn als einen wenig erfolgreichen Betreiber hochaufragender Bauwerke, »Aussichtstürme«. Offensichtlich wollte die Tochter den Vater an die markante Stelle des Aufmerkens stellen. Sie erzählte, wie er sie mit hinaufführte auf die Gerüste und daß er es gern hatte, wenn sie keck und burschikos auftrat.
Persönliche Eigenarten und viele ihrer Charaktereigenschaften wollte Else Lasker-Schüler in ihrer Ahnenreihe verankert sehen. Nicht der beziehungslose Mensch, der unangefochten-allmächtig sich eine Welt gestaltet, ist ihr künstlerisches Thema. Es ist vielmehr das Ich, das aus gegebenen Beziehungen herauswachsend nach bergender Orientierung im Leben sucht. Sich selbst mit ihren Beziehungen – zur Familie, zum Judentum, zum Freundes- und Bekanntenkreis, aber auch zu einer schwierigen Umwelt – hat sie dabei behandelt.
Ihre Dichterexistenz schrieb Else Lasker-Schüler der mütterlichen Seite zu, der verehrten und geliebten Mama und deren Mutter. Künstlerischer Umgang mit der Sprache war ihr ein liebevoller Raum. Hier wußte sie Halt und Geborgenheit zu finden. »Im Schoß der Mutter«, so sagte sie darum, habe sie ihre Dichtung aufgebaut, schon mit fünf Jahren brillant gedichtet und die Taschen ihrer Kleider immer mit beschriebenen Papierschnitzeln vollgestopft. Sie sah sich als ein Wunderkind, mit vier Jahren des Schreibens kundig, spielerisch in trauter Atmosphäre zur Dichterin geworden. Elisabeth/Else, das jüngste der sechs Kinder des Ehepaars Aron und Jeanette Schüler, hat sich auch als einzige einen Namen gemacht. Doch zunächst schien

ihr Leben ganz in den geordneten Bahnen der Bürgerlichkeit zu verlaufen.
Drei Jahre nach dem Tod der Mutter, einem einschneidenden Verlusterlebnis, das Else Lasker-Schüler später als Absturz in die Einsamkeit und Nacktheit des Lebens beschrieb, heiratete sie 1894 den Arzt Jonathan Berthold Lasker. Das Ehepaar ließ sich in Berlin nieder. Frau Lasker-Schüler war anfangs offensichtlich bemüht, die Rolle einer ordentlichen Hausfrau zu spielen. Aber zunehmend erlebte sie die Ehe als Gefängnis, ihren Mann als ein für sie verständnisloses Gegenüber. Sie begann, sich ihre künstlerische Welt aufzubauen, und zwar mit Malen, Zeichnen und Fotografieren. Die Ehe zerfiel.
Als im Sommer 1899 Else Lasker-Schülers einziges Kind, der Sohn Paul, geboren wurde, hatte sie ihren Mann bereits verlassen. Über Pauls Vater machte sie selbst nur verdunkelnde Aussagen. Hinweise auf eine vorausgegangene innigst durchlebte und durchlittene Liebeszeit sind aber deutlich. Als alleinstehende verarmte Frau brachte Else Lasker-Schüler ihren Sohn zur Welt. Das Leben des schwächlichen Kindes, von anfälliger Gesundheit wie die Mutter, wurde gezeichnet durch deren fortan geführte kärgliche, von Geldnot und Sorge geprägte Künstlerexistenz.
Im gleichen Jahr, als ihr Sohn geboren wurde, trat Else Lasker-Schüler mit Gedichten an die Öffentlichkeit. 1902 erschien dann der Band »Styx« – das tödliche Wasser des Grausens. In Berlin lernte sie Peter Hille kennen, einen fünfzehn Jahre älteren Schriftsteller. Sie schloß sich der Künstlergemeinde »Neue Gemeinschaft« an. Durch das Zusammentreffen mit Peter Hille sah sich Else Lasker-Schüler instandgesetzt, sich ganz vom bürgerlichen Dasein loszusagen und sich auf ein Künstlerleben einzulassen. Er gab der Dichterin das nötige künstlerische Selbstvertrauen.
Im befreundeten Künstlerkreis traf Else Lasker-Schüler auf den Komponisten Georg Levin, mit Künstlernamen Herwarth Walden. Die beiden heirateten im November 1903. Aber auch der Künstlerehe Else Lasker-Schülers war keine Dauer beschieden. Anfangs wirkten Dichterin und Musiker zusammen. Doch im Lauf der Jahre gingen die beiden Künstler ihre eigenen Wege. Nach neun Jahren wurde die Ehe geschieden. Höhen und Tiefen der Liebe, selbst durchlebt und im Rang ursprünglicher, religiöser Wahrheit ausgesagt, wurden der Dichterin zu einem entscheidenden Thema. Reiz und Verlockung der Liebe zeichnete sie mit der Kraft ihrer Worte als paradiesische Blütenträume.

Aber daneben konnte sie Finsternis und Enttäuschung, die Erschütterung des Ich nicht verschweigen.
»Das Herz«, ein immer wiederkehrendes Motiv im Werk Else Lasker-Schülers, ist der Ort, an dem die vielgestaltigen und widersprüchlichen Erfahrungen aufeinandertreffen. Hier hinterlassen sie ihre Spuren. Die Dichterin läßt das Herz in Erscheinung treten als selbständiges Wesen – in ihm gründen Hoffnung und Vertrauen, in ihm birgt sich das suchende Ich und unternimmt, in seinem Schutz, tastende Lebensschritte; es ist aber auch gefährdet, aus der Brust genommen, vom Untergang bedroht. Zuversicht ganz eigener Art war für das Herz ausgesprochen, wenn Else Lasker-Schüler dem Urgroßvater-Rabbi die Fähigkeit zuschrieb, es nach »Gottosten« stellen zu können. Damit ist ein weiteres Thema im Schaffen Else Lasker-Schülers angesprochen: das Judentum.
Else Lasker-Schüler war keine politische Dichterin. Man hat ihr vorgeworfen, daß ihre Beschäftigung mit dem Judentum in unverantwortlicher Weise verspielt und wirklichkeitsfremd sei; im Angesicht des antisemitischen Treibens der Zeit müsse es als schiere Unmöglichkeit bezeichnet werden. Die Dichterin blieb jedoch bei ihrem persönlich vermittelten künstlerischen Zugang zum Leben und zur Wirklichkeit, auch bei diesem Thema. Sie blieb bei ihrem Bemühen, der vorfindlichen Wirklichkeit durch Kunst eine neue, wegweisende Dimension zu geben. Was sie als Jüdin auszudrücken suchte, ist gebündelt in ihrem Gedicht »Mein Volk«:

»Der Fels wird morsch,
Dem ich entspringe
Und meine Gotteslieder singe...
Jäh stürz ich vom Weg
Und riesele ganz in mir
Fernab, allein über Klagegestein
Dem Meer zu.

Hab mich so abgeströmt
Von meines Blutes
Mostvergorenheit.
Und immer, immer noch der Widerhall
In mir.
Wenn schauerlich gen Ost
Das morsche Felsgebein,
Mein Volk,
Zu Gott schreit.«

Das Leiden der Jüdin konnte und sollte eingebettet in die Gemeinschaft des jüdischen Volkes zur Sprache kommen. Anders war es mit der äußeren Not, mit materieller Bedrängnis und finanzieller Sorge im Leben Else Lasker-Schülers. Und auch mit ihrem Kampf um künstlerische Anerkennung. Hier stand sie allein. Bewußt hatte sie sich aus den Sicherungen bürgerlichen Lebens gelöst und auf die Risiken der Künstlerexistenz eingelassen. Die Einkünfte aus ihren Veröffentlichungen blieben spärlich. 1925 verfaßte sie eigens eine Schrift »Ich räume auf! Meine Klage gegen meine Verleger«. Sie erhob ihre Stimme, doch nicht lamentierend, vielmehr selbstbewußt und entrüstet darüber, daß der Wert ihres Schaffens nicht entsprechend honoriert wurde.
Anklang bei einem großen Publikum fand Else Lasker-Schüler nicht. Geschätzt und geachtet wurde sie vornehmlich im Kreis derer, die selbst künstlerisch tätig waren. Ihr Werk trug gewissermaßen den Charakter einer Kunst für Eingeweihte. In persönlicher Verbindung stand sie mit den Künstlern Gottfried Benn, Franz Marc, Georg Trakl und Franz Werfel. Der Schriftsteller Karl Kraus urteilte 1910 über sie: »Nicht oft genug kann diese taubstumme Zeit, die die wahren Originale begrinst, durch einen Hinweis auf Else Lasker-Schüler gereizt werden, die stärkste und unwegsamste lyrische Erscheinung des modernen Deutschland.« Aus Künstlerkreisen erfuhr sie auch Anteilnahme an ihrer äußeren Notlage. Die von Karl Kraus herausgegebene Zeitschrift »Die Fackel« veröffentlichte 1913 einen Spendenaufruf zugunsten von Else Lasker-Schüler. Es ging eine stattliche Summe ein. Die Künstlerin selbst suchte durch Dichterlesungen Boden unter die Füße zu bekommen.
Wo sie auftrat, erregte sie Aufsehen. Ihre äußere Erscheinung, auffällige Kleidung und in die Augen springender Schmuck, der eigenwillige und faszinierende Stil ihrer Lesungen, das machte jedermann

deutlich: In Else Lasker-Schüler begegnet man der Künstlerwirklichkeit. Tiefe, dunkle Augen, die suchend, aber nicht ungewiß, forsch, irritierend und fragend einen anschauen, so zeigt sie sich auf fast allen Porträt-Aufnahmen, als Kind, als Mädchen, als junge Frau und als ältere Dame. Und noch die letzten Zeichnungen von ihr – sie ließ sich am Ende nicht mehr fotografieren – bringen zum Ausdruck: Hier trifft man auf ein Ich, das sich, erfahrungsgesättigt, einen unverwechselbaren Lebensweg gebahnt hat.

In den Jahren nach dem Ende des Ersten Weltkrieges war das Schaffen Else Lasker-Schülers stärker an die Öffentlichkeit getreten. Zahlreiche Veröffentlichungen, Neuausgaben früherer Werke und neue Publikationen wurden unternommen. 1919 erlebte das Schauspiel »Die Wupper«, bereits zehn Jahre zuvor erarbeitet, seine Uraufführung. Das Stück, in seiner Aussagekraft ganz dem eigenwilligen künstlerischen Lebenszugriff der Dichterin verhaftet, in die Welt ihrer Kindheit eingebettet, behandelt die sozialen Spannungen zwischen bürgerlichem Fabrikantenmilieu und Arbeiteralltag. Religion und Liebe, Frage nach dem Lebenssinn und drohender Verfall des Bestehenden sind als Töne angeschlagen. Dieses undramatische Drama ist mehr als nur künstlerische Beschreibung von Verhältnissen im Vorkriegsdeutschland zu Beginn des 20. Jahrhunderts. Es versucht in extravaganter Aufmachung, Blicke in die Daseinstiefe hinein zu ermöglichen. So gelangt es, obwohl scharf kritisiert und nachdrücklich abgewertet wie vieles im Werk Else Lasker-Schülers, doch immer wieder zur Aufführung.

Mit zahlreichen Veröffentlichungen in der künstlerischen Welt vertreten, zu Vortragsreisen unterwegs in Deutschland, Österreich und der Schweiz, aber bleibend in äußerer Bedrängnis und Not, geschlagen durch Leiden und Tod des Sohnes, der 1927 gestorben ist, – so verliefen die zwanziger Jahre für Else Lasker-Schüler. Ein Höhepunkt in ihrem Schaffen war erreicht mit der Verleihung des Kleist-Preises 1932. Man wollte damit den »überzeitlichen Wert ihrer Verse, der den ewiggültigen Schöpfungen unserer größten deutschen Meister ebenbürtig ist«, ehren. Doch schon im Jahr darauf emigrierte Else Lasker-Schüler in die Schweiz, angesichts der neuen, unerbittlichen Kräfte in Deutschland, die auch nicht vor der Freiheit der Kunst und dem Lebensrecht des jüdischen Volkes Halt machten. 1938 wurde sie vom »Reichsanzeiger« öffentlich als ausgebürgert erklärt.

Ihr Aufenthalt in der Schweiz, in Zürich und Ascona, war geprägt vom Tauziehen mit der Bürokratie, von Formularen, Anträgen und Genehmigungen. Ein dauerhaftes Bleiben wurde ihr nicht gestattet. Anschluß und Kontakte fand sie in Künstlerkreisen, unter anderem auch mit Klaus Mann. Gespräche und Begegnungen im Café, schon seither ein elementarer Lebensbestandteil, gehörten zu ihrem Leben in Zürich. Dichterlesungen, wenig Erfolg bei Aufführungen ihrer Theaterstücke und Fortführung der schriftstellerischen Tätigkeit kamen dazu. In einem Gedicht, »Die Verscheuchte«, verschaffte sich die Stimmung der emigrierten Dichterin Ausdruck:

»Wie lange war kein Herz zu meinem mild...
Die Welt erkaltete, der Mensch verblich.
– Komm bete mit mir – denn Gott tröstet mich.«

Zu den Schweizer Jahren Else Lasker-Schülers gehören auch die Reisen nach Palästina. Nun konnte sie »das Herz« mehr als der Urgroßvater-Rabbi, unmittelbar im »herrlichen Bibelland« zu Hause sein lassen. Künstlerische Frucht der ersten Reise war das 1934 erschienene Werk »Das Hebräerland«. Eine Mischung aus eigenem Erleben und traditionellen Stoffen, ganz in der Art der Dichterin, die sich schreibend ihre Welt schuf – und sich gerade in jenen Jahren den Vorwurf wirklich-

Else Lasker-Schüler

wurde am 11. Februar 1869 in Elberfeld geboren. Sie war das sechste und jüngste Kind von Aron und Jeanette Schüler. Das jüdische Mädchen verbrachte eine erlebnisfrohe, aber auch spannungsreiche Kindheit. 1894 heiratete sie Jonathan Berthold Lasker und übersiedelte mit ihm nach Berlin. Hier fand sie Anschluß an expressionistische Künstlerkreise. Die Ehe zerbrach. 1899 wurde der Sohn Paul geboren, der 1927 starb. Auch eine zweite Ehe mit dem Künstler Georg Levin hatte keinen Bestand. Die Künstlerin verbrachte eine notgezeichnete Existenz. 1933 emigrierte sie in die Schweiz. 1939 blieb sie während einer Palästinareise in Jerusalem, wo sie am 22. Januar 1945 starb. Seit 1899 veröffentlichte sie Gedichte, in der Folgezeit auch Erzählungen und Schauspiele. Größere Breitenwirkung fand ihr Schaffen nach dem Ersten Weltkrieg. 1932 erhielt sie den Kleist-Preis. E. Lasker-Schüler wollte dem Leben durch Kunst zu einer ausdrucksvollen Wirklichkeit verhelfen.

keitsfremder Behandlung der Gegebenheiten des Judentums gefallen lassen mußte.
Als sie 1939 zu ihrer dritten Reise in Palästina war, brach der Zweite Weltkrieg aus. Eine Rückkehr in die Schweiz war nicht mehr möglich. Die letzten Jahre ihres kärglichen und doch reichen Künstlerlebens verbrachte Else Lasker-Schüler in Jerusalem. 1941 rief sie einen literarischen Zirkel ins Leben, den »Kraal«. Auch Martin Buber war dort zu Gast. Die letzten Gedichte erschienen 1943 in dem Band »Mein blaues Klavier«. Nach längerer Krankheit starb Else Lasker-Schüler am 22. Januar 1945.

Annette Kolb
Aus München nach Europa

von Hermann Schreiber

Sie wurde beinahe hundert Jahre alt, und da das in unseren unruhigen Zeiten niemand so leicht zu glauben vermochte, kann man da und dort auch das Geburtsjahr 1875 lesen. Aber als Franz Theodor Csokor sie 1934 in Nizza trifft, nennt er sie schon – in einem Brief an Lina Loos – »die liebe alte Dame, die freiwillig Deutschland verlassen hat«. Und als sie 1955 den Goethepreis erhielt, war die Rede, die sie sich abforderte, wohl die kürzeste, die jemals aus diesem Anlaß gehalten wurde, und der Fünfundachtzigjährigen sah man es gerne nach. Sie habe, deutet sie in dieser Rede an, den Preis zunächst gar nicht annehmen wollen, als man ihr nach Paris die Nachricht schickte; erst als sich herausstellte, daß es nicht so sehr um ihr Werk gehe, sondern vielmehr um ihr Wirken, ihre Persönlichkeit, ihre Haltung – da nahm sie dann entschlossen den Preis und die Strapazen auf sich, denn Goethe, dem Europäer, fühlte die Deutschfranzösin sich zeitlebens verbunden.

So ist es auch heute weniger die zarte Prosa der drei schmalen Romane, die diese kleine und stille Frau unsterblich und zu einer der großen Frauen des Jahrhunderts gemacht haben, als das, was in diesen Romanen bewahrt worden ist und was sie als Autorin und Heldin dieser Bücher mutig verteidigt hat. Als Frau war sie machtlos, als wenig berühmte Autorin durch keinen Namen geschützt, mit ihrem schmalen Werk auch wirtschaftlich nicht gesichert in der Art wohlhabender Emigranten wie Stefan Zweig oder Thomas Mann. Furchtlos setzte sie dennoch ihren Namen unter den eines Hermann Hesse, eines Thomas Mann, als dritte Unterschrift, denn nur drei Autoren waren es, die ihren Verleger Dr. Gottfried Bermann-Fischer in Schutz nahmen, als er 1936 dieses Schutzes bedurfte. Mit ihren stillen, gelegentlich heiter-glossierenden, niemals aber platt politischen Büchern hätte Annette Kolb in jeder Diktatur unbeanstandet leben können, selbst in Hitlerdeutschland, denn sie war zwar nur eine halbe

Deutsche, sie hatte einen französischen Elternteil, aber sie war keine Jüdin. Dennoch verstärkte sie jene Gruppe von Emigranten, die Deutschlands Literatur besonders ehrt, die Brüder Mann, Leonhard Frank, René Schickele, Fritz von Unruh, Bernard von Brentano, Oskar Maria Graf oder Ernst Glaeser, die allesamt das Reich verließen, obwohl sie keine Juden waren, und damit zeigten, daß man freiwillig gehen müsse.

Dabei kann es Annette Kolb, gerade ihr, nicht leichtgefallen sein, denn ihre drei Romane – mehr sind es nicht – haben eigentlich alle dasselbe Hintergrundthema: Sie schildern das Leben junger Leute aus guter Familie in jenem München, das zwischen 1900 und 1933 einen ganz besonderen Reiz hatte. Es war ein München, in dem noch nicht das bayrisch-bäuerische Element dominierte, sondern eine gesellige Kultur mit höfischen Erinnerungen, mit eher österreichischen als preußischen Einflüssen, ein München, das zu einem größeren Salzburg geworden war, weswegen denn auch Salzburg die zweite Lieblingsstadt der Annette Kolb geblieben ist: Niemand hatte eine Stadt mit ihren Festspielen am Vorabend der Katastrophe jemals so geisterhaft-leicht und doch mit eiskalter Deutlichkeit vor uns hingestellt wie Annette Kolb die Mozartstadt in ihren Feuilletons aus den Jahren 1934, 1935 und 1936.

Die Romane dagegen haben noch die volle, beinahe ahnungslose Wärme glücklicher Kindheitstage. Den ersten, »Das Exemplar«, hat man eine »halb leidenschaftliche, halb kuriose Geschichte« genannt, und vielleicht war die Autorin selbst überrascht, diese sehr private Geschichte einer flüchtigen Liebschaft über den Ärmelkanal hinweg zwischen 1914 und 1921 immerhin fünf Auflagen erzielen zu sehen, in Zeiten also, die den Musen nicht sonderlich günstig waren. Da Annette Kolb dreiundvierzig Jahre zählte, als dieser erste Roman erschien, da er die Situation von 1909/10 in München und London schildert, in Irland und Cherbourg, darf man sagen, daß sie die Welt kannte, als sie zu schreiben begann.

Und tatsächlich ist es ganz offensichtlich nicht die Lebensgier der Jugend, die ihr die Feder in die Hand drückt (so wie sie anderen heute den Mund aufreißt), sondern es ist das für eine Vierzigerin immerhin überraschende Bestreben, etwas festhalten zu wollen, etwas nicht verlieren zu dürfen. Auf den ersten Blick war dieses Unverlierbare wohl die Welt vor 1914, die »Welt von gestern«, der auch Stefan Zweig und so mancher andere nachtrauerte; aber es muß doch auch noch etwas anderes gewesen sein, etwas, das uns allzudeutlich vor Augen zu führen Annette Kolb eben zu fein und zu kultiviert war. »Man hat«, schrieb die einst berühmte »BZ am Mittag«, »durchaus das Gefühl, daß dieses Buch zu jenen gehört, die unter einem starken inneren Drang geschrieben werden. Ein Bekenntnis. Aber eins von solcher Keuschheit, solcher Verhülltheit, trotz aller Enthüllung subtilster seelischer Vorgänge, wie es uns nur zu selten gemacht wird.«

Es folgte ein seltsames, beinahe trauriges und schwer zugängliches Buch mit Notizen, Beobachtungen und Personen unter kunstvoll verbergenden Namen wie der Buchtitel »Zarastro« selbst. Das Buch ist vergessen und verschollen bis auf die in ihm enthaltenen Elemente einer Annäherung an große Musik, die in späteren Schriften wieder auftauchen: ein Erbe ihrer französischen Mutter, die Pianistin war und einen Münchner Hofgartenarchitekten heiratete; reizvoller können elterliche Erbschaften einander kaum ergänzen.

Das Buch, das dieses Doppel-Erbe voll aufnimmt und darum zentral genannt werden darf, ist der Roman »Daphne Herbst« des Jahres 1928. Annette Kolb lebte an der Wende zu den dreißiger Jahren bereits in Badenweiler im Schwarzwald, also nahe ihrer zweiten Heimat Frankreich, und im Kürschner-Handbuch des Jahres 1930 gibt sie ihr Geburtsjahr auch mit 1875 an, womit die Verwirrung über diesen heute gleichgültigen Umstand wohl begonnen hat. Thema ihrer Sehnsüchte und ihres Romans aber ist nach wie vor das München vor dem Ersten Weltkrieg. Die so einzigartig gemischte Gesellschaft der Isarstadt verlockt die Autorin, die mit den Jahren an Sicherheit und Selbstgefühl gewonnen hat, in diesem Roman zu Sarkasmen, aber auch zu unbeschwert-heiterem Witz. Der Hof, die unausrottbaren Vorurteile, die teils bürgerliche, teils ländliche und inzwischen ohnedies versunkene Welt wird von Annette Kolb mehr zärtlich gekrault als gegeißelt, und die Galerie der schrulligen Außenseiter und liebenswerten Originale, wie sie die Kolb hier vorführt, scheint man auch aus anderen Memoiren, aus Arthur Kutscher, Max Halbe und den Erinnerungen Herbert Günthers zu kennen.

Die Hauptfigur freilich ist unverwechselbar, und die autobiographischen Züge werden deutlich, wenn die Mutter Daphnes eine Wiener Geigerin ist, der Vater aber ein bayrischer Standesherr. Zart und verletzlich, ist sie der Gesellschaft wie dem Leben kaum gewachsen und erhält Hilfe durch eine alte Aristokratin, in der man eine zweite Spiegelung der ja nun auf die sechzig zugehenden Autorin erblicken darf, denn ihr wird eine Art Glaubensbekenntnis in den Mund gelegt. Diese Dame einer nicht mehr existenten Gesellschaft ist nämlich dadurch ausgezeichnet, daß »nur sie mit einer wohltuenden Vollendung der Manieren einen ebenso außerordentlichen Geist und jene Kenntnis der Welt, jenen Einblick in ihr Räderwerk und das Spiel ihrer Kräfte verband, wie es ohne Pessimismus nicht abgeht«.

1928 also, auf dem Höhepunkt einer Konjunktur, die der Welt neues Glück vorgaukelte, auf dem Höhepunkt eines literarischen und künstlerischen Lebens, wie ihn Deutschland seit der Romantik nicht mehr erlebt hatte, scheint Annette Kolb den nahen Untergang geahnt oder dieser Nachkriegswelt mit ihrer hektischen Selbstzufriedenheit jedenfalls keine lange Lebensdauer zugesprochen zu haben. Und es ist vielleicht kein Zufall, daß schon im Jahr nach diesem duftigen Roman der politische Essay »Versuch über Briand« erschien, ein überraschendes, aber vielsagendes Nebeneinander von Dichtung und Analyse der Zeit.

Tatsächlich mehren sich die Sturmzeichen, und wie unsicher alles geworden ist, sagt symbolisch der Titel des Romans von 1934: »Die Schaukel«, der dritte, reifste und am deutlichsten autobiographische Roman der Dichterin. Ihr eigenes Ich hat die Dichterin in das Mädchen Hespera und den Knaben Mathias aufgespalten, wobei in Hespera Züge aus der uns schon bekannten Daphne Herbst und Erinnerungen an eine frühverstorbene Schwester mitschwingen. Bestimmend, bewegend und den Roman erfüllend, dominiert aber wieder das »beste und feinste München«, die der Stadt inzwischen endgültig verlorengegangene echte kulturelle Oberschicht, der die hier Lautenschlag genannten Eltern der Autorin angehörten. Das Buch, für das Annette Kolb 1951 den Literaturpreis ihrer dankbaren Vaterstadt erhielt, wurde im Jahr der Hitlerschen Machtergreifung geschrieben.

Als es erschien, weilte seine Verfasserin schon nicht mehr in Deutschland. »Bayern war nicht nur das heiterste, es war auch das ahnungsloseste der (deutschen) Länder«, schreibt die Kolb, und da sie diese Ahnungslosigkeit nicht teilt, da sie als Halbfranzösin den größeren Horizont hat und die Verpflichtung daraus empfindet, beginnt fortan, Jahre vor Kriegsbeginn, ihre große Friedens- und Verständigungsarbeit, zunächst noch mehr auf künstlerischer als auf publizistischer Basis: Deutschland ist verloren, aber was in Berlin nicht mehr sein darf, das hat in Wien seine neue Heimstatt gefunden.

Max Reinhardt, den Annette Kolb aus vielen Gesprächs-Nächten in

Schloß Leopoldskron kennt, bereitet am Wiener Theater in der Josefstadt die deutschsprachige Erstaufführung eines sensationellen Stükkes vor. Es heißt »La Guerre de Troie n'aura pas lieu« (wörtlich: Der Trojanische Krieg wird nicht stattfinden) und hat den französischen Dichterdiplomaten Jean Giraudoux zum Verfasser. Die Kolb nennt ihre bestechend elegante deutsche Fassung »Es kommt nicht zum Krieg«, und jeder weiß, was gemeint ist, als dieses Stück in unwiederholbarer Starbesetzung an dem berühmten Sprechtheater in Szene geht, mit dem Schriftsteller Egon Friedell in der Rolle des Sehers Teiresias, mit der scharfzüngigen Adrienne Geßner als Kassandra.
Zwei Jahre darauf hat sich Egon Friedell aus dem Fenster gestürzt, weil er Gestapobeamte sein Haus betreten sieht; Max Reinhardt ist in Amerika; von allen Menschen, mit denen die Kolb Umgang hatte, an deren Leben und Schaffen sie Anteil nahm, sind nur ganz wenige, Vereinzelte zurückgeblieben. Sie schrieb einmal, daß sich der Himmel über Europa »graditim« verfinstert habe; sie muß es in ihrem ganzen Leben mitangesehen haben, sie, die Ahnungsvolle, wie die Wolken sich am Firmament hinaufschoben und den Glanz der Himmelslichter wegwischten.
Je dunkler es wurde, desto heller strahlte für sie die glückliche Zeit im Schoß der Familie und des alten Europa vor den Kriegen. »Wir können uns wieder sammeln«, sagte sie 1956 in ihrer Züricher Rede zum zweihundertsten Geburtstag Mozarts, »und unseren geistigen Interessen leben; unser Erdteil, auch wenn wir seinem Glück nicht

Annette Kolb

Die Romanschriftstellerin und Essayistin Annette Kolb wurde am 2.2.1870 in München geboren, in einem gutbürgerlichen Haus, das durch den Kunstsinn beider Elternteile nachhaltig geprägt war. Frankreich, woher Annettes Mutter stammte, wurde ihr früh zu einer zweiten Heimat, und die Vertrautheit mit zwei großen Kulturbereichen blieb bestimmend für die Lebensarbeit der Schriftstellerin. Als feinfühlige, geistvolle Erzählerin schilderte Annette Kolb vor allem die Münchner Gesellschaft vor dem Ersten Weltkrieg. In ihren Essays beschäftigte sie sich vorwiegend mit Musik – mit Mozart und Salzburg –, aber auch mit der Politik, wie ihr Briand-Essay beweist. Ihre Reiseberichte sind von wehmütiger Liebe zum alten Europa geprägt. Annette Kolb starb am 3.12.1967 in München.

trauen, ist nicht länger Verwüstungen ausgesetzt. Unter den Winden aber, die ihn, wer weiß von wie fern, durchzogen, hat er sich gewandelt: Unser altes »Chez Nous« (das Vaterhaus) ist dies vielbesprochene Europa nicht mehr.«

Helen Keller

Virginia Woolf

Elsa Brändström

Maria Montessori
Neue Wege der Erziehung

von Agnes Emrich

Beginn des Sommersemesters 1892. Die medizinische Fakultät der Universität Rom erlebt etwas noch nie Dagewesenes: Eine junge Studentin, Maria Montessori, will sich für die Studienrichtung Medizin einschreiben. In die Domäne der Männer, in die ärztliche Ausbildung einzudringen, scheint nicht nur unerhört, sondern geradezu unmöglich.

Wie es ihr gelungen ist, ihre Einschreibung dennoch durchzusetzen, ist nicht bekannt. Mit der Einschreibung war es allerdings nicht getan. Die Professoren versuchten, das junge, hübsche Mädchen zu übersehen, die Mitstudenten reagierten ablehnend bis boshaft. Maria hatte vor dem Hörsaal zu warten, bis alle Studenten Platz genommen hatten und durfte dann erst eintreten. Oft genug richteten es die Kommilitonen so ein, daß sie stehend der Vorlesung folgen mußte. Völlig undenkbar war es, daß eine Frau zusammen mit männlichen Studenten an einer nackten Leiche arbeitete. Der Ausweg: die Studenten präparierten während des Tages, Maria Montessori wurde am Abend in das anatomische Institut eingelassen, wenn alle Studenten längst zu Hause waren.

Vater und Mutter konnten die Kraftproben, denen sich ihre Tochter unterzog, nicht mitansehen. Der Vater – Beamter im Finanzministerium – hatte für den ausgefallenen Berufswunsch seiner Tochter kein Verständnis. Lehrerin, das hätte er noch eingesehen, aber warum gegen alle Widerstände ausgerechnet Ärztin? Noch nie hatte es in Italien so etwas gegeben!

Ganz anders die Mutter, eine gescheite, belesene Frau, die eine Chance sah, alle eigenen Wünsche, die sich nicht hatten erfüllen lassen, in ihrem einzigen, sehr begabten Kind verwirklicht zu sehen. Sie war es, die Maria in Wirklichkeit den Rücken stärkte und mit jeder erdenklichen Erleichterung half, den Weg einer damals für Frauen unüblichen Berufsausbildung zu Ende zu gehen.

Wie sah das Ende aus? In der Prüfung hatten die Herren im Gehrock zu erscheinen, konfrontiert mit elf ebenso wohlgekleideten Professoren. Das Prüferkollegium des Jahres 1896 sah sich zum ersten Male einer jungen Dame in einem eleganten schwarzen Kleid gegenüber. Die Montessori imponierte dem Vernehmen nach nicht nur durch die Präzision ihres Wissens und ihrer Gedankengänge, sondern auch durch die Unbefangenheit und Lebendigkeit ihres Vortrags. Das Ergebnis: Von 110 möglichen Punkten erhielt die erste Medizinstudentin Italiens 105! Ein Erfolg, der auch die größten Skeptiker überzeugen mußte.
Maria Montessori eine Galionsfigur der Emanzipation? Ja und Nein! Im Jahr ihres Examens wird sie zu einem Feministinnenkongreß nach Berlin eingeladen. Ihr Vortrag findet große Beachtung, zugleich aber entzieht sie sich allen Versuchen, die redegewandte Dottoressa für politische Ziele einzuspannen. Sie interessieren nicht Sozialismus und Kapitalismus, sondern die Schicksale und Chancen der Frauen, ganz gleich unter welchem ideologischen Vorzeichen.
Noch im selben Jahr eröffnete Maria Montessori eine ärztliche Praxis und arbeitete gleichzeitig als Assistentin an der Psychiatrischen Klinik der Universität Rom.
Bei der Beschäftigung mit Geisteskranken entdeckte die junge Ärztin in den Anstalten Kinder unter den Erwachsenen. Man kann sich vorstellen, daß ihnen nach den Kenntnissen der damaligen Psychiatrie keine gesonderte Aufmerksamkeit zuteil wurde. Gerade dieser Punkt wurde für Maria Montessori zum Ansatz aller weiteren Bemühungen. Sie sah, daß mit medizinischen Methoden allein solchen Kindern nicht zu helfen war und erkannte bald, daß sich unter den geistesschwachen Kindern solche befanden, deren Schicksal durch eine angemessene Form der Erziehung zu wenden oder wenigstens zu mildern gewesen wäre. Von diesem Zeitpunkt an begann sie, nebenbei Pädagogik zu studieren.
Es ist das große Verdienst der Dottoressa, daß sie die allgemein als schwachsinnig bezeichneten Kinder genau beobachtete und zwischen verschiedenen Behinderungen zu unterscheiden lernte. Sie studierte alle medizinischen und pädagogischen Abhandlungen, die je im In- und Ausland über die Arbeit mit behinderten Kindern geschrieben worden waren. Diese Erkenntnisse faßte sie mit eigenen Beobachtungen und Folgerungen in Vorträgen und Veröffentlichungen zusammen. Italien wurde auf die Probleme behinderter Kinder

aufmerksam. Namhafte Persönlichkeiten des öffentlichen Lebens gründeten eine »Liga für die Erziehung behinderter Kinder«.
Im Jahre 1900 errichtete diese Liga ein medizinisch-pädagogisches Institut zur Ausbildung von Lehrern für die Betreuung von »geistesschwachen« Kindern und gliederte diesem Institut eine Modellschule mit zweiundzwanzig Schülern an. Direktorin des Instituts wurde Dr. Montessori.
Das Besondere an der Arbeitsweise in der Modellschule war, daß diese behinderten Kinder nicht nach einer erdachten Theorie gelehrt wurden. Dr. Montessori und ihre Mitarbeiter gingen einen anderen Weg. Sie waren ständig mit den Kindern zusammen, beobachteten sie genau, probierten Lern- und Spielmaterial aus und korrigierten sich selbst in ständiger Beratung und unter dem Eindruck von Erfolg und Mißerfolg ihrer Bemühungen. Ein Grundgedanke war, gerade diesen Kindern Wege zum Lernen über praktische Erfahrungen der Sinne zu erschließen. Ein Beispiel mag zeigen, wie erfindungsreich die Ärztin und Pädagogin vorging: Bei einem Schreiner ließ sie sich ein hölzernes Alphabet herstellen, in dem jeder Buchstabe dreidimensional war, also umfaßt und begriffen werden konnte. Mit diesen Buchstaben spielten die Kinder und fuhren mit den Fingern die Formen nach, bis sie eines Tages die gleiche Gestalt in freier Bewegung mit Kreide malen konnten.
Als diese zweiundzwanzig Kinder nach einiger Zeit der gleichen Prüfung unterzogen wurden wie die Kinder normaler Schulen, stellte sich heraus, daß diese sogenannten Geistesschwachen in ihren Leistungen den gesunden Kindern in nichts nachstanden. Das war eine Sensation, wie alle Fachleute anerkennen mußten.
Maria Montessori gab sich mit diesem Ergebnis nicht zufrieden. Die Erfahrung, daß die von ihr entwickelte Methode bei behinderten Kindern solche Wirkungen ermöglichte, führte zu der Vorstellung, wie befreiend und fördernd ihr System sich bei normalen Schülern auswirken müßte, die in dem herkömmlichen italienischen Schulsystem aufwuchsen. Erinnerungen an die eigene Schulzeit, an erlittene Beengung und Gängelung wurden wieder wach.
Mitten in diese Überlegungen platzte ein Zufallsangebot. Eine Baufirma, die Billigwohnungen in einem riesigen Wohnblock für Arbeiter erstellt hatte, wurde mit einem Problem nicht fertig. Von den Bewohnern dieser Mietskaserne waren viele Väter und Mütter berufstätig. Infolgedessen blieben tagsüber sechsundfünfzig Klein-

kinder sich selbst überlassen und streunten und randalierten im Gebäude. Die Firma bot einen Raum und begrenzte finanzielle Hilfe an, wenn es Frau Dr. Montessori gelänge, diese Horde zu bändigen. Man spekulierte mit ihrer Liebe zu Kindern wie mit ihrem wissenschaftlichen Interesse.

Im ersten »Montessori-Kinderhaus« nahm man unter primitivsten Umständen die Arbeit auf. Eine einfache Frau war die erste Leiterin. Zu Beginn ging es um nichts anderes, als die Kinder an den bereitgestellten Raum zu gewöhnen. Herkömmliches Spielzeug wurde beschafft und zusammen mit dem vorhandenen Spiel- und Lehrmaterial der Doktorin den Kindern angeboten. Bald interessierten sich die Kleinen mehr für das Montessori-Material als für gekauftes Spielzeug. Daran knüpfte die Ärztin an. Über längere Zeit hin wurde immer mehr Material entwickelt und ausprobiert, wobei es der Pädagogin Montessori vor allem darauf ankam, bei den praktischen Dingen des Lebens und mit einfachen Fertigkeiten des Alltags anzufangen. Alles, was diese Kinder nicht bei ihren Müttern lernen konnten: putzen, spülen, einigermaßen gesittet essen, Schuhriemen binden, Knöpfe zumachen, den Tisch decken und andere beim Essen bedienen, lernten sie hier spielend und ohne Zwang. An dem erwähnten Lehrmaterial übten sie Beobachtung, Zuordnung von Teilen und die Feinmotorik behutsamer Handbewegungen.

Das Stichwort »ohne Zwang« markiert ein entscheidendes Erziehungsprinzip: Die Montessori dachte nicht nur vom Kind, von seinen Interessen und Bedürfnissen her, sondern vertraute auf seine Freiheit, darauf, daß Kinder von sich aus bereitwilliger lernen als unter Zwang. Disziplin im vordergründigen Sinne lehnte sie ab. Im »Kinderhaus« durften sich alle frei bewegen, spielen, womit jeder wollte, und dennoch entstand kein Chaos. Davor bewahrte das spontane Interesse am Material, am eigenen Tun und die Rücksicht aufeinander, die die Kinder nebenbei erlernten.

Ein besonderes Element der späteren Montessori-Pädagogik geht auf ein Erlebnis mit diesen Kindern zurück: Eines Tages traf die Dottoressa auf der Straße eine Mutter mit einem Säugling. Sie bat sie herein und zeigte den Kindern das schlafende Baby. Ihre Aufforderung, einmal ganz leise zu sein, damit man das Baby atmen höre, wurde begeistert befolgt. Sechsundfünfzig Kinder verhielten in großer Stille, und plötzlich hörte man nicht nur die leisen Atemzüge des Säuglings, sondern auch einen tropfenden Wasserhahn, das Ticken

der Uhr, einen Glockenschlag von fern her und einen Vogel im Baum vor dem Haus. Diese Erfahrung der Stille, des Hörens auf die leisen Dinge, hat auf die Kinder einen großen Eindruck gemacht.
Mit 40 Jahren gab Maria Montessori die Dozentur an der Universität Rom und ihre Arztpraxis auf. Sie widmete sich von dieser Zeit an ausschließlich ihrem pädagogischen Werk. 1909 war ihr erstes Buch »Die Methode der wissenschaftlichen Pädagogik, angewandt auf die Kindererziehung in den Kinderhäusern« erschienen. Es wurde in 20 Sprachen übersetzt. Vier Jahre später folgte ein zweites, in dem die Lehrmaterialien, ihr Wesen und ihr Gebrauch dargestellt wurden. 1910 wurde das Montessori-System offiziell in italienischen Volksschulen anerkannt. In der Schweiz war ein Jahr zuvor das erste Kinderhaus entstanden, und alle Fröbel-Kindergärten hatte man mit Montessori-Material ausgestattet.
In die ganze Welt wurde die berühmte italienische Pädagogin eingeladen. Sie hielt Ausbildungskurse ab und erläuterte ihr System in England, Frankreich, Holland, Spanien, Österreich, Indien, Ceylon, Mexiko, in den USA und in Südamerika.
In Deutschland wurde 1922 die erste Montessori-Schule eröffnet. Zehn Jahre später waren es vierunddreißig, davon allein achtzehn in Berlin. 1933 verbrannten die Nationalsozialisten in Berlin zusammen mit den Büchern unliebsamer Autoren auch die Montessori-Materialien auf einem Scheiterhaufen. Alle deutschen Montessori-Schulen wurden geschlossen. Eine Pädagogik, die vom einzelnen Kind, von

Maria Montessori

wurde am 31.8.1870 in Chiaravalle geboren. Ihre Familie zog bald nach Rom, wo Maria Medizin und Chirurgie studierte. 1896 Promotion. 1897 wurde sie Assistentin an der Psychiatrischen Klinik der Universität in Rom. 1901 begann sie mit dem Pädagogikstudium. Ihr Ziel erreichte sie mit der Gründung des ersten Kinderhauses San Lorenzo in Rom, das ganz nach ihrer Erziehungsmethode arbeitete, die sie 1909 in ihrem Buch »Il Metodo« vorgestellt hatte. 1910 übernahm sie das Kinderhaus der Franziskanerinnen in der Via Giusti. 1913 reiste sie mit großem Erfolg nach Amerika. Die Via Giusti wird zum Zentrum der internationalen Ausbildungskurse. Umzug nach Barcelona. 1929 Gründung der »Association Montessori Internationale«, Berlin. 1936 Flucht nach Amsterdam, 1939 in Indien. Am 6.5.1952 stirbt sie in Noordwijk (Holland).

seinen Fähigkeiten und Bedürfnissen her dachte, konnte einer politischen Ideologie nicht gefallen, für die der einzelne nichts, der Staat alles war.
Man sollte eigentlich erwarten, daß sich das Montessori-System für Kindergarten, Grundschule und Gymnasium in der ganzen Welt nachhaltig verbreitet hätte. Schließlich war die Methode zu überzeugend und nachprüfbar erfolgreich, als daß herkömmliche erzieherische Praktiken mit ihr hätten konkurrieren können. Der triumphale Erfolg, der absehbar schien, blieb aus. Was war der Grund?
Maria Montessori hatte nicht den Mut, ihre Methode aus den Händen zu geben. Die Angst vor Verfälschung war zu groß. Es ist nicht auszudenken, was in ihrem Sinne geschehen wäre, wenn sie Universitäten und pädagogischen Fachinstituten in aller Welt die Beschäftigung mit ihrer Methode und die ständige Überprüfung und Weiterentwicklung ihrer Lehre erlaubt hätte. Statt dessen behielt sie sich die Ausbildung von Montessori-Pädagogen zunächst persönlich vor und erteilte später nur wenigen das Recht, in ihrem Namen zu lehren. Auch das Material, das sie entwickelt hatte, gab sie nicht frei, sondern beanspruchte neben dem Urheberrecht auch das alleinige Recht zum Vertrieb. Fairerweise muß man anerkennen, daß wohl auch Fragen des persönlichen Lebensunterhalts daran geknüpft waren. Schließlich bedeuteten diese »Erfindungen« ihr Kapital, nachdem sie den Arztberuf vollständig aufgegeben hatte. Dennoch muß man vom heutigen Standpunkt aus bedauern, daß die Monopolisierung die Verbreitung eines genialen Lebenswerks behindert hat.
Als Maria Montessori 1952 starb, war sie immer noch eine berühmte alte Dame, aber in Amerika, wo sie 1913 stürmisch als die Frau gefeiert worden war, die das Erziehungssystem der Welt revolutioniert hatte, kannten nur noch wenige ihren Namen.

Rosa Luxemburg
Opfer der Revolution

von Max Schäfer

Da fuhr ein Auto vor, und da wurde etwas ins Wasser geworfen. Das Etwas war ein Körper, »offenbar ein lebloser Körper«, so der Zeuge Franz Röpke, 38 Jahre alt, evangelisch, mit keinem der Angeklagten verwandt oder verschwägert, wegen Verletzung der Eidespflicht nicht vorbestraft. »Ich sah von dem Körper entweder Arme oder Füße herunterhängen, will das aber nicht ganz bestimmt behaupten. Es können natürlich auch Kleiderfetzen gewesen sein. Oder habe ich mir das eingebildet, da mir der Mann zugerufen hatte ›wir bringen die Rosa Luxemburg‹.«

Auf eindringliches Befragen erklärte der Angeklagte Vogel, von Beruf Oberleutnant: »Sie geben zu, daß Sie die Frau Rosa Luxemburg ins Wasser geworfen haben?«

»Jawohl.«

»Sie geben zu, daß ein Schuß gefallen ist, während das Auto gefahren ist?«

»Jawohl.«

Der Zeuge Max Weber, 26 Jahre alt, evangelisch, erinnerte sich: »Auf einmal, als wir noch eine Strecke am Ufer entlang gefahren sind, wurde Halt gerufen. Das Auto hielt, und da sagte Oberleutnant Vogel: ›Wir wollen die Luxemburg hier herausnehmen.‹ Oberleutnant Vogel und ich haben an der Leiche angefaßt und haben sie ein Stück in die Anlagen getragen ... Wir legten die Leiche hin. Es wurde noch einmal gerufen: ›Halt oder wir schießen!‹ Darauf ist der Oberleutnant Vogel bis zur Brücke gegangen und gab sich zu erkennen, kam wieder zurück und sagte zu Poppe und mir, wir sollten die Leiche nehmen und ins Wasser schmeißen ... Poppe und ich haben angefaßt und haben dann die Leiche ins Wasser geschmissen.

Über Luxemburg hieß es: ›Die alte Sau schwimmt schon‹.«

In der Nacht zum 1. Juni 1919 wurde in Berlin an der Friarchenbrücke am Landwehrkanal eine weibliche Leiche angetrieben. Die stark verweste Leiche wies eine Schußverletzung an der linken Stirn auf. Am 13. Juni wurde Rosa Luxemburg zu Grabe getragen. An den Häuserwänden waren die Kreidebuchstaben noch nicht verblichen: »TÖTET LIEBKNECHT UND LUXEMBURG!«

Nicht alle Angeklagten wurden verurteilt, wie zu erwarten war, einige freigesprochen von der »weiteren Anklage des gemeinschaftlichen Mordes in Tateinheit mit rechtswidrigem Waffengebrauch.«

Der Husar Runge erhielt eine Gesamtstrafe von zwei Jahren Gefängnis, zwei Wochen Haft, vier Jahren Ehrverlust und Entfernung aus dem Heer, der Leutnant der Reserve Liepmann wegen Anmaßung einer Befehlsbefugnis in Tateinheit mit Begünstigung sechs Wochen geschärften Stubenarrest, der Oberleutnant Vogel wegen erschwerten Wachverbrechens im Felde in Tateinheit begangen mit Begünstigung während der Ausübung des Dienstes, Mißbrauch der Dienstgewalt und Beiseiteschaffung einer Leiche zwei Jahre vier Monate Gefängnis und Dienstentlassung.

Bei dem Angeklagten Vogel, so der Urteilsspruch des Feldkriegsgerichts, fiel mildernd ins Gewicht »seine bisherige Unbescholtenheit, seine gute und tapfere Führung im Kriege, Verrohung durch langjährigen Aufenthalt im Felde, seine starke persönliche Erregung, welche durch die von ihm vorher gesehene entfesselte Wut des Angeklagten Runge und durch den von dem unbekannten Marineoffizier abgegebenen Schuß noch angestachelt worden ist, ferner die allgemeine Erbitterung, die wie bereits oben beim Angeklagten Runge ausgeführt ist, besonders bei den Regierungstruppen gegen die erschossenen Führer der Spartakuspartei herrschte . . .«

Sicheres konnte nicht nachgewiesen werden, so zum Beispiel, ob der Tod der Frau Luxemburg auf die Kolbenschläge oder auf den Pistolenschuß zurückzuführen sei. Sicheres war nie gewiß, erwiesenermaßen augenscheinlich und daher glaubwürdig. Dies lag in der Natur der Sache. Für die Herren Offiziere legte man die Hand ins Feuer, außer Zweifel Ehrenmänner, untadelig und mit weißer Weste. Vielleicht hie und da einige Flecken, erdfahl, besser noch feldgrau, unregelmäßig verteilt in der Farbe der Unschuld, entstanden »durch langjährigen Aufenthalt im Felde«. Und schon waren die »Weißwascher« am Werk. Die anderen Ehrenmänner im Stab der Garde-Kavallerie-Schützen-Division ließen ihre Kameraden nicht im Stich. Oberleutnant Vogel wurde prompt befreit und konnte als Kurt Felsen nach Holland entkommen. In seiner Jackentasche befand sich ein Ausweis mit dem Stempel der Division. Bereits am letzten Verhandlungstag wurden für die Angeklagten Pässe mit falschem Namen besorgt. Was wäre gewesen, wenn ...

Bewahrte sie ihr Tod davor, in einem der sowjetischen Gefängnisse den Genickschuß zu erhalten oder wäre sie Stammgast in deutschen Gefängnissen geworden? Wäre es ihr gelungen, die revolutionäre Bewegung über die Diktatur der proletarischen Massen hinauszuführen und die sozialistische Umwälzung folgen zu lassen? Eine Prophezeihung über den Endpunkt dieses revolutionären Prozesses wollte Rosa Luxemburg nicht machen – »wenn nur unser Leben ausreicht, es dahin zu bringen«.

Rosa Luxemburg haßte die Schulmeister der Revolution. Sie traute den Massen alles und den Parteiapparaten wenig zu: »Der Kampf um den Sozialismus kann ... nur durch die Massen, unmittelbar Brust an Brust mit dem Kapitalismus ausgefochten werden, in jedem Betriebe, von jedem Proletarier gegen seinen Unternehmer.« Die Diktatur einer Partei lehnte Luxemburg ab, vielmehr müsse die Diktatur des Proletariats mit der uneingeschränktesten Demokratie, mit der ungehinderten Teilnahme und Aktivität der Bevölkerung verbunden sein.

Rosa Luxemburg hatte eine Vorliebe für Massen und deren Spontaneität. Immer wieder betonte sie die revolutionäre Kraft des Spontanen im Klassenkampf. »Die Massen sind das Entscheidende. Sie sind der Fels, auf dem der Endsieg der Revolution errichtet wird.« Die »Massenstreik-Broschüre« war ihre Lieblingsschrift, der »spontane

Rosa Luxemburg

wurde am 5. März 1870 in Zamość in Russisch-Polen als Tochter des Holzhändlers Elias Luxemburg geboren. Mit neun Jahren übersetzte Rosa deutsche Gedichte und Prosa ins Polnische. 1897 Promotion. 1898 Umzug nach Berlin. Wegen Majestätsbeleidigung mußte Rosa Luxemburg ins Gefängnis. Sie nahm an der ersten russischen Revolution in Warschau teil. Haft folgte. 1913 schrieb sie ihr bedeutendstes Werk: »Die Akkumulation des Kapitals. Ein Beitrag zur ökonomischen Erklärung des Imperialismus.« Nach Ausbruch des Ersten Weltkrieges wurde sie wegen Aufforderung zum Ungehorsam zu einem Jahr Gefängnis verurteilt. 1918 nahm sie am Gründungstag der KPD teil. Am 15.1.1919 Ermordung Rosa Luxemburgs in Berlin.

Massenstreik« ihre Lieblingsidee. Sie glaubte mit der Inbrunst einer Besessenen an die »schöpferische Kraft« der Massen. Sie irrte. Der Franzose Le Bon hätte sie eines anderen belehrt: »Es ist die Dummheit, nicht der Geist, was sich in den Massen akkumuliert.«

Rosa Luxemburg irrte, genau wie Karl Marx irrte. Der Gang der Geschichte hat beide als falsche Propheten entlarvt. »Rosa Luxemburg wurde durch die Geschichte widerlegt. Für einen Marxisten ist dies natürlich die verhängnisvollste aller Widerlegungen« (Dick Howard).

Zum Klischee der »blutigen Rosa« als sozialistische Kämpferin (»Dem Feinde ... Daumen aufs Auge und Knie auf die Brust!«) paßte kaum das Bild einer liebenswürdigen und liebenden Frau: »Ach, Dziodziu, Dziodziu! Komme schon schneller, wir verstecken uns zusammen vor der ganzen Welt in zwei Zimmerchen, wir werden allein arbeiten, selber kochen und es wird uns so gut sein, so gut! ... Dziodziu lieber, ich umschlinge Deinen Hals und küsse Dich tausendmal, ich möchte, wie ich mir das öfters wünsche, daß du mich auf den Händen trägst. Aber wenn Du Dich immer darauf ausredest, daß ich zu schwer bin ... Ich umarme Dich und küsse Dich und will, daß du mich unbedingt auf die Hände nimmst. Deine Rosa.«

Wer war Rosa Luxemburg wirklich?

Ein weibliches Wesen, eine Frau, die weiß, was sie will, blitzgescheit, geistreich und gelehrig, mit einem rasiermesserscharfen Verstand im unverhältnismäßig großen Kopf, einer spitzen Nase, stechenden Augen und einer scharfen Zunge. Eine emanzipierte Frau! Rosa war stark in der Theorie und schwach als Frau.

War sie eine Kommunistin, eine Säulenheilige der KPD? Iring Fetscher versucht eine Antwort zu geben: »Sie war Mitbegründerin der KPD, überhaupt kein Zweifel, aber sie war zugleich ein Anwalt eines demokratischen Sozialismus, der sicher nichts zu tun hat oder sicher nicht identisch ist mit dem der Sozialdemokratischen Partei heute, der auch nicht gleichgesetzt werden kann mit den heutigen sozialistischen Staaten des europäischen Ostens.«

War sie ein »Adler«, wie Lenin trotz Meinungsverschiedenheiten in einem Nachruf schrieb: »Ein Adler kann wohl manchmal auch tiefer hinabsteigen als das russische Huhn, aber nie kann ein Huhn in solche Höhen steigen wie ein Adler.« War sie eine lebendige Alternative zur bolschewistischen Politik? Stand der »Luxemburgismus« als Feindbild im Gegensatz zum Marxismus und Leninismus?

Vielleicht war sie einfach eine Frau, die von sich selbst sagte . . . »ich muß doch jemanden haben, der mir glaubt, daß ich nur aus Versehen im Strudel der Weltgeschichte herumkreisle, eigentlich aber zum Gänsehüten geboren bin.«

Kein Gedenkstein erinnert an die Stätte, wo Karl Liebknecht und Rosa Luxemburg begraben liegen. Die Gräber wurden von den Nazis eingeebnet, ein Gedenkstein abgebrochen, die Erinnerungen ausgelöscht. Im Friedhofsregister wurde mit roter Tinte eingetragen, daß eine Umbettung nicht in Frage käme. Der letzte Wunsch Rosas blieb unerfüllt: »Auf meiner Grabtafel dürfen nur zwei Silben stehen. Zwi–zwi. Das ist nämlich der Ruf der Kohlmeisen, die ich so gut nachmache, daß sie sofort herlaufen.«

Achtundzwanzig Jahre war Karl Marx alt, als er den Leitgedanken seines Lebens niederschrieb: »Die Philosophen haben die Welt nur verschieden interpretiert, es kommt darauf an, sie zu verändern.«

Achtzehn Jahre war Rosa Luxemburg alt, als sie aus Polen auszog, um mit den »Millionenmassen des sozialistischen Proletariats« die Welt zu verändern.

Die »rote Rosa« hat die Welt nicht verändert, sie hat sie lediglich »verschieden interpretiert«.

Gertrud von le Fort
Eine einzigartige Gestalt

von Max Rössler

»Kind, dichte; aber belästige niemand damit!« So hat's die kleine Gertrud von den Angehörigen vernommen. Doch sie hat wohl dichten müssen und darum die Feder nicht entmutigt beiseite gelegt. Belästigt hat sie niemand damit, hat halt für sich geschrieben, hat – auch als Erwachsene noch – harmlose Kalendergeschichten verfaßt und, erst durch Geldnot veranlaßt, einen Roman unter dem Pseudonym »Stark« (vgl. »Fort«) herausgebracht.

Diskretion freilich hat sie, was das Persönliche betrifft, allezeit bewahrt; war doch für sie der Schleier das eigentliche Symbol des Weiblichen, und Dichtung galt ihr zudem nicht als Ausdruck der Persönlichkeit, sondern als deren Hingabe. Wenn sie sich dann doch dazu verstand, ein Buch der Erinnerungen unter dem Titel »Hälfte des Lebens« herauszugeben, schrieb sie, gleichsam zur Rechtfertigung: »Es sind nicht eigentlich Memoiren, es sind Erinnerungen, die ich hier für mich selbst und meine persönlichen Freunde schrieb. Trotzdem entzog sie weite Flächen ihres Lebens den Scheinwerfern öffentlicher Zudringlichkeit.

So innig Gertrud von le Fort das Gut Boek am Müritzsee als »Paradies« und »eigentliche Heimat« liebte, der Offiziersberuf des Vaters verlangte doch mancherlei Stationswechsel wie Minden, Berlin, Koblenz, Hildesheim, Halberstadt. Um so dankbarer war zeit ihres Lebens die Dichterin für die Geborgenheit, die sie in einem glücklichen Familienleben gefunden hat.

In Minden 1876 geboren, wuchs sie in einer familiären Atmosphäre auf, in der praktizierte Religiosität selbstverständlich war. Ihre Vorfahren väterlicherseits waren Protestanten, die als Verfolgte Italien verlassen und in der Schweiz Zuflucht gesucht hatten. Weckte der Vater in dem sehr wachen Mädchen den Sinn für Geschichte, so wußte die glaubensstarke Mutter ihr reges Interesse am Christentum zu vertiefen.

Darum war es nicht verwunderlich, daß sie sich für ein theologisches

Studium in Heidelberg entschied und bei ihrem ungewöhnlichen Engagement eine Art »Meisterschülerin« des Religionsphilosophen Ernst Troeltsch wurde. Seit 1904 war sie dann mehrmals in Rom. Fasziniert von dieser unvergleichlichen Stadt, ließ sie sich zunächst von deren ungeheuren geschichtlichen Dimensionen erschüttern. Doch allmählich erkannte ihr religiöses Wahrheitsuchen die Stadt eines heiligen Petrus und heiligen Paulus, die römisch-katholische Kirche: »In Rom ist die ganze Welt wie eine feurige Traube in den Kelch einer einzigen Stadt gepreßt... Auf dem Haupte Roms liegen alle Kronen, welche die Menschheit kennt: Die Krone der Weltherrschaft, die Krone der antiken Schönheit, die Märtyrerkrone der Heiligen, die Kaiserkrone des Mittelalters, die dreifache Krone der päpstlichen Tiara... Aus Rom kommt jeder anders wieder, als er fortging.«
Anders war – wenn wir nicht wagen, von ihrem Wesen zu sprechen – anders war nun ihr Wort geartet. Wie dem Felsen unter dem Stab des Mose plötzlich ein Katarakt von Wasser entstürzt war, so überraschte sie mit dem »Hymnen an die Kirche« und mit dem Roman »Das Schweißtuch der Veronika«. Zwar hatte jedes spätere Werk – ob Ode, Novelle, Essay, Legende oder Vorträge – in Gestalt und Gehalt seinen eigenen Charakter, doch alle sind eingefügt in jene Perspektive, die das bedeutendste Thema jeder Menschen- und aller Menschheitsgeschichte ist: die Freiheit des Menschen und die Macht der Gnade.
»Herr, es liegt ein Traum von dir in meiner Seele«, so heißt es zu Beginn der »Hymnen an die Kirche«. Zwischen den »Wassern der Verzweiflung« und den »Bergen der Hoffnung« aber findet die Seele in keiner Kammer Ruhe: »Ihre stillste ist noch wie ein einziger Schrei!« Aber ein Ruf berührt die Seele und betroffen erkennt sie, daß sie Adressat einer Botschaft, einer Werbung ist: »Wie bist du hereingekommen, du Stimme meines Gottes?«
Diese rufende, weisende, führende Stimme ist die Kirche: »Deiner Seele bin ich Aufbruch und Heimweg und bin der Bogen des Friedens mit Gott über den Wolken.« Inständigen Vertrauens voll, ist die Seele bereit: »Mutter, ich lege mein Haupt in deine Hände! schütze mich vor dir!«
Also »Mutter« und doch: »Schütze mich vor dir!« Denn den Weg zur Kirche und in die Kirche erfährt sie nicht als Pfad in weltabgelegene Idylle, in sanft schonende Heimeligkeit.
Wie einer Annette von Droste-Hülshoff, einer Edith Stein, einer Sigrid Undset verlangte auch dieser starken Frau der Entscheid für die Kirche

einen Verzicht auf eigenwillige Selbstverwirklichung ab, zugunsten einer Hingabe, in der sich der scheinbare Widerspruch bestätigt: Erst in der Hingabe erlangt das Weizenkorn Fruchtbarkeit: »Ich bin in das Gesetz deines Glaubens gefallen wie in ein nackendes Schwert... Mitten durch meinen Verstand ging seine Schärfe, mitten durch die Leuchte meiner Erkenntnis... Du heißt mich mein einziges Licht löschen und heißt mich, es wieder zu entzünden an der Finsternis der Nacht... Du gebietest mir Blindheit, daß ich sehe, und Taubheit, daß ich höre.«

Was in den Hymnen orgelhaft verdichtet sich bekennt, wird entfaltet in dem Gestalten-Quartett des Romans »Das Schweißtuch der Veronika«. Auch hier wieder das Thema »Widerstand und Gnade«. Würdig und souverän der Widerstand, der sich am Humanismus der griechischen und römischen Antike orientiert, dargestellt in der ehrwürdigen Gestalt der Großmutter. Bang und unsicher der Widerstand der ängstlichen Tante Edelgard. Stolz und narzißtisch der Widerstand des Dichters Enzio, der nicht knien kann, sich nicht ergeben will. Und schließlich zwischen den Dreien die kleine Veronika, das »Spiegelchen« (so war die kleine Gertrud einst genannt worden), die beherzt sich in die Arme der Mutter Kirche wirft.

Zwischen den Hymnen (1924) und dem Veronika-Roman (1928) geschah 1926 das wichtigste Datum ihres Lebens: Sie ließ sich in der Kirche Maria dell'Anima in die katholische Kirche aufnehmen. Obwohl sie durch die Veröffentlichung im führenden »Hochland« (treffender Name für hohes Niveau) mit ihrem Veronika-Roman und durch ihre Hymnen rasch an Echo gewann, ja zur Berühmtheit wurde – Paul Claudel und George Bernanos schrieben überschwenglich lobende Kritiken –, lebte sie weiterhin bescheiden im ländlichen bayerischen Milieu in Baierbrunn bei München und schließlich im allgäuischen Oberstdorf.

An Resonanz gewann ihr Werk bald ungemein vor dem Hintergrund der nationalsozialistischen Machtergreifung. So eindeutig standen ihre Existenz und ihre Bücher gegen den herrschenden Zeit-Ungeist, daß sie eine wahre Gestalt des Widerstands wurde und von den getreuen Christen begeistert gefeiert wurde.

Am Vorabend des Ausbruchs des satanischen Nazismus schrieb sie sich in der Meisternovelle »Die Letzte am Schafott« die Angst von der Seele, indem sie an der schmalen Blanche de la Force (wie parallel der Name!) die Macht der Angst und die Allmacht der göttlichen

Gnade zeigte. Dann, 1934, rühmte sie, der braunen Unmenschlichkeit widersprechend, in dem geistvollen Essay-Band »Die ewige Frau« den mataphysischen Rang des Weiblichen.
Vor allem ging es ihr darum, der List der Gewalthaber, die die Mutterschaft im heimlichen Hinblick auf kommende, männer-mordende Kriege kräftig förderten, das Ideal der Mütterlichkeit engegenzustellen. Auf die Frage, welches ihrer Werke ihrem Herzen am nächsten stehe, antwortete sie ohne Zögern: »Das Gericht des Meeres«, eine Legende, die jene Mütterlichkeit preist, die nicht nur das eigene Fleisch und Blut im Kinde liebt, sondern auch im fremden Kind die Verschüchterung und Verängstigung, die Hilfsbedürftigkeit und den Liebe-Hunger wahrnimmt. Mit beschwörendem Ernst wandte sie sich gegen die Tötung des ungeborenen Lebens: »Es gibt nichts Ruchloseres auf Erden, als ein Kind zu ermorden... Eine Frau kann doch nicht als Werkzeug des Todes sich hergeben; die Frau ist doch da, das Leben zu schenken. Die Welt bedarf der mütterlichen Frau, denn sie ist weithin ein armes hilfloses Kind.«
In immer wieder neuen Variationen verteidigte sie, forderte sie, rühmte sie diese Mütterlichkeit, die von leiblicher Mutterschaft so unabhängig ist wie Väterlichkeit von leiblicher Vaterschaft. Und so blieb auch Gertrud von le Fort, die im Roman »Kranz der Engel« der unauflöslichen Ehe ein Denkmal setzte, unvermählt, so daß sich in ihrem Leben und Wirken das biblische Wort verwirkliche: Die Kinderlose sei die Mutter von vielen.
In jenem Roman bildet ein Engelpaar, das gemeinsam den einen Kranz trägt, ein Gleichnis der Ehe, wie sie der göttlichen Stiftung entspricht. Wie das Schweißtuch der Veronika in Rom, so spielt dieser Roman in Heidelberg, und wie jener ein Bekenntnis zum römischen Geist so ist dieser Roman ein Bekenntnis zum deutschen Geist. Und wie in den »Hymnen an die Kirche« sich ihre Liebe zur Kirche ausspricht, so in den »Hymnen an Deutschland« ihre Liebe zum bedrohten und erniedrigten Vaterland.
Wenn es dem Dichter gegeben ist, zu sagen, was er leidet, so ist jener Dichter doppelt gesegnet, der uns sagen kann, wie man das Leid überwindet. So deutlich sich Gertrud von le Fort von Irrtum und Frevel, von Lüge und Gewalt distanzierte, ja sie vor aller lesenden Öffentlichkeit angriff und verurteilte – von ihrem deutschen Volk hat sie sich nie distanziert, weder in äußerer noch in innerer Emigration: »Viele zogen hinweg, ich aber bleibe...«

Sie blieb. Sie wagte auch unter düstersten Wolken das Wort ihrer Überzeugung. Mit seherischer Kraft ermutigte sie die Zuversicht der Bedrängten, die Macht der Machtlosen, die Glaubenden und die Liebenden: »Man kann vieles tun, wenn man gar nichts tun kann; man kann die Allmacht selbst einsetzen, wo man hilflos ist.«
Wenn sie, die Geschichtskundige, auch gerne die Kulissen anderer Jahrhunderte wählte – der Kern ihrer Erzählungen galt allemal einem Anliegen von heute und morgen. So hatte sie in dem historischen Roman »Die Magdeburgische Hochzeit« das ökumenische Anliegen dargestellt: »Der Dom schien erfüllt von der ganzen Christenheit, von vielen Völkern, die aus unsichtbaren Fernen kamen, – oder gab es diese Verschiedenheiten und Fernen gar nicht? Aller Streit war versunken, es gab keine Trennung mehr in ihrer zeitlichen Bedingtheit, sondern nur die Unendlichkeit der göttlichen Liebe – ihre grenzenlose Gewißheit. Alle waren im Grunde eins und würden es immer sein.«
In der Novelle »Am Tor des Himmels« hat sie sich dem aktuellen Konflikt zwischen Kirche und Naturwissenschaft zugewandt. In einer vom Kriegslärm durchhallten und dann von Kriegsangst bebenden Zeit hat sie immer von dem Frieden gesprochen, der alles Begreifen übersteigt, weil er nicht Frucht verstandlicher Überlegungen ist, sondern Gnade. Und als Papst Pius XII., den sie besonders verehrte, mit Verdächtigung und Verleumdung beleidigt wurde, verteidigte die

Gertrud von le Fort

wurde am 11. Oktober 1876 in Minden geboren. Sie wurde 1893 in Hildesheim konfirmiert und erlebte bei einem längeren Aufenthalt Rom 1904. Studien in Heidelberg 1908–1912, 1913–1914 in Marburg, dann wieder 1914 in Heidelberg, 1915–1916 in Berlin. Begegnungen mit Ernst Troeltsch, Rudolf Bultmann, Karl Jaspers, Walther Rathenau, P. Erich Przywara S.J., Edith Stein, Hermann Hesse, Reinhold Schneider.
Ehrendoktor der Münchner Universität. Ehrenbürger von Oberstdorf. Tod am 1.11.1971 in Oberstdorf.
Ihre wichtigsten Werke: Lyrisches: Hymnen an Kirche; Hymnen an Deutschland; Gedichte. Episches: Das Schweißtuch der Veronika; Der Kranz der Engel; Die Letzte am Schafott; Die Abberufung der Jungfrau von Barby; Die Magdeburgische Hochzeit; Der Papst aus dem Ghetto; Die Opferflamme; Das Gericht des Meeres; Der Turm der Beständigkeit; Das Schweigen. Autobiographisch: Die Hälfte des Lebens. Essay: Die ewige Frau.

Greisin mit 91 Jahren ihn mit der großgearteten Novelle »Das Schweigen«.
Von vielen Ehrungen ausgezeichnet (Hermann Hesse schlug sie für den Nobelpreis vor), durfte sie an ihrem 90. Geburtstag im Fernsehen eine Laudatio von Carl Zuckmayer vernehmen, in der es heißt: »Unter den großen Erscheinungen, welche die Literatur und die Dichtung des Jahrhunderts kennzeichnen, steht Gertrud von le Fort als eine einzigartige Gestalt. Einzigartig und mit keinem anderen vergleichbar, hebt sich ihr Werk wie eine ferne Gipfelkette am Horizont... Jede Einordnung in eine literarische Kategorie würde der Weite ihres Werkes und ihres Empfindens Unrecht tun, würde Verengung bedeuten... Aus jedem ihrer Dichtwerke, den episch gefesselten und den hymnisch gelösten, hebt sich die frohe Botschaft, das Evangelium der Überwindung.«

Gabriele Münter
Von der Natur beschenkt

von Karl Rolf Seufert

Sie zählt zu den wenigen Malerinnen unseres Jahrhunderts, die internationalen Rang gewannen, ja deren Ansehen in den letzten Jahren noch gewachsen ist. Lange stand sie im Schatten ihrer berühmten Künstlerkollegen vom »Blauen Reiter« – Kandinsky, Marc, Klee und Jawlensky, die die Entwicklung der modernen Malerei maßgeblich prägten. Sie beteiligte sich auch an ihren Experimenten, besonders in der Frühzeit, aber sie folgte ihrer radikalen Abwendung aller Naturdarstellung nicht. Den Schritt in die Abstraktion, wie ihn Klee und Kandinsky wagten, tat sie nicht.
Wassily Kandinsky, ihr Lehrer und späterer Lebensgefährte, sagte einmal zu ihr: »Du bist hoffnungslos als Schüler. Man kann dir nichts beibringen. Du kannst nur machen, was in dir gewachsen ist. Du hast alles von Natur.« Und sie selbst bekannte: »Es ist eigentlich die Sicherheit des Schlafwandlers, mit der ich früher meine Bilder malte. Ich sah etwas, was mir gefiel, notierte und malte es.«
Sie war das jüngste Kind einer wohlhabenden, kultivierten Kaufmannsfamilie und wurde am 19. Februar 1877 in Berlin geboren, wo ihre Eltern ein Haus Unter den Linden bewohnten, ehe sie ins Rheinland nach Koblenz zogen.
»Ich kann berichten«, gestand sie später, »daß ich schon als Kind viel mit dem Bleistift hantiert habe, und zwar zeichnete ich immer nur Gesichter. Einzig die bleibende Erscheinung fesselte mich am Menschen – die geprägte Form, in der sich sein Wesen ausspricht.«
Niemand nahm wichtig, was sie machte. Sie besuchte die Höhere Schule, wie es für die Töchter ihrer Kreise üblich war. Mit zwanzig schrieb sie sich in die Damen-Kunstschule in Düsseldorf ein, wo sich die Schülerinnen vor allem mit dem Nachzeichnen von Ornamenten und Köpfen beschäftigten. Solche Arbeiten reizten sie jedoch wenig.
Nach einer zweijährigen USA-Reise setzte sie 1901 ihr Kunststudium

in München fort. Leiter der Phalanx-Schule war der damals 35jährige Kadinsky, der »Stilleben, Kopf, Gewand, Landschaft und Akt« lehrte. In ihm hatte sie endlich einen Menschen gefunden, der ihre Erwartungen erfüllte. »Da war dann ein neues künstlerisches Erlebnis«, berichtet sie, »wie Kandinsky – ganz anders als die anderen Lehrer – eingehend, gründlich erklärte und mich ansah, wie einen bewußt strebenden Menschen, der sich Aufgaben und Ziele stellen kann. Das war mir neu und machte mir Eindruck.«
Als sie Kadinsky begegnete, war ihre künstlerische Geschicklichkeit bereits geschult, aber eine solide akademische Ausbildung hatte sie nie erfahren – zu ihrem Vorteil, wie wir heute feststellen. So war sie weder mit den Tagesströmungen in der Malerei noch mit den Traditionen der alten Meister belastet. Überkommene Gesetze, Theorien und Ideale der Kunst bedeuteten ihr nichts. Sie kannte sie gar nicht und brauchte darum auch nichts abzuschütteln, um eine neue Anschauung eigener Art zu entwickeln.

Als sie ihr Malstudium ernstlich begann, herrschten zwei Stile vor, die sich über die akademischen Regeln und den Naturalismus des 19. Jahrhunderts hinwegsetzten und damit der modernen Kunst den Weg bereiteten: Jugendstil und Impressionismus. Beide Strömungen nahm sie in sich auf: die flächenhafte Formvereinfachung, wie ihn der Jugendstil entwickelt hatte, und die Umsetzung sichtbarer Eindrücke in Farbwerte, die die Impressionisten pflegten.
Im ersten Sommer ihrer Begegnung, 1902, ging Kandinsky mit seiner Münchener Malklasse nach Kochel zum Landschaftsmalen. Gabriele Münter und er fuhren als einzige der Gruppe mit dem Fahrrad. Ähnliche Reisen wiederholten sich in den nächsten Jahren. Daraus entwickelte sich eine enge Lebens- und Arbeitsgemeinschaft. Obwohl bereits verheiratet, versprach ihr Kandinsky die Ehe.
Während ihres unsteten Wanderlebens malten beide immer wieder vor der Natur, locker hingespachtelt oder in lebendiger Pinselführung, wobei ihr einzelne Bilder gelangen, in denen sie sogar ihren Meister in Frische und Feinheit der Farbstufen übertraf.
Als sie 1908 in Murnau ein Landhaus kaufte, kam mehr Ruhe in beider Leben. Sie begann nun auch oberbayerische Volkskunst zu sammeln, vor allem Hinterglasbilder, die sie zeitlebens liebte, die sie gern kopierte oder als Anregungen für eigene Arbeiten benutzte. Aus der Volkskunst schöpfte sie auch den Mut zur Formenvereinfachung, zur

starken Pinselführung und zur Beschränkung auf wenige, aber sorgfältig abgestimmte Farbflächen von sonorer Leuchtkraft.
Das Murnauer Haus wurde zum Treffpunkt des Kreises. Jawlensky kam aus München herüber, auch Marc und Macke malten hier. Dabei besaß das Haus keinerlei Komfort. Es gab nur einen Zimmerofen, kein elektrisches Licht und keine Wasserleitung. Kandinsky bemalte die einfachen Möbel, die der Dorfschreiner gefertigt hatte. Abends saß man bei Kerzen- oder Petroleumlicht beieinander, trank und diskutierte. Gabriele Münter beteiligte sich, nach eigenem Bekunden, nur selten an den Gesprächen, in denen die Männer nach neuen Ausdrucksformen in der Malerei suchten. Sie saß dabei, zeichnete und machte Skizzen.
Als sich Kandinsky dann mit Leidenschaft den Farben zuwandte, immer bereit, neue Möglichkeiten zu erproben, folgte sie ihm auch hierbei. Heute wird beim Vergleich dieser Bilder deutlich, daß sie nicht immer nur die Nehmende in diesem Murnauer Kreis blieb, sondern daß von ihren Arbeiten auch Impulse ausgingen, die dann die anderen aufgriffen. Franz Marc rühmte an ihren Bildern »die völlig vergeistigte und entmaterialisierte Innerlichkeit der Empfindung«, etwas Neues, »das unsere Väter, die Künstler des 19. Jahrhunderts, nie auch nur versuchten«.
Innerhalb eines einzigen Sommers fand Gabriele Münter nun zu dem Stil, der für ihr ganzes Werk charakteristisch werden sollte. In ihr Tagebuch schrieb sie: »Ich habe da nach einer kurzen Zeit der Qual einen großen Sprung gemacht – vom Naturabmalen – mehr oder weniger impressionstisch – zum Fühlen eines Inhalts – zum Abstrahieren – zum Geben eines Extrakts.«
Was keine ihrer vielen Reisen in den Jahren zuvor bewirkt, gelang ihr in der Einsamkeit von Murnau: Sie fand zu sich selbst. Das bedeutete auf der einen Seite eine Annäherung an den Stil von Kandinsky und Jawlensky in der Abkehr vom Naturalismus, dennoch aber blieb sie selbständig.
1909 nahm sie neben Kandinsky, Jawlensky und anderen an der Gründung der »Neuen Künstlervereinigung« teil. Zu deren erster Ausstellung lieferte sie sogar die meisten Bilder. Von Anfang an wirkte sie auch im »Blauen Reiter« mit. Allerdings blieb ihr Kandinskys Hinwendung zur abstrakten Kunst immer fremd, und sie beteiligte sich nicht daran. Sie hatte ihren Stil gefunden. Dabei blieb sie. Ihre Malweise änderte sie nicht mehr.

Das trug sicher zur Entfremdung zwischen den beiden bei. Als Kandinskys orthodox geschlossene Ehe 1911 geschieden wurde, heiratete er Gabriele Münter nicht. Der Erste Weltkrieg brachte dann die Trennung. Kandinsky floh in die Schweiz, sie begleitete ihn, und Kandinsky reiste als Führer einer Gruppe von 200 russischen Flüchtlingen auf abenteuerlichen Wegen über den Balkan nach Rußland zurück. 1914 bekannte sie: »Wenn ich ein formales Vorbild hatte, so ist es wohl van Gogh. Das ist aber nicht zu vergleichen mit dem, was Kandinsky für mich war. Er hat mein Talent geliebt, verstanden, geschützt und gefördert.«
Kandinsky ermächtigte sie, die gemeinsame Wohnung aufzulösen und erklärte, daß er künftig nicht wieder mit ihr gemeinsam wohnen, sondern sie nur hin und wieder besuchen werde. Anläßlich einer Ausstellung im März 1916 in Stockholm, kam es zu einer letzten Begegnung der beiden, und Kandinsky schrieb ihr eine Einführung zum Katalog. Darin heißt es:
»Sie hat folgende Eigenschaften: eine präzise, diskrete, zarte und doch stark ausgeprägte Zeichnung, die aus den Elementen der Schalkhaftigkeit, Melancholie und Träumerei besteht – echt deutsche Eigenschaften der besten deutschen Zeiten, wie man sie bei alten deutschen Meistern sieht und die man in der deutschen Volksmusik und Volksdichtung hört ...«

Gabriele Münter

wurde am 19. Februar 1877 in Berlin geboren. Sie besuchte zunächst 1877 die Damen-Kunstschule in Düsseldorf und dann, seit 1901, die private Malschule Phalanx in München, wo Wassily Kandinsky ihr Lehrer wurde. Die gemeinsame Arbeit führte zu einer Lebens- und Arbeitsgemeinschaft, die bis in den Ersten Weltkrieg dauerte. Beide bezogen 1908 in Murnau ein Haus, das 1909 zum Treffpunkt der »Neuen Künstlervereinigung« wurde, zu der Alexej von Jawlensky, Franz Marc und Paul Klee gehörten. Inmitten dieser Malergenies fand Gabriele Münter auch ihren persönlichen Stil, der sie vom »Naturabmalen weg zum Abstrahieren und Erfühlen eines Inhalts« führte. Von Anfang an (1911) beteiligte sie sich auch an den Ausstellungen des Blauen Reiters. Gabriele Münter zählt heute zu den Bahnbrechern der modernen Malerei. Sie starb am 19. Mai 1962 in Murnau.

Die Briefe zwischen den beiden wurden danach spärlicher und blieben schließlich ganz aus. Im Sommer 1917 heiratete Kandinsky Nina von Andreewski, die junge Tochter eines russischen Generals. Gabriele Münter war zutiefst getroffen. Erschüttert legte sie den Pinsel aus der Hand. Jahre vergingen, in denen sie nicht mehr malte. Sie hatte dieses Genie der Malerei geliebt und verehrt wie niemanden sonst auf der Welt und es in den entscheidenden Jahren seiner Entwicklung begleitet, nun wurde sie zugunsten eines jungen Mädchens beiseite geschoben. Noch nach Jahrzehnten spürt man etwas von der Erschütterung dieser Frau, die zutiefst in ihrer Liebe und in ihrem Stolz getroffen war.

1927, viele Jahre später, lernte sie den Kunsthistoriker Johannes Eichner kennen und dessen Interesse gab ihr neuen Mut zur Arbeit. Fortan malte sie wieder. Als 1937 in München eine große Ausstellung vorbereitet wurde, darunter auch ihrer Werke, erschien der Gauleiter und ließ einen Tag vor der Eröffnung ihre Bilder abhängen. Dabei drohte er mit dem Verbrennen.

Erst die Ausstellung »Blaue Reiter«, 1949 in München veranstaltet, brachte ihr den endgültigen Durchbruch. Es bewahrheitete sich, was ihr Kandinsky prophezeit hatte: Ihre Anerkennung werde später, doch mit Sicherheit kommen.

Gabriele Münter starb am 19. Mai 1962 in Murnau.

Lise Meitner
Im Schatten der Männer

von Volkmar Zühlsdorff

Als im Dezember 1938 Physiker aus vielen Ländern zu einem Kongreß der Amerikanischen Physikalischen Gesellschaft in New York versammelt waren, erreichte sie ein Telegramm der Kernphysikerin Professor Dr. Lise Meitner. Sie war seit langem am Kaiser-Wilhelm-Institut in Berlin tätig und Mitglied der Kernforschungsgruppe Otto Hahn – Lise Meitner – Fritz Straßmann. Das Telegramm enthielt die Mitteilung, daß dort zum ersten Mal, am 17. Dezember 1938, der Nachweis der Spaltung eines Uranatomkerns gelungen sei.
Dies war eine Nachricht, die die Versammlung in helle Aufregung versetzte – ein wissenschaftlicher Durchbruch von geschichtlicher Bedeutung und unabsehbaren Folgen. Nur vier Jahre später gelang dem italienischen, 1938 in die Vereinigten Staaten ausgewanderten Nobelpreisträger Enrico Fermi die Spaltung in Kettenreihe im ersten Kernreaktor, Grundlage der friedlichen Nutzung der Kernenergie, und am 16. Juli 1945 wurde unter Entwicklung ungeheurer, dem Menschen bis dahin verschlossener Atomenergie in Alamogordo in Newmexiko die erste Kernexplosion gezündet. Drei Wochen später, am 6. und 9. August, beendeten die Atombomben auf Hiroschima und Nagasaki den Krieg mit Japan.
Jene sensationelle Entdeckung hatte eine lange Vorgeschichte. Bemerkenswerter Weise haben auf dem Weg, der dahin führte, auch eine Reihe bedeutender Frauen mitgewirkt. Am bekanntesten unter ihnen waren die Französinnen Eve Curie und ihre Tochter Irène Joliot-Curie. Das hat Albert Einstein veranlaßt, die Österreicherin Meitner, die von 1907 bis 1938 in Berlin lebte und arbeitete, die »deutsche Madame Curie« zu nennen. Daß sie aber trotz ihrer großen wissenschaftlichen Leistungen nie den gleichen Ruhm erlangte und selbst heute in Deutschland noch nicht so bekannt ist wie ihre französischen Kolleginnen, das ist die tragische Folge eines Emigrantenschicksals. Bewundernswert an Lise Meitner ist, wie sie es getragen hat.

Welch bedeutender Geist und starker Wille in dieser zierlichen, zurückhaltend eleganten Frau von weiblichem Charme und natürlicher Herzlichkeit lebendig war (so beschrieb sie Professor Fritz Krafft in einer posthumen Würdigung), zeigte sich schon in ihrer Jugend. Denn es war damals – sie wurde am 7. November 1878 in Wien geboren – noch durchaus ungewöhnlich, daß ein Mädchen das Abitur machte oder, wie man in Österreich sagt, die »Matura«, die Hochschulreife erwarb, um zu studieren, gar Physik, Mathematik und Philosophie! Dazu gehörte Pioniergeist, und den besaß Lise Meitner.

Als sie 1906 an der Wiener Universität promovierte, war es noch keine zehn Jahre her, daß dies einer anderen Pionierin, Gräfin Adele von Wartensleben, zum ersten Mal gelang; und im Fach Physik hatte vor ihr nur eine einzige Frau dort den Doktorgrad erworben.

Möglich machte es ihr Vater, ein Rechtsanwalt, wie seine Frau jüdischer Abstammung. Er selber war Freidenker, aber seine Kinder wuchsen als evangelische Christen auf. Zur lebensklugen Bedingung für das kühne Studium seiner Tochter machte er allerdings, daß sie zuvor noch ihr Lehrerinnenexamen in Französisch ablegte und sich die Möglichkeit dieses soliden Berufs durch das Probejahr sicherte.

Fasziniert von der neuen Physik der Radiumstrahlen, den Anfängen der Kernphysik, ging sie 1907 nach Berlin, um »ein wirkliches Verständnis für Physik« zu gewinnen. Mit diesen Worten führte sie sich bei dem berühmten Professor der theoretischen Physik Max Planck an der Universität ein. Sie wurde 1912 seine Assistentin und blieb es, bis sie im Krieg 1915 freiwillig als Röntgenschwester an die österreichische Front ging. Mit Plancks Familie, besonders den Töchtern, verband sie eine lange Freundschaft.

Schicksalhaft aber war, daß Lise Meitner, weil sie auch praktisch arbeiten wollte, mit dem jungen Radiochemiker Otto Hahn zusammentraf. Der hatte sich 1907 gerade habilitiert – er war wenige Monate jünger als sie – und suchte für seine Arbeit am Emil-Fischer-Institut einen Radiophysiker als Ergänzung. Und so kam es, daß aus Lise Meitners geplanten zwei, drei Fortbildungssemestern in Berlin eine dreißigjährige Gemeinschaftsarbeit mit Otto Hahn und eine lebenslange Freundschaft wurde.

Leicht waren die Anfänge für sie auch hier nicht. Weil Preußen 1907 noch kein Frauenstudium kannte (es kam ein, zwei Jahre später), durfte sie das Labor der Studenten nicht betreten. Sie war in die später berühmt gewordene Holzwerkstatt im Keller mit eigenem Eingang

verbannt. Bald aber fand sie auf Grund ihrer Persönlichkeit und ihrer Leistungen bei allen bedeutenden Wissenschaftlern ihres Gebiets im damaligen Berlin Eingang und Anerkennung, und so trug sie auch hier dazu bei, daß die noch bestehenden Vorurteile und Schranken gegenüber weiblichen Kollegen allmächlich fielen. Sie selber erhielt 1919 den Professorentitel, habilitierte sich 1922 und wurde 1926 außerordentlicher Professor an der Universität Berlin.
Wie ungewohnt dergleichen damals noch war, zeigt sich etwa darin, daß eine Berliner Zeitung den Bericht über Lise Meitners Antrittsvorlesung zum Thema kosmischer Physik unter der Überschrift brachte: »Probleme der kosmetischen Physik«.
Es waren glückliche und fruchtbare Jahre, seit 1912 am neugegründeten Kaiser-Wilhelm-Institut, wo Lise Meitner bald eine eigene Abteilung erhielt und seit 1918 die Gesamtabteilung Physik leitete. Wissenschaftliche Entdeckungen folgten aufeinander, teils gemeinsam mit Hahn, teils eigene; es häuften sich die Preise und Ehrungen.
Der Beginn jenes wissenschaftlichen Höhenflugs, der zur Entdeckung der Kernspaltung führte, liegt im Jahre 1934. Enrico Fermi hatte in diesem Jahr erkannt, daß Kernteilchen, die keine elektrische Ladung tragen – »Neutronen« genannt –, am leichtesten in Atomkerne eindringen müßten. Für Lise Meitner war dies wie eine Erleuchtung. Noch ohne zu wissen, wohin es führen würde, spürte sie, daß dies den richtigen Weg zeigte. Es dauerte Wochen, bis sie Otto Hahn überzeugen konnte, aber wiederum setzte sie sich durch. Ende des Jahres nahmen sie dann als dritten Mitarbeiter den analytischen Physikochemiker Dr. Fritz Straßmann hinzu.
Die drei waren ein ideales Team, das sich aufs glücklichste ergänzte. Und das ist wohl auch der Grund, warum sie im wissenschaftlichen Wettlauf mit Fermi und der Joliot-Curie den Sieg davontrugen.
Was den Anteil der »Meitnerin« angeht, wie sie gern genannt wurde, so urteilte Werner Heisenberg in einem Gedenkwort 1968, man dürfe annehmen, daß sie »einen starken Einfluß auf die Fragestellung und die Deutung des Experiments ausgeübt hat und daß Hahn sich vor allem für die Gründlichkeit und Sorgfalt beim Experimentieren verantwortlich fühlte.« Lise Meitners Beziehung zur Wissenschaft sei anders gewesen als die seine: »Sie fragte nicht nur nach dem ›Was‹ sondern nach dem ›Warum‹. Sie wollte verstehen.«
Machte Hahn die Chemie, so Lise Meitner die Physik. Ihr Ausspruch, wenn es um einen physikalischen Versuch ging, wurde im Institut

sprichwörtlich: »Hähnchen, laß mich das machen, von Physik verstehst du nichts.« Und Otto Hahn selber erklärte einmal, als Lise Meitner bekannte, erst er habe sie in die Chemie der radioaktiven Stoffe eingeweiht: »Und ich hatte als Chemiker noch weniger Ahnung von physikalisch-mathematischen Problemen. Aber Frau Meitner war immer so lieb und hat mir alles ausgerechnet, was ich nicht verstand – so haben wir einander stets ergänzt.« Das war 1949, als sie an der Universität Bonn gemeinsam die Goldene Planck-Medaille erhielten.
Als Hitler 1938 in Österreich einmarschierte, war Lise Meitners österreichischer Paß kein Schutz mehr gegen die »Rassengesetze«. Sie mußte flüchten. Die Professur an der Universität hatte man ihr schon 1933 abgenommen. Otto Hahn, entschiedener Gegner des Nationalsozialismus und niemals Parteimitglied, legte die seine aus Protest nieder uns stellte sich, solange er konnte, schützend vor seine Mitarbeiter, auch den gleichgesinnten Straßmann.
Am. 14. Juli 1938 emigrierte Lise Meitner über Holland nach Schweden. Von da an nahm sie an der Arbeit durch einen fast täglichen Briefwechsel mit Hahn teil und traf sich vor jenem berühmten »Indikatorversuch« vom 17. Dezember 1938, der den endgültigen Beweis der Spaltung erbrachte, noch einmal im November zum persönlichen Gespräch mit ihm in Kopenhagen.
So kam es, daß sie der Welt die Nachricht bekanntgeben konnte, bevor noch Hahns und Straßmanns Versuchsbericht am 6. Januar 1939 in der Zeitschrift »Die Naturwissenschaften« erschienen war. Sie selber leistete den abschließenden Beitrag, indem sie gemeinsam mit ihrem ebenfalls emigrierten Neffen, dem Physiker Otto Robert Frisch, die physikalische Erklärung für den Befund der Chemiker lieferte. Dies wurde, da es im Dritten Reich nicht mehr erscheinen konnte, am 11. Februar 1939 in der englischen Wissenschaftszeitschrift »Nature« veröffentlicht.
Es war eine Stunde des wissenschaftlichen Triumphes, der Höhepunkt im Leben Lise Meitners, die eben sechzig Jahre alt geworden war. Zugleich aber war es eine Zeit bitterster Not. Alles hatte sie verloren, ihre Heimat, ihren Lebenskreis, ihre Arbeitsstätte. Es war ein überaus harter Weg, in einem neuen Land – dessen Sprache sie nicht konnte und auch nie vollkommen erlernte – einen neuen Wirkungskreis aufzubauen; erst beim Nobelinstitut in Stockholm, 1946 mit einer Forschungsprofessur bei der Technischen Hochschule dort, 1953 schließlich, als »Altersstüberl«, wie sie etwas ironisch an Hahn schrieb,

als Berater bei der Königlichen Akademie der Ingenieurswissenschaften.

Am bittersten aber traf sie, daß Otto Hahn nicht bereit war, ihren Anteil an der Entdeckung der Kernspaltung anzuerkennen. Daß er es 1944, als ihm der Nobelpreis zuerkannt wurde, nicht tat, könnte man auf dem Höhepunkt von Krieg und Rassenverfolgung politisch deuten. Daß er aber auch nach dem Krieg dabei blieb, als ihm 1946 in Stockholm der Preis überreicht wurde, ist schwerer zu verstehen. Vielleicht erschienen ihm, dem experimentellen Chemiker, die abschließenden Versuche, bei denen Lise Meitner nicht persönlich anwesend sein konnte, von so überragendem Gewicht, daß er demgegenüber ihren Anteil auf dem jahrelangen Weg, der schließlich zur Entdeckung führte, meinte vernachlässigen zu können.

Daß Albert Einstein einmal sagte, Otto Hahn und Fritz Straßmann hätten gar nicht gewußt, was sie da gefunden hatten, hätte Lise Meitner es ihnen nicht erklärt, war gewiß etwas scherzhaft gemeint. Aber Straßmann selber, der dritte in der Arbeitsgemeinschaft, hielt es für unwesentlich, daß sie im Augenblick der Entdeckung nicht zuge-

Lise Meitner

geboren am 7. November 1878 in Wien als Kind jüdischer Eltern, jedoch im evangelischen Glauben erzogen. Sie studierte Physik, Mathematik und Philosophie an der Universität Wien und promovierte 1906 als zweite Frau in ganz Österreich im Fach Physik. 1907 ging sie nach Berlin, war 1912 bis 1915 Assistentin bei Professor Max Planck, erhielt 1919 den Professorentitel, habilitierte sich 1922 und wurde 1926 außerordentlicher Professor an der Universität Berlin.

Ihre gemeinsame Forschung mit dem Radiochemiker Professor Otto Hahn, seit 1912 am Kaiser-Wilhelm-Institut (heute Max-Planck-Institut), mit Dr. Fritz Straßmann seit 1934 als dritten im Team, führte am 17. Dezember 1938 zur Entdeckung der Kernspaltung. Am 14. Juli 1938 mußte sie emigrieren, sie setzte ihre Tätigkeit unter schwierigen Umständen in Stockholm fort: erst am Nobel-Institut, 1946 an der Technischen Hochschule und 1953 bis 1960 als Berater bei der Königlichen Akademie der Ingenieurwissenschaften.

Von den zahlreichen Ehrungen seien nur der Otto-Hahn-Preis 1955, der Pour le mérite 1956 und der Enrico-Fermi-Preis 1966 genannt, dieser gemeinsam mit Hahn und Straßmann. Sie starb am 27. Oktober 1968 in Cambridge, England.

gen war: »Ihrem Impuls ist der Beginn des gemeinsamen Weges mit Hahn, ab 1934, zuzuschreiben; vier Jahre gehörte sie danach zu unserem Team, anschließend war sie von Schweden aus gedanklich mit uns verbunden... Es ist meine Überzeugung: Lise Meitner war die geistig Führende in unserem Team.«

Hahns Haltung hat ihr auch den Weg im Exil ungemein erschwert. Daß sie selber all dies hinnahm, ohne sich öffentlich dazu zu äußern, daß sie trotz bitterer Gefühle die freundschaftliche Beziehung zu Hahn nicht abbrach, zeugt für die innere Größe dieser Frau. Aber es hat wohl dazu beigetragen, daß sie nicht nach Deutschland zurückkehrte, auch als sie viele späte Ehrungen empfing: 1955 den Otto-Hahn-Preis für Chemie und Physik, 1956 den Orden Pour le mérite, 1962 die Schlozer-Medaille der Universität Göttingen, von den ehrenden Nachrufen bei ihrem hundertsten Geburtstag 1978 ganz zu schweigen. Aber all dies konnte kaum eine Wiedergutmachung sein.

Besonders geehrt wurde sie in den Vereinigten Staaten, obwohl oder vielleicht gerade weil sie sich stets geweigert hatte, an der Entwicklung der Atombombe mitzuwirken. Bereits 1946 wurde sie von der Katholischen Universität in Washington zu einer Gastprofessur eingeladen, mehrere Universitäten verliehen ihr Ehrendoktorate, die Presse wählte sie zur »Frau des Jahres«. Und als 1966 der Enrico-Fermi-Preis des Präsidenten und der Atomenergiekommission der Vereinigten Staaten, wohl der bedeutendste auf dem Gebiet nach dem Nobelpreis, vergeben werden sollte und Otto Hahn hierfür Fritz Straßmann, wiederum aber nicht Lise Meitner vorschlug, war die Entscheidung der Jury: Der Preis für die Entdeckung der Kernspaltung gebühre allen drei gemeinsam.

Bei der Verleihungsfeier in Wien war Lise Meitner nicht anwesend, aus Gründen der Gesundheit und vielleicht auch aus Stolz.

1960 war sie zu ihren Verwandten nach Cambridge gezogen. Dort starb sie, kurz vor ihrem neunzigsten Geburtstag, am 27. Oktober 1968.

Helen Keller
Hoffnung und Ermutigung

von Agnes Emrich

Es war am Nachmittag des 3. März 1887. Ein kleines Mädchen, das weder sehen noch hören konnte, fühlte sich plötzlich in die Höhe gehoben, fühlte wie Hände über sein Haar streichelten. Anne Sullivan, 19 Jahre jung, war in Tuscumbia, im amerikanischen Staat Südcarolina eingetroffen. Helen Kellers Vater hatte sie ins Haus geholt. Sie sollte sich als Erzieherin um seine hilflose und widerspenstige Tochter kümmern.
Helen war als ausgesprochen hübsches und völlig gesundes Baby herangewachsen. Sie hatte gerade laufen und ein paar Worte sprechen gelernt, als sie mit 19 Monaten von jener verhängnisvollen Krankheit heimgesucht wurde, die sie später selbst als Unterleibs- und Gehirnentzündung bezeichnete. Der Arzt hatte das Kind schon aufgegeben – da verschwand das Fieber so plötzlich, wie es gekommen war. Helen wurde gesund, aber die furchtbaren Nebenwirkungen stellten sich erst jetzt heraus: Das Kind sollte sein Leben lang nie mehr sehen und hören können. Es war nur allzuverständlich, daß ein so stark behindertes Kind in zunehmendem Maße verhaltensgestört wurde und aggressiv auf seine Umgebung reagierte.
Die kleine Helen bewegte sich zwar sicher im Haus und spielte bisweilen mit einem gleichaltrigen farbigen Mädchen, aber einen wirklichen Zugang besaß niemand zu dem Kind. Es kannte keine Begriffe wie Vater, Mutter, Liebe, Recht, Unrecht. Wenn Helen etwas haben wollte, schlug sie unbeherrscht um sich, bis sie das Gewünschte bekam. Sie aß mit den Fingern und nahm die Speisen nicht nur von ihrem Teller, sondern auch von denen der anderen. Der Besuch einer normalen Schule war unmöglich. Vor einer Unterbringung in einem Heim für blinde oder taube Kinder schreckten die Eltern zurück. Ratlos, wie sie waren, suchten sie nach einer Privatlehrerin, die bereit war, zu ihnen ins Haus zu ziehen und mit der Siebenjährigen zusammen zu leben.

Anne Sullivan, die junge Lehrerin, sah sich vor eine fast unmögliche Aufgabe gestellt. Wie sollte sie dieses Kind erziehen? Wie sollte sie seine Intelligenz entwickeln? Vorbilder gab es nicht, noch viel weniger erprobte pädagogische Methoden. Dafür daß sie sich dennoch dieser schwierigen Aufgabe stellte, gab es drei Gründe: Anne war selbst schwer sehbehindert und hatte an sich selbst erfahren, daß man dennoch lernen kann. Sie hatte unter großen Mühen an einer Blindenschule studiert und schließlich eine Prüfung als Erzieherin abgelegt. Der entscheidende Antrieb aber war ihre Liebe zu diesem hilflosen Kind, zu dem sie sich vom ersten Augenblick an hingezogen fühlte.
Den Anfang machte Anne Sullivan mit der behutsamen Korrektur von Äußerlichkeiten, an die sich Helens Eltern schon gewöhnt hatten. Sie wußte, daß man beispielsweise die ungebändigten »Tischsitten« einem behinderten Kind nachsehen würde, niemals aber einem Erwachsenen. Sie zwang Helen, mit dem Löffel zu essen und die Hände aus dem Teller zu lassen. Das Kind wehrte sich gegen den unverstandenen Zwang mit Händen und Füßen, ja, bisweilen verließen die Eltern das Zimmer, weil sie diese Auseinandersetzungen nicht mitansehen konnten.
Zu ähnlichen Schwierigkeiten kam es bei den geduldigen Versuchen, der Kleinen, die durch die normale Sprache nicht erreichbar war, eine Sprache in Zeichen zu lehren. Die Erzieherin »schrieb« immer wieder bestimmte Signale als Buchstaben in die Handfläche des Kindes. Eines Morgens, als das Mädchen keine Lust hatte, die in die Hand geschriebenen Zeichen, deren Sinn es offensichtlich nicht verstand, nachzumachen, warf es wütend den Tisch um. Die Lehrerin stellte den Tisch wieder auf und bestand darauf, in der Übung fortzufahren. Da schoß eine kleine Faust vor und schlug Anne zwei Zähne ein.
In dieser Situation kamen die Erzieherin und die Eltern überein, daß Anne eine Weile allein mit dem Kind in einem Nebenhaus wohnen solle, bis sich beide aneinander gewöhnt hätten. Würde es nun gelingen, Zugang zum Verstand des Kindes zu finden und zu erreichen, daß die Fingerzeichen in die Hand ihm irgendwann mehr bedeuteten als bloße mechanische Signale? Immer wieder buchstabierte Anne in die Hand des kleinen Mädchens Wörter wie Puppe, Tisch, Stuhl und ließ nach jedem Wort die Sache, die es bezeichnete, abtasten. Aber abgesehen davon, daß Helen begann, die Fingerbewegungen nachzumachen, ereignete sich vier lange Wochen nichts.

Es war Anfang April 1888, ein warmer Morgen. Anne ging mit Helen zum Brunnen und pumpte, bis frisches kühles Wasser über die Hand des Kindes floß. In die andere Hand buchstabierte Anne ununterbrochen: water. Es muß wie ein Aufblitzen gewesen sein, als das Kind plötzlich erfaßte und erkannte: das, was sich hier kalt über meine Hand ergießt, ist und heißt Wasser und: jedes Ding hat seinen Namen.
Helen Keller schreibt selbst: »Von der Pumpe gingen zwei begeisterte Wesen davon, die einander ›Helen‹ und ›Lehrerin‹ nannten.«
Alles Widerstreben des Anfangs war mit einem Male überwunden. Jetzt konnte Helen nicht schnell genug lernen. Von allen Dingen wollte sie wissen, wie man sie nennt. Und als sie in den Dingwörtern genügend Übung hatte und in der Technik des Handlesens immer sicherer und schneller geworden war, kamen Eigenschafts- und Tätigkeitswörter an die Reihe.
Wissenschaftler, die später Helen Keller gründlichst untersuchten, bestätigten, daß sie weder den geringsten Schimmer wahrnehmen, noch den leisesten Ton vernehmen konnte. Es wird für immer die Leistung der genialen Erzieherin bleiben, daß sie aus der Liebe zu diesem Kind ihre Geduld und ihre pädagogischen Einfälle schöpfte. Um den Wildfang auf die leisen Dinge hinzuweisen, führte sie Helen beispielsweise zu Blättern, auf denen der Tau perlte, ließ sie das Kind sacht einen Kanarienvogel streicheln oder das Baby – die jüngere Schwester Mildred – in der Wiege berühren. Sie lehrte Helen, sich zu waschen und sorgfältig anzuziehen. Sie reiste mit dem Kind zu Verwandten und schrieb ihr auf der langen Fahrt im Zug alles, was sie beobachtete, dachte und fühlte in die Hand. Ja, sogar das Lachen brachte sie dem Kind bei, das seit seiner Krankheit nie mehr gelacht hatte. Und das geschah so: Anne kam eines Tages fröhlich lachend ins Zimmer, legte des Kindes Hand auf ihr Gesicht, kitzelte dann Helen unterm Kinn und tanzte mit ihr im Zimmer herum, bis das Mädchen lachen mußte. Anne Sullivan selbst erzählt, daß Helen sich sichtlich freuen konnte, wenn sie etwas Schönes wahrnahm oder erlebte und daß ihr Gesicht fast mehr strahlte als es bei einem normal sehenden Menschen der Fall ist.
Anne Sullivan stellte an sich und Helen die höchsten Anforderungen. Nach den ersten großen Erfolgen gab sie sich mit dem Erreichten nicht zufrieden. Sie hatte das Ziel, daß ihre junge Schülerin so viel können sollte wie jedes normale Kind, und Helen selbst unter-

stützte sie dabei. Das intelligente Mädchen gab selbst das Tempo an, in dem gearbeitet wurde. Es lernte auf der Blindentafel zu schreiben, Bücher in Brailleschrift zu lesen. Mit der Zeit verstand es, was gesprochen wurde, wenn es seine Finger an den Mund des Sprechenden legen durfte. Es »hörte« mit den Händen wie andere Menschen mit den Ohren. Nach und nach wurde Helens ganzer Körper so sensibel, daß sie durch den Geruchssinn und am Vibrieren des Bodens zu unterscheiden wußte, wer das Zimmer betrat. Darüber hinaus konnte sie sogar Gemütsstimmungen fühlen, wenn sie nur die Hände oder Kleider von Menschen in ihrer Umgebung berührte.

Als Helen schließlich mit 16 Jahren in die weiterführende Schule nach Cambridge kam, stand sie den Klassenkameradinnen an Wissen in nichts nach. Sie brauchte allerdings im Unterricht Anne Sullivan, die ihr alles, was die Lehrer vortrugen, in die Hand übersetzte, fremde Vokabeln nachschlug und versuchte, Lehrbücher in Blindenschrift aufzutreiben. Helen Keller kam außerdem in jenen Jahren zugute, daß sie mit verbissenem Ehrgeiz seit ihrem zehnten Lebensjahr versucht hatte, sprechen zu lernen. Es haben sie später außer ihren Angehörigen einige Menschen gut verstanden, anderen war ihre Sprechweise, die sich deutlich von einer melodischen, deutlich differenzierten Redeweise unterschied, nicht verständlich. Immerhin vermochte sie in der Schule zu antworten. Außerdem verwandte sie nicht mehr die umständliche Blindentafel, sondern hatte das Tippen auf einer normalen Schreibmaschine erlernt und beherrschte es sehr gut.

Als sie sich nach dem Schulabschluß entschloß, weiter zu studieren,

Helen Keller

wurde am 27. Juni 1880 in Tuscumbia im Staat Missouri, USA, geboren. 1887 kam als Erzieherin Anne Sullivan ins Haus der Familie Keller. 1896 konnte die blinde Helen eine weiterführende Schule besuchen. 1900 wurde sie am Radcliff-College in Cambridge aufgenommen. Als Veröffentlichungen erschienen von ihr »Die Geschichte meines Lebens«, »Aus der Dunkelheit« u. a. 1913 hielt Helen Keller ihren ersten öffentlichen Vortrag. Von 1919 bis 1923 arbeitete sie am Vaudeville-Theater mit, sie trat der »American Foundation for the Blind« bei. Am 1. Juni 1968 starb Helen Keller in Westport.

glaubte so recht niemand, daß sie auch das noch schaffen könnte. Viele gute Freunde rieten ihr ab. Helen aber stellte sich der Aufnahmeprüfung in das Radcliffe-College.
Die Prüfungen fanden zwischen dem 29. Juni und 3. Juli 1897 statt. Alle Bewerberinnen erhielten eine Nummer. Die Nummer 233, nämlich Helen Keller, wurde schriftlich in den von ihr angegebenen Fächern geprüft: Deutsch, Französisch, Latein, Englisch, sowie Römische und Griechische Geschichte. Sie saß ganz allein in einem Raum, weil sie ohne Schreibmaschine nicht arbeiten konnte und das Tippgeräusch die andern Prüflinge nicht stören sollte. Im übrigen hätte die Kandidatin weder etwas Vorgesagtes hören, noch eine schriftliche Notiz lesen können. Sie war bei allen Prüfungsaufgaben völlig auf sich und ihr Gedächtnis, ihr Wissen und ihre Kombinationsgabe angewiesen. Die jeweiligen Prüfungsaufgaben wurden ihr vom Direktor persönlich – er hatte ihretwegen die Blindensprache erlernt – in die Hand diktiert. Weitere Erleichterungen gab es für sie nicht. Sie hatte lediglich kurz vor Ende der Prüfzeit die Möglichkeit, daß der Direktor das von ihr Geschriebene ihr in die Hand las, so daß sie etwaige Fehler ausbessern konnte. Blind und taub bestand sie die Prüfungen in allen Fächern und erhielt in Deutsch und Englisch sogar die Note »mit Auszeichnung«.
Nach dem Examen konnte sie mehrere Jahre von dem Honorar ihrer Bücher leben, in denen sie auf Bitten vieler Bekannter ihren Werdegang beschrieb. Als sie sich anderen Themen zuwandte, stellte sie enttäuscht fest, daß sich solche Aufsätze und Bücher nicht verkaufen ließen. Sie entsprachen nicht dem Bild, das die Amerikaner von »ihrem« taubstummblinden Wunderkind hatten! Um ihren Lebensunterhalt zu verdienen, scheute sie sich nicht, gegen Honorar täglich zusammen mit Anne Sullivan im Vaudeville Theater aufzutreten und eine Szene aus ihrem Leben zu spielen. Ihre Landsleute, die sie für dieselbe Darbietung, wenn sie kostenlos in Schulen erfolgt wäre, bejubelt hätten, griffen sie deswegen an. Helen Keller ließ sich jedoch nicht beirren. Sie fühlte sich – ihre Familie konnte sie finanziell nicht mehr unterstützen und Anne Sullivan war unbemittelt – für ihren Hausstand voll verantwortlich, zu dem außer Anne noch eine Sekretärin gehörte. Ja, sie war sogar stolz darauf, daß sie allein fähig war zu arbeiten und das nötige Geld zu verdienen.
Zu ihrer eigentlichen Lebensaufgabe fand Helen Keller, als sie 1923 der »American Foundation for the Blind« beitrat. Zuerst mit Anne

Sullivan, später mit ihrer Sekretärin, Polly Thomson, förderte sie im Namen der Foundation und auf Bitten verschiedener Regierungen die Blindenerziehung in Amerika, in Europa und vor allem in Ostasien. Sie versuchte, aus ihrer Erfahrung, mit ihrem Wissen und ihrem praktischen Rat denen zu helfen, die Blinde und andere Behinderte zu erziehen oder in das normale Leben wieder einzugliedern hatten.

Helen Keller und Anne Sullivan blieben bis zu deren Tod zusammen. Es waren zwei Frauen, von denen die eine nicht weniger genial war als die andere. Sie ergänzten einander in idealer Weise, auch wenn sie im Charakter verschieden und zuweilen unterschiedlicher Meinung waren. Umso mehr verletzte es Helen Keller, wenn die Eigenständigkeit ihrer Arbeit von Zeitgenossen in Zweifel gezogen wurde, die in ihren Veröffentlichungen lediglich die Gedanken von Anne Sullivan unter falschem Namen vermuteten. Es gab sogar gute Freunde, die Helen Kellers Abhängigkeit von ihrer Freundin und ehemaligen Lehrerin überschätzten. Als Anne Sullivan 1936 schwer erkrankte, bedrängten Freunde sie, alles zu tun, um gesund zu werden, denn Helen würde ohne sie nicht leben können. Anne Sullivan soll geantwortet haben: »Wenn das wahr wäre, würde es bedeuten, daß ich versagt hätte.« Es war immer ihr Ziel gewesen, Helen unabhängig zu machen. Unabhängig von ihren starken Behinderungen, unabhängig aber auch von sich selbst.

Beide – die Lehrerin und die Schülerin – bedeuten heute noch für unzählige Menschen Hoffnung, Ansporn und Ermutigung: für behinderte Kinder, für ihre Eltern, für Ärzte und Lehrer.

Elly Heuß-Knapp
Das Müttergenesungswerk krönt ihr Leben

von Bruno Rottenbach

Als Elly Heuß-Knapp am 24. Juli 1952 auf dem Stuttgarter Waldfriedhof zu Grabe getragen wurde, brachten ihr vier Mütter, denen sie wohlgetan hat, im Namen von Tausenden den letzten Dankesgruß aus dem Garten eines Mütterheims des Deutschen Müttergenesungswerkes. Die Gründung dieser Stiftung im Jahre 1950 war die Krönung ihres Lebenswerkes: »Aus Verantwortung ist es geschaffen, um der Familie ihren Mittelpunkt zu erhalten – die Mutter, mit der die Familie steht und fällt.«

Gattin, Mutter und Großmutter zu sein, war ihr selbst der wichtigste Lebensauftrag. Aber das Unnachahmliche ihrer Leistung ist darin begründet, wie es Ministerpräsident Reinhold Maier am Grabe einfühlsam zu würdigen wußte: »daß sie auch an der Seite ihres zum obersten Repräsentanten unseres Staatswesens gewählten Mannes nicht minder eine vollkommene, auf sich selbst stehende Einzelpersönlichkeit war«.

Elly Heuß-Knapp, deren Elternhaus in dem von ihr geliebten Straßburg zu Füßen des Münsters stand, hat von Haus aus viel für ihr Leben mitbekommen. Sie zehrte vom reichen Geisteserbe der alten württembergischen Pfarrers- und Gelehrtenfamilie Knapp und erbte den Adel einer weiten und lebensnahen Bildung von ihrem Vater, dem Straßburger Universitätsprofessor Friedrich Georg Knapp. Ihrer Mutter, der Georgierin Lydia von Karganoff aus Tiflis, einer früheren Schülerin des Vaters, verdankt sie die natürliche Vornehmheit ihres Wesens. In dieser Familie waren das Christliche und Humane, waren politische und soziale Verantwortung eine klare Verpflichtung. Zudem lebte Elly Heuß-Knapp ein wahrhaft ökumenisches Christentum. Sie war ihrem Freunde Albert Schweitzer, dem großen Lehrmeister und Vorleber der Menschlichkeit, nicht weniger »in Christo« verbunden als manchen katholischen Ordensfrauen.

Die zentrale Würdigung der Familie, für das Volksgefüge wie für das

Einzelschicksal, war für Elly Knapp frühe Überzeugung. Sie war immer heimlich stolz darauf, daß sie schon als junges Mädchen – und damit zugleich als erste deutsche Frau – in einen städtischen Armenrat berufen wurde. Das geschah in Straßburg, dessen Bürgermeister Dr. Schwander ein Schüler ihres Vaters war, der sich bemühte, Bürger für sozialen Einsatz zu gewinnen. Elly Knapp gehörte zu den ersten, die in der Armenpflege freiwillig mitarbeiteten. Sie war geradezu begeistert von der Idee einer Synthese von sozialer Gesetzgebung und christlicher Nächstenliebe.

Ausgestattet mit einer Fülle von Gaben und Begabungen, ist Elly Knapp konsequent ihren Weg gegangen. Da ihr Vater sie nicht zu einem von ihm ausgesuchten Bildungsweg zwang, traf sie die für damalige Verhältnisse ungewöhnliche Entscheidung, Lehrerin zu werden. Ihre natürliche Begabung, sich mitzuteilen und anmutig zu belehren, hatte sie schon als Helferin in der Sonntagsschule und im Knabenhort bewiesen. Mit 19 Jahren bestand sie ihr Examen. Sie gründete für Kinder von Freunden und Bekannten ein Privat-»Schülchen« und unterrichtete in den Elementarfächern. Damit nicht recht zufrieden, sehnte sie sich nach größeren Aufgaben. Um die Jahrhundertwende regte sie die Gründung der ersten Fortbildungsschule für Mädchen an, an der zunächst nach ihren Plänen unterrichtet wurde. Dabei empfand sie allerdings auch, daß ihre Vorbildung unzureichend war. So studierte sie Volkswirtschaft, zunächst in Freiburg, dann in Berlin. Der ihr innewohnenden sozialen Verpflichtung konnte sich Elly Knapp ein ganzes Leben lang nicht mehr entziehen. Wesentlich geprägt wurde sie von dem bedeutenden Sozialpolitiker Friedrich Naumann, in dessen Gefolgschaft sie nicht nur stand, sondern dessen geistige Größe und Menschlichkeit sie aus nächster Nähe erlebte. Naumann, dem sie erstmals 1904 in Straßburg begegnete, war auch die Ursache für ihr Studium in Berlin. Auch wenn an der dortigen Universität ihre Erwartungen nicht erfüllt wurden, gewann sie doch in der Reichshauptstadt für ihr soziales Wirken prägende Eindrücke. Sie nahm an den Diskussionsabenden bei den christlichen wie den Hirsch-Dunkerschen Gewerkschaften teil, besuchte die Sitzungen des Reichstags. In Berlin weckte die Heimarbeiterinnenfrage ihr besonderes Interesse. Sie arbeitete mit an einer Ausstellung über Heimarbeit und hielt viele Vorträge. In Berlin lernte sie auch in Alice Salomon eine aktive Vertreterin der deutschen Frauenbewegung kennen, lehrte

an ihrer Sozialen Frauenschule und engagierte sich für Mädchen- und Frauengruppen.
Berlin wurde auch in anderer Weise entscheidend für ihr späteres Leben. Hier lernte sie bei Friedrich Naumann ihren späteren Mann Theodor Heuß kennen. Er war Redakteur der Naumann-Zeitschrift »Hilfe«. Beide wurden am 11. April 1908 in Straßburg von Albert Schweitzer getraut. Durch die junge Ehe ging eine heitere Melodie, bekannte Theodor Heuß später in seinen Erinnerungen, wenn auch schwere Gesundheitsstörungen gelegentlich dunkle Töne dareinmischten. Vor allem, als im August 1910 der Sohn Ernst-Ludwig geboren wurde und es Tage hindurch um Leben und Tod von Mutter und Kind ging. Seit diesem Zeitpunkt werden zwar Familie und Haus zu einer neuen Mitte ihres Lebens und zum Maßstab für ihre berufliche wie ehrenamtliche Arbeit, aber sie blieb auf dem von ihr von Jugend an eingeschlagenen Weg.
Berlin mußte sie vorübergehend Valet sagen, als sie im Mai 1912 nach Heilbronn übersiedelten, wo Theodor Heuß Chefredakteur der Neckar-Zeitung geworden war. Doch auch hier blieb seine Frau nicht untätig. Sie hielt zahlreiche Vorträge über Frauenfragen, gründete eine Frauen- und Mädchengruppe für soziale Arbeit und arbeitete bei der in München erscheinenden Zeitschrift »März« mit. Doch die »große Zeit« von Elly Heuß-Knapp begann mit dem Ausbruch des Ersten Weltkrieges. Es ist bezeichnend für ihre Art, daß sie sich weder dunklen Ahnungen noch Ängsten überließ, sondern tatkräftig zupackte, um Not zu lindern. Sie sorgte für bedrängte Frauen, deren Männer eingezogen waren, kümmerte sich um deren Los und das ihrer Kinder. Sie versuchte, Maschinenarbeit in Handarbeit und Fabrikarbeit in Heimarbeit umzuwandeln, um so arbeitende Mütter in die Lage zu versetzen, neben der Erwerbsarbeit die Kinder zu betreuen und den Haushalt zu besorgen. Gemeinsam mit Mitgliedern des Heilbronner Frauenvereins begründete sie ehrenamtlich als erste Frau in Deutschland eine private Arbeitsvermittlung. Sie wurde zu einer Stelle warmherziger Fürsorgearbeit. All ihr Tun für die Jugend, Mädchen und Frauen war ausgerichtet auf den Dienst am Nächsten.
Berufliche Gründe führten die Familie Heuß im März 1918 zurück nach Berlin. Zwar hatte der Krieg die Familie verschont, doch an seinen Folgen starb im Spätsommer 1919 Friedrich Naumann, der für beider Arbeit das große Vorbild blieb. Elly Heuß-Knapp kehrte zunächst wieder zu ihrer geliebten Lehrtätigkeit im Pestalozzi-Fröbel-

Haus zurück. Doch mit dem Zusammenbruch im November 1918 sah sie sich plötzlich vor ganz andere Aufgaben gestellt. Sie übernahm den Vorsitz einer Propagandagruppe für das Frauenstimmrecht im Ausschuß der Frauenverbände, überschwemmte ganz Deutschland mit einer Flugblattaktion für das Frauenwahlrecht und stand als Kandidatin und Rednerin der Deutschen Demokratischen Partei in einer Zeit des Aufruhrs und der Unruhe vor verbitterten Menschen. Wenn ihr auch der Wahlerfolg versagt blieb, so entwickelte sie sich doch zu einer politischen Persönlichkeit von großem Format. Aber ihr Idealismus, mit dem sie sich auf Naumanns Rat zur Verfügung gestellt hatte, wurde tief enttäuscht. Vor allem die parteipolitischen Machtkämpfe um Religion und Schule versetzten sie in tiefe Unruhe. Um frei und unabhängig zu sein, zog sie sich daher ganz aus der Parteiarbeit zurück.

In jenen Monaten begegnete Elly Heuß-Knapp dem Pfarrer Otto Dibelius und seiner Gemeinde »Zum Heilsbronnen« in Berlin-Schöneberg. Es sollte eine Begegnung von entscheidender Bedeutung werden, der Beginn einer Zeit der religiösen Besinnung. Daß Dibelius zu jenen zählte, die versuchten, die Not und Verwirrung der Nachkriegsjahre aus der Kraft des Glaubens zu überwinden, durch Hilfeleistung von Mensch zu Mensch und sittliche Erneuerung, das machte auch Elly Heuß-Knapp zuversichtlich. Sie beteiligte sich an der Liebesarbeit der Gemeinde. Sie unterstützte das caritative Wirken der Heilsarmee, wirkte als eine der ersten ehrenamtlichen Wohlfahrtspflegerinnen, unterrichtete in Sozialpädagogik und schrieb den damals vielbeachteten Aufruf »Von der Sozialpolitik zur Caritas«.

Daß sie eine durch und durch politische Frau war und zugleich eine Meisterin des Wortes und der Schrift, kam ihr bei ihrer sozialpädagogischen Arbeit sehr zustatten. Sie wurde Rundfunkmitarbeiterin, vertrat den Evangelischen Presseverband im Berliner Rundfunkrat, sprach kluge und treffende Rundfunkkommentare und gewann Einfluß auf die Programmgestaltung des Rundfunks. Von ihr stammt auch der Vorschlag zu Beginn der Ära Brüning, wenigstens jede Woche eine »Stunde der Regierung« im Rundfunk einzurichten, denn sie ahnte wohl damals, was unterwegs war. 1931 gestand sie ihrer Schwester: »Unser Vatterle (Theodor Heuß) muß lauter unnötige Reden halten, während klar ist, daß die Nazis hundertprozentig gewinnen. Gegen suggestive Phrasen kommt man doch nicht auf...« 1932 schrieb sie an Gertrud Stettiner-Fuhrmann: »Der Theodor redet wirklich in der

Welt herum…, aber wenn Hitler eine große Schlappe erleidet, soll mir alles recht sein.« Hitler erlitt die Schlappe leider nicht. Dennoch erfährt ihre Schwester unter dem 18. März 1933: »Ich kaufe nur bei bedrohten (jüdischen) Geschäften und kümmere mich um alle, denen es schlecht geht, so gut ich kann.«

Doch die politische Atmosphäre wurde immer undurchsichtiger und beklemmender. Elly und Theodor Heuß wurden von den Schergen der neuen Machthaber beobachtet; Briefe wurden geöffnet. Elly, die noch zum Lehrkörper des Burkhardt-Hauses, einer Ausbildungsstätte für Gemeindepflegerinnen, gehörte, wurde denunziert und hinausgeworfen. Damit war es mit ihrer Lehrtätigkeit aus. Auch Theodor Heuß verlor sein Lehramt an der Hochschule für Politik samt seinem Reichstagsmandat. Eine plötzliche Hausdurchsuchung wurde zum Warnsignal.

Vor ein Nichts gestellt, mußte Elly Heuß-Knapp eine neue Existenz aufbauen. Dabei kam ihr Volkswirtschaftsstudium ihr ebenso zugute wie ihr Können als Autorin und Rednerin. Sie engagierte sich in der Wirtschaftswerbung. Ein Lörracher Unternehmen beauftragte sie mit den ersten Werbeschallplatten für den Rundfunk. Weitere bedeutende Markenfirmen folgten. Ihr Name wurde bald zu einem Wertbegriff in der Rundfunkwerbung. Bis zum Mai 1934 machte sie für zwölf Großunternehmen sechzig Werbeplatten. Allein im Mai 1934 kamen achtzehn Platten der Waschmittelbranche hinzu. Die Arbeit war aufregend und verlief nicht ohne Schwierigkeiten.

Bald wurde auch die Werbung politisch kontrolliert und eingeschränkt. Aber Elly Heuß-Knapp entwickelte neue Möglichkeiten, setzte sich durch. Daß sie in ihrer Arbeit zugleich ein Liebeswerk für ihren Sohn und für ihren Mann sah, der sich nur schriftstellerisch beschäftigen konnte, bedeutete einen starken Auftrieb für ihr Schaffen. Doch die sich mehrenden Akte der Willkür, des Hasses, der Verstöße gegen die Menschenwürde, das alles brachte viel Erschütterung in die Familie. Das Haus Heuß, in der Berliner Kamillenstraße, wurde zu einer Zufluchtsstätte für Geängstigte und Verfolgte. Viele Freunde wanderten aus. So lange wie möglich suchte Elly Heuß mit ihnen in Verbindung zu bleiben. Doch dann rissen die Verbindungen ab. Das Unheil des Zweiten Weltkrieges hüllte Deutschland in tödliches Schweigen. Im August 1943 verließ die Familie auf Drängen des Sohnes Berlin und siedelte nach Heidelberg über.

Nur wenige Wochen nach der Kapitulation begann für Elly und

Theodor Heuß ein neuer Abschnitt im politischen und kulturellen Leben. Stuttgart wurde zum neuen Wirkungsfeld. Theodor Heuß wurde Kultusminister in Württemberg-Baden. Elly Heuß arbeitete in einer Kommission für die Neugestaltung von Schullesebüchern. Sie sprach im Rundfunk, redete auf Tagungen der Evangelischen Akademie, schrieb Bücher, stellte sich für die Friedensarbeit zur Verfügung. 1946 kandidierte sie neben ihrem Mann als Mitglied der Demokratischen Volkspartei für den Landtag. Beide wurden gewählt. Theodor Heuß wurde Mitglied des Parlamentarischen Rates. Seine Frau übernahm das Präsidium der Hoover-Speisung, nahm teil an der Gründung des deutsch-französischen Instituts in Ludwigsburg.
Als Theodor Heuß am 12. September 1949 als Bundespräsident an die Spitze der jungen Bundesrepublik gestellt wird, lebte sich seine Frau rasch in den neuen Aufgabenkreis ein. Mit Herzensgüte und Energie ging sie daran, die fruchtbaren Ansätze einer Mütterhilfe zu einem großen Hilfswerk auszubauen, und gründete als Elly-Heuß-Knapp-Stiftung am 31. Januar 1951 das Deutsche Müttergenesungswerk. Dabei gelang es ihr, die Caritas, das Evangelische Hilfswerk, die Arbeiterwohlfahrt, das Rote Kreuz und den Paritätischen Wohlfahrtsverband über alles Trennende hinweg zu einer Organisation zusam-

Elly Heuß-Knapp

wurde am 25. Januar 1881 in Straßburg geboren. 1899 Lehrerinnenexamen, Gründung einer Privatschule, 1900 Mitbegründerin einer Fortbildungsschule für Mädchen. 1905 Studium in Freiburg und Berlin, dort Begegnung mit Theodor Heuß bei Friedrich Naumann. Am 11. April 1908 Hochzeit mit Theodor Heuß in Straßburg. 5. August 1910 Geburt des Sohnes Ernst Ludwig. Unterricht an der Sozialen Frauenschule, Vorträge. Im Mai 1912 Übersiedlung nach Heilbronn. August 1914 Gründung der »Arbeitsbeschaffung« für Kriegerfrauen. März 1918 Übersiedlung nach Berlin. 1918/19 Werbeaktion für Frauenstimmrecht; Wahlreden. Januar 1923 Beginn der Mitarbeit bei Pfarrer Dibelius. Im April 1933 wurden geplante Vorträge verboten, im Mai Theodor Heuß aus dem Lehramt entlassen. Im gleichen Monat Beginn der Werbearbeit für Firmen. November 1943 Übersiedlung nach Heidelberg. 1945 aktiver Neubeginn im politischen und kulturellen Bereich. Am 12. September 1949 wird Theodor Heuß Bundespräsident. 31. Januar 1951 Gründung des Deutschen Müttergenesungswerkes. Gestorben am 19. 7. 1952 in Bonn.

menzuschließen, die als »Krönung ihres Lebens« den Namen Elly Heuß-Knapp vor Vergessen bewahrt. Der von ihr als Mensch und Dichter verehrte Rudolf Alexander Schröder rühmte an ihr, daß sie »immer zu den großen deutschen Frauen gehören wird«.

Virginia Woolf
Englands berühmte Autorin

von Karl Rolf Seufert

Virginia Woolf zählt zu den bedeutendsten Frauen der modernen europäischen Literatur. Die Engländerin aus alter, angesehener Familie wuchs in London auf. Noch ganz geprägt von der Atmosphäre ihres viktorianischen Elternhauses, den stilvollen Umgangsformen, den häuslichen Geselligkeiten und der beherrschenden Stellung des Vaters, befreite sie sich schließlich aus diesen Zwängen.

Das Haus No. 22 am Hyde Park Gate im Londoner Stadtteil Kensington war nach dem Urteil der Dichterin gespenstisch und unheimlich – ein düsteres, engbrüstiges Haus mit sieben Stockwerken zu je drei Räumen, in die kaum jemals die Sonne fiel. Noch dazu wurde das wenige Licht von den schweren Möbeln und der dunklen Täfelung fast vollständig verschluckt. Hier wohnte die Familie Stephens mit sechs Dienstboten und acht Kindern aus drei Ehen.

»In Liebe, Furcht und Verehrung« blickte die sensible Tochter zum Vater auf, der, »obwohl er nicht an Gott glaubte, strenger war als diejenigen, die es taten«. Leslie Stephens war anfangs Fellow von Trinity Hall in Cambridge gewesen und lebte dann als freier Schriftsteller. Er schrieb vor allem Beiträge für renommierte Zeitschriften und gab das berühmt gewordene Dictionary of National Biography heraus.

Virginia Stephens war, wie auch ihre Schwester Vanessa, außergewöhnlich schön. Doch was zählte mehr – Schönheit oder Klugheit? Worin liegt die Bestimmung einer Tochter aus gutem Hause? Gab es für sie nur die standesgemäße Heirat? Die Fragen beschäftigten die Mädchen tief, als die Brüder, einer nach dem anderen, zur Universität gingen und ihnen selbst ein Studium versagt blieb.

Virginia verschaffte sich in der väterlichen Bibliothek eine weite, enzyklopädische Bildung. Sie las alles, was ihr der Vater gab – Biographien und Romane ebenso wie mehrbändige historische Werke: Dickens, Carlyle, Macaulay, Bacon und George Eliot. Als ihr der

Vater dann freien Zugang zu seiner Bibliothek gewährte, war dies ein großer Augenblick für sie. Er bedeutete die intellektuelle Volljährigkeit.

Nach dem Tod der Eltern zogen die Stephens-Kinder nach Bloomsbury. Der Londoner Stadtteil, in dem auch das Britische Museum liegt, galt in der viktorianischen Gesellschaft nicht unbedingt als erste Adresse; doch das war den Mädchen gerade recht. Aus ihren Donnerstagabend-Dinners entwickelte sich die »Bloomsbury group«, zu der bald Schriftsteller, Philosophen, Wissenschaftler und Künstler stießen und sie zum Zentrum des alternativen literarischen und gesellschaftlichen Lebens in London machten, darunter E. M. Forster, der mit seinen Romanen »Howard's End« und »A Passage to India« Weltruhm erlangen sollte, außerdem Bertrand Russel.

»Vanessa und mir machten die Diskussionen ebensoviel Spaß wie den Männern. Endlich konnten wir unseren Verstand benutzen«, gestand Virginia. Dabei lernte sie auch ihren späteren Ehemann Leonard Woolf kennen, gleichfalls Schriftsteller, Sohn eines jüdischen Kronanwalts.

Virginia hatte schon 1905 damit begonnen, Literaturkritiken für große Zeitschriften zu schreiben, darunter auch für solche mit Weltgeltung wie die Times Literary Supplement – eine Tätigkeit, die sie zeitlebens beibehielt. Daneben arbeitete sie ständig an ihrem Erstlingsroman. Am 10. August 1912 heiratete sie Leonard. Sie war dreißig, er einunddreißig. Einer ihrer Freunde kommentierte: »Es war der klügste Entschluß ihres Lebens.«

Nicht zuletzt aufgrund der eigenen Erfahrungen setzte sie sich ihr ganzes Leben für die Gleichberechtigung der Frauen, für das Frauenwahlrecht, für eine bessere medizinische Versorgung, für größere Rechte in der Kindererziehung und für eine erweiterte Frauenbildung ein. Mit ihrem Mann zusammen schloß sie sich der Labour Party an und organisierte Vortragsabende und Diskussionen für die Frauenkooperative.

Eine Episode aus ihrem Feldzug gegen die »Heroisierung der Männer«, wie sie es nannte, erregte erhebliches Aufsehen. Mitte Februar 1910 täuschte sie mit jungen Leuten der »Bloomsbury group« einen Staatsbesuch des Kaisers von Äthiopien bei der britischen Flotte vor. Alle kleideten sich in orientalische Gewänder, ehe sie das Flaggschiff der britischen Kriegsmarine besichtigten. Tatsächlich empfing man die obskure Delegation mit einem Ehrensalut, und der Dolmetscher, einer

von Virginias Freunden, übersetzte die Erklärungen der britischen Offiziere, wobei er sich eines mit griechischen und lateinischen Zitaten durchsetzten Suaheli bediente.
Die Presse griff das Abenteuer begeistert auf, und die Öffentlichkeit reagierte teils entrüstet, teils amüsiert. Sogar das Unterhaus nahm sich des Skandals in zwei Sitzungen an.
1912 wurde ihr erster Roman »The Voyage Out« fertig, doch das Buch konnte erst 1915 erscheinen, da sie nach den schweren geistigen und nervlichen Belastungen ihres langen Schreibens erkrankt war. Sie litt unter Schlaflosigkeit, nervösen Angstzuständen, Kopfschmerzen und sexuellen Traumata. Die Kur in einer Nervenklinik brachte keine Besserung. Am 9. September machte sie mit einer Überdosis von Schlaftabletten einen Selbstmordversuch, konnte aber gerettet werden.

Der Roman, an dem sie von ihrem 25. bis zum 30. Lebensjahr geschrieben hatte, trägt deutlich autobiographische Züge, wenn er auch keine Selbstbiographie ist. Der Hintergrund der Figuren wird nicht geschildert; all die Informationen, die Romanautoren sonst ihren Geschöpfen mitgeben, fehlen. Es gibt, wie auch in vielen ihrer späteren Bücher, keine Story im eigentlichen Sinn. Das Geschehen wird auch nicht fortlaufend erzählt, sondern ergibt sich aus den Gesprächen, Gedanken und Gefühlen der einzelnen Personen. Die Stilmittel, die in diesem Erstling nur in Ansätzen erkennbar sind, entwickelte sie später zur Perfektion. Ein Beispiel dafür ist ihr Roman »The Waves«. An die Stelle einer fortlaufenden Lebensgeschichte treten einzelne Szenen, die Wiedergabe von Sinneseindrücken, Meditationen und Erinnerungen. Sogar die jeweiligen Orts- und Zeitangaben erfährt der Leser nur aus verstreuten, beiläufigen Erwähnungen. Der Erzähler, der zugleich auch handelnde Person ist, erzählt nicht irgendeine Geschichte, sondern versucht rückblickend sein eigenes Leben in den unlösbaren Verwicklungen mit anderen Menschen darzustellen.
Die Literaturgeschichte gebraucht heute für diese Art der Darstellung den Begriff »moderner Roman«, wenn auch der Terminus nicht unumstritten ist. Er hat seinen Schwerpunkt zwischen den beiden Weltkriegen, und seine Hauptvertreter in England sind James Joyce, D. H. Lawrence und Virginia Woolf.
»The Way Out« wurde finanziell kein Erfolg. In den ersten Monaten wurden gerade 2000 Exemplare verkauft; und in der Zeit zwischen

1919 und 1929 belief sich ihr Honorar daraus gerade auf 26 Pfund Sterling.
Doch sie ließ nun nicht mehr ab vom Schreiben. Tag um Tag arbeitete sie von zehn Uhr vormittags bis 13 Uhr und tippte dann das handgeschriebene Manuskript in die Maschine. Ihre Stimmungen unterlagen dabei starken Schwankungen. Auf Phasen der Zuversicht, ja Heiterkeit folgten immer wieder solche der Niedergeschlagenheit. Meist siegte jedoch ihr enormer Arbeitswille. »Die Melancholie verringert sich, während ich schreibe«, bekannte sie.
In ihrem zweiten Buch, »Tag und Nacht«, das 1919 erschien, blieb sie näher an der traditionellen Erzählweise und faktenbezogener. Doch erst in den zwanziger Jahren gelangte sie zur vollen Reife und erreichte das Niveau, das noch heute ihren Ruhm ausmacht. 1922 erschien »Jacob's Room«, 1924 »Mrs. Dalloway«, 1927 »To the Lighthouse«, 1927 »Orlando« und »The Waves« 1931.
»Die Wellen« gelten heute als ihr wohl bedeutendstes Werk. Sie hatte ihre Kaleidoskoptechnik erheblich verfeinert; Dramatisches, Lyrisches und Erzählendes flossen ineinander. Jede der sechs Personen enthüllt sich vollständig in Gefühlen, Gedanken, Schwächen und Begabungen, eine vielschichtige Symphonie, die die Leser begeistert aufnahmen. Bis zum Ende des Jahres waren bereits 10000 Exemplare verkauft.
Mit dem ständig wachsenden Erfolg verringerten sich auch ihre finanziellen Sorgen. Hatte sie bisher hauptsächlich von der Rendite des Aktienpakets gelebt, das ihr der Vater vererbt hatte und das ihr 500 Pfund jährlich einbrachte, so war sie jetzt die erste englische Schriftstellerin, die von ihren Honoraren leben konnte. Sogar ein Auto wurde nach langen Diskussionen angeschafft.
Mit ihrem 50. Geburtstag, 1932, hatte Virginia Woolf den Gipfel ihres Ruhms erklommen. Jedes ihrer Bücher stellte ein neues Experiment moderner Erzählkunst dar, verschieden von den Vorgängern. Sie war die berühmteste Schriftstellerin Englands und gehörte zu den Großen der Weltliteratur. Seit Laurence Sterne habe niemand mehr etwas so Sensibles geschrieben, lobte die Kritik. Die Einladungen und Ehrungen häuften sich. Sie besuchte Dinnerparties, Konzerte und Vorträge.
Im gleichen Jahr erhielt sie vom Master des Trinity College in Cambridge die Einladung, die berühmten sechs Clark Lectures zu halten, eine der höchsten Ehrungen, die die Universität einer Persönlichkeit des britischen Geisteslebens geben kann. Im Gegensatz zu ihrem Vater, dem gleichfalls diese Ehre widerfahren war, lehnte sie

ab. Als ihr die Universität Manchester den Ehrendoktor der Geisteswissenschaften (Doctor of Letters) antrug, nahm sie gleichfalls nicht an.
Im Mai 1935 machten die Woolfs eine Europareise, die sie auch durch Deutschland führte. Tief verstört sah sie die antijüdischen Transparente in den Straßen. In Rom ließ der englische Premier anfragen, ob sie den »Order of Companions of Honour« annehmen würde, und im gleichen Jahr bat man sie, Präsidentin des PEN-Clubs zu werden. Auch diese Ehrungen lehnte sie ab.
1935 erschien ihr Roman »Die Jahre«, der wiederum glänzende Kritiken erhielt und ihr größter Verkaufserfolg wurde; das Buch brachte es sogar in Amerika zum Bestseller. Doch die Freude blieb gedämpft. Sie konnte ihre Augen vor der politischen Lage nicht verschließen. Hitlers Schatten lag zu deutlich über Europa.
Als der Zweite Weltkrieg dann am 1. September 1939 ausbrach, rief sie: »Ich sitze in stummer Wut. Für mich kämpfen diese Kinder, von denen man doch sehen möchte, daß sie einander lieben.« Nach Hitlers Sieg über Frankreich beschlossen die Woolfs, im Falle einer Invasion gemeinsam Selbstmord zu begehen.
Nun verstärkten sich auch ihre Depressionen wieder. »Ich lese und lese wie ein Esel, der rund und rund um den Brunnen geht, und bete zu Gott, daß mir irgendeine Idee aufblitzen wird. Ich kann mein Gehirn nicht länger kontrollieren.«
Am 28. März 1941 schrieb sie zwei Abschiedsbriefe, einen an ihre

Virginia Woolf

wurde am 25. Januar 1882 in London geboren. Sie zählt zu den bedeutendsten Romanautorinnen der modernen Literatur. Im Londoner Stadtteil Bloomsbury sammelte sie die literarische Avantgarde um sich, deren geistiger Mittelpunkt sie wurde. 1915 erschien ihr erster Roman »The Voyage Out«. An die Stelle einer fortlaufenden Erzählung mit Personencharakteristik treten einzelne Kurzszenen, Sinneseindrücke, Gedankengänge, Gefühle, Wünsche und Erinnerungen, kunstvoll verflochten – Stilmittel, die sie später bis zur Perfektion verfeinerte. Ihr bedeutendstes Werk, »The Waves«, erschien 1931.
Mit James Joyce und D. H. Lawrence gilt sie als Begründerin des »modernen Romans«. Daneben setzte sie sich ein Leben lang für Emanzipation und soziale Verbesserungen ein. Sie starb am 28. März 1941 durch Freitod in der Ouse bei Lewis in Sussex.

Schwester Vanessa, die bei einem Luftangriff auf London alles verloren hatte, den anderen an ihren Mann.
»Liebster, ich möchte Dir sagen, daß Du mir vollkommenes Glück gegeben hast. Niemand könnte mehr getan haben, als Du getan hast. Aber ich weiß, daß ich niemals mehr darüber hinwegkomme und ich Dein Leben zerstöre: Es ist dieser Wahnsinn. Du kannst arbeiten, und Dir wird es viel besser gehen ohne mich. Niemand hätte so gut sein können, wie Du es gewesen bist, vom allerersten Tag bis jetzt. Jeder weiß das.«
Virginia hatte gerade den Roman »Zwischen den Akten« beendet und war, wie immer nach solchen Anstrengungen, erschöpft und ausgebrannt. Sie hatte London wegen der Bombenangriffe verlassen, war aufs Land gezogen und litt unter schweren Depressionen. Gegen Mittag verließ sie das Haus und ging zum Fluß Ouse. Es war ihr letzter bewußter Willensakt.
Sie kehrte nicht zurück.

Elsa Brändström
Engel der Gefangenen

von Karl Rolf Seufert

Sie waren schon seit Stunden unterwegs durch überfüllte Krankensäle, an primitiven Holzgestellen vorbei, die man als Notbetten zusammengenagelt hatte, über verschmutzte Treppen und Innenhöfe. Selbst auf Strohschütten in den langen Korridoren lagen die Kranken und Verwundeten, die hier eine Notunterkunft gefunden hatten.

Etwa viertausend Soldaten, schätzte der Chefarzt des Nicolai-Hospitals in St. Petersburg (später Petrograd, dann Leningrad), der die ausländischen Besucher führte. Die Gespräche waren längst verstummt. Alle waren betroffen, zutiefst erschüttert von soviel Not. Unter ihnen auch zwei junge Schwedinnen: Ethel von Heidenstam, die Frau des schwedischen Legationsrates, der später Gesandter am Zarenhofe werden sollte, und Elsa Brändström – beide ganz in Weiß nach einer Pflegedienstausbildung, zu der sie sich bei Kriegsausbruch 1914 spontan entschlossen hatten, jetzt in der russischen Schwesterntracht mit der Haube des Sankt-Georg-Ordens.

Das Nicolai-Hospital besaß außerdem noch eine sorgfältig abgetrennte, von Posten bewachte Gefangenenabteilung. »Die Menagerie«, nannte der russische Chefarzt jenen grausam überfüllten Trakt, in dem die verwundeten und kranken kriegsgefangenen Deutschen untergebracht waren. Die Schwerverwundeten schrien und stöhnten vor Schmerz. Elsa Brändström sah Soldaten, die seit Tagen verzweifelt auf Hilfe hofften, auf schmerzstillende Medikamente oder auf einen Verbandswechsel. Andere litten an der Ruhr oder an Diphterie, ohne daß man sie von den übrigen trennte. Es gab keine Isolierstation. Sie lagen in zerrissenen Uniformen, hilflos dem Schmutz und Ungeziefer ausgeliefert. Die Luft war unerträglich. »Und dieser erste Eindruck, den ich von Kriegsgefangenen erhielt, hat sich in den folgenden fünfeinhalb Jahren meiner Arbeit unter ihnen nur mehr und mehr befestigt«, stellte Elsa Brändström später fest.

Dabei waren die Verhältnisse in diesem Hospital sogar noch besser als anderswo. Das Lazarett stand unter dem Protektorat der aus Deutschland stammenden Großfürstin Maria Pawlowna. Doch niemand machte sich Illusionen. Nach den verlustreichen Schlachten bei Tannenberg und an den Masurischen Seen im August und September 1914 rollten die langen Verwundetentransporte mehrmals wöchentlich von der nordwestlichen Front nach St. Petersburg. Dabei fehlte es in der Hauptstadt an allem – an Lazaretten, an Betten, an Medikamenten und an ausgebildetem Pflegepersonal.

Elsa Brändström wurde am 26. März 1888 als ältestes Kind des schwedischen Militärattachés Oberst Edvard Brändström in Sankt Petersburg geboren. Als die Familie dann drei Jahre später die Stadt verließ, legte an der Universität Petersburg gerade jener hochbegabte Student sein juristisches Schlußexamen ab, nach dem die Stadt an der Newa später benannt werden sollte – Wladimir Ilitsch Uljanow, genannt Lenin.
Nach ihrer Rückkehr nach Schweden, 1891, wohnte die Familie in Linköping. Dort besuchte Elsa Brändström auch die Schule. In dem gleichen Jahr, 1906, als sie mit 18 Jahren ihr Abschlußzeugnis erhielt, wurde ihr Vater zum Schwedischen Gesandten im kaiserlichen Petersburg ernannt.
1913 starb die Mutter. Von nun an übernahm die Tochter wie selbstverständlich die Rolle der Hausfrau und empfing Diplomaten, Politiker, Künstler, darunter auch den letzten Ministerpräsidenten des Zaren, Goremykin.
Als dann im Sommer 1914 der Erste Weltkrieg ausbrach, hielt sich Elsa Brändström gerade in England auf. In einem überfüllten Schiff reiste sie sofort nach Schweden und von dort über Land nach St. Petersburg, das fortan den Namen Petrograd erhielt, zur Familie. Wie viele andere meldete sie sich dort, zusammen mit Ethel von Heidenstam, zu einem Krankenpflegekurs und wurde russische Kriegsschwester. Als die schwedische Kolonie aus eigenen Mitteln ein kleines Lazarett mit einer Ambulanz für russische Verwundete einrichtete, arbeiteten sie auch mit dem Nicolai-Hospital zusammen.
Nach Deutschland waren in den ersten Kriegsmonaten nur wenige Nachrichten über die katastrophalen Zustände in russischen Lagern und Hospitälern gedrungen. Als das Deutsche Rote Kreuz über den schwedischen Gesandten in Berlin, Graf Taube, eine Anfrage an

General Brändström richtete, wie den gefangenen deutschen Soldaten geholfen werden könnte, antwortete die Tochter mit detaillierten Vorschlägen. Wenig später organisierte das Schwedische Rote Kreuz einen Austausch deutscher und russischer Schwerverwundeter. Elsa Brändström und Ethel von Heidenstam begleiteten den Transport.

Beide Frauen besaßen klare Vorstellungen über das Mögliche und Notwendige. Sie hatten einen fertig gepackten Rucksack als Muster mitgebracht, den sie in Berlin vorlegten. Private Geschenkpakete bezeichneten sie als sinnlos. Statt dessen schlugen sie eine offizielle Hilfsaktion unter der Trägerschaft des Roten Kreuzes vor. Ein Aufruf zur Paketsammlung wurde im Sommer 1915 erlassen. Innerhalb eines Monats kam das Geld für mehr als hunderttausend Ausrüstungen zusammen.

In Wien übernahmen die beiden Schwedinnen dann russische Schwerverwundete und betreuten sie während der Rückfahrt. Nach ihrer Bestätigung als offizielle Delegierte des Schwedischen Roten Kreuzes wechselten sie ihre St.-Georgs-Tracht mit der Schwesternkleidung des Roten Kreuzes.

Am 8. Oktober 1915 konnte der erste »Liebesgabenzug« von Deutschland über Schweden nach Petrograd fahren. Dort übernahmen ihn die beiden Frauen und begleiteten den Transport auf der berühmten eingleisigen Strecke der Transsibirischen Eisenbahn bis nach Irkutsk. In Srjentensk, einer Kleinstadt von 7000 Einwohnern, östlich des Baikalsees, herrschte Fleckfiebertyphus. In zwei großen Barackenlagern lebten dort elftausend Kriegsgefangene. Trotz Ansteckungsgefahr besuchte Elsa Brändström die Deutschen.

»Der Boden war mit Menschen übersät, die einen halb nackt, andere in Uniformen und Stiefeln. An einigen Plätzen standen eiserne Bettstellen ohne Stroh, auf jedem Bett lagen zwei Kranke und oft noch zwei darunter. Im ganzen Krankenhaus war nicht eine einzige Decke oder ein Kissen vorhanden«, stellte sie fest. »Da und dort hatte einer ein Stück Holz als Kopfpolster. Es gab kaum soviel Wasser, daß jeder Gefangene einen Becher voll bekommen konnte, und doch sollte es zum Waschen, Trinken und Kochen ausreichen.« Ein Arzt gestand ihr unter Tränen: »Können Sie verstehen, mit leeren Händen vor diesem Elend zu stehen? Ich habe keine Medikamente, keine Betten, keinen Topf – absolut nichts.«

Elsa Brändström zwang den Kommandanten zur Besichtigung des Lagers und erreichte, daß man ihr freie Hand ließ. Eine weitere

Baracke wurde errichtet. Aus den Beständen des Roten Kreuzes nähten Freiwillige Strohsäcke bei 40 Grad Kälte im Freien. Danach isolierte sie die Kranken. Jeder erhielt ein Kissen und zwei Decken.
Nach zwei Monaten erlosch die Seuche. Elsa Brändström berichtet nach Deutschland: »In Srjentensk verausgabten wir ungefähr 30000 Rubel. Wir richteten ein vollständiges Krankenhaus mit 550 Betten ein. Dafür beschafften wir Strohmatrazen, Kissen, Dekken, Laken, Eßschalen usw., kauften vier Pferde, welche nun den Gefangenen gehören (und künftig auch Wasser vom Fluß herbeischaffen), Wasserbehälter, Schlitten, Geschirre ... Wir haben unerhört viel furchtbar Schreckliches gesehen. Wenn man einmal dort gewesen ist und hat helfen können, hat man keine Ruhe in einem bequemen warmen Heim.«
Kurz danach erkrankte Elsa Brändström selbst am Fleckfieber. Man pflegte sie in Irkutsk gesund. Doch wohin die wenigen Helfer auch kamen, überall herrschten die gleichen chaotischen Zustände. Es fehlte am Nötigsten, und die Menschen starben an Ruhr, Cholera, an Tuberkulose und Malaria, an Skorbut und immer wieder am Flecktyphus. Wie in Krasnojarsk war es in Nowosibirsk. Dort lagen die Fleckfieberkranken in zwei Erdbaracken. Von elfhundert Kranken blieben nur siebzig am Leben.

Elsa Brändström

wurde am 26.3.1888 als Tochter des schwedischen Militärattachés, Oberst Edvard Brändström, in St. Petersburg (Leningrad) geboren. Nach der Schulzeit und dem Studium in Schweden kehrte sie nach Rußland zurück. Bei Ausbruch des Ersten Weltkrieges meldete sie sich zu einem Krankenpflegekurs und wurde russische Kriegsschwester. Über das Schwedische Rote Kreuz organisierte sie einen Austausch deutscher und russischer Schwerverwundeter. 1915 begleitete sie einen ersten »Liebesgabenzug« von Deutschland bis nach Sibirien. Entlang der Transsibirischen Eisenbahnstrecke richtete sie Stützpunkte ein, die durch die Organisation der Selbsthilfe zu einem wichtigen Faktor gegen Hunger, Heimweh und Krankheiten wurden. Nach der Machtübernahme durch Hitler folgte sie ihrem Mann, Professor Robert Ulrich, in die USA. Dort widmete sie sich den Flüchtlingen und Verfolgten des Hitler-Regimes. 1945 organisierte sie erste Hilfssendungen in das zerstörte Deutschland. Sie starb am 4.3.1948 in Cambridge (Mass., USA).

Wollte man den Kriegsgefangenen jedoch wirkliche Hilfe bringen, brauchte man eine durchdachte Organisation. So richtete sie von Moskau bis Chabarowsk Stützpunkte ein und verteilte die Helfer auf die einzelnen Stationen. Elsa Brändström übernahm Pensa, Ethel von Heidenstam Charkow. Im Sommer 1916 mußte das Hilfswerk noch erweitert werden. Eine besondere Bedeutung kam dabei Moskau zu, das Elsa Brändström nun für sechs Monate übernahm.

Zu den wichtigsten Hilfen gegen Hunger, Heimweh und Krankheiten wurde die Selbsthilfe: Kunst in jeder Form – Gesang, Musik, Theater. Auch hier half sie mit Schnitzmessern, Holz, Farben, Textbüchern und Instrumenten. In diese Entwicklung brach der Umsturz, der im November 1917 die Zarenherrschaft erschütterte und in die Geschichte als »Oktoberrevolution« einging. Die deutsche Regierung hatte Lenin die Durchfahrt durch das Reichsgebiet im plombierten Zug ermöglicht. Es kam zum Friedensschluß. Aber die Hoffnungen der Kriegsgefangenen auf rasche Heimkehr erfüllten sich nicht.

Da entschloß sich Elsa Brändström zu ihrer dritten Sibirienfahrt. Es wurde eine Reise ins Chaos. Sie fuhr über Moskau nach Perm. Wenig später wechselte sie die Bürgerkriegsfronten. In Jekaterinburg schwebte sie tagelang in Lebensgefahr, weil man sie für eine Spionin hielt. Während sie auf die Verhöre wartete, verschluckte sie unter einer über den Kopf gezogenen Decke Blatt um Blatt ihres Tagebuchs.

Schließlich erlaubte man ihr die Weiterreise nach Omsk, wo sie sich in den Lagern, Lazaretten und Gefängnissen der Gefangenen annahm. Im April 1919 begleitete sie einen Kriegsgefangenenzug durch die Mongolei bis nach Wladiwostok. Doch sie nahm dort nicht das Schiff, um nach Europa heimzukehren, sondern reiste die alte Strecke mit der Bahn zurück.

Im Sommer des gleichen Jahres richtete sie ihr Quartier in Krasnojarsk am Jenissei ein, wo es ihr gelang, eine Gruppe ungarischer Gefangener vor dem Erschießen zu retten. Dort erkrankte sie schwer und schwebte wochenlang zwischen Leben und Tod. War es Flecktyphus? Vielleicht auch nur eine schwere Grippe, wie sie meinte, verbunden mit dem völligen Zusammenbruch ihrer Kräfte. Überraschend verhaftete man sie erneut. Doch der russische Kommissar sprach fließend englisch. Er erlaubte ihr, die Krankenpflege in den Lagern fortzusetzen.

Mit einem Invalidentransport konnte sie schließlich Sibirien verlas-

sen. Über Moskau reiste sie nach Petrograd. Ihr Haus diente inzwischen russischen Matrosen als Klubheim. So fuhr sie an Bord der »Lisboa« über Narva nach Stettin. Während der Fahrt schrieb sie dann am 8. Juli 1920 ihren »Aufruf an das Internationale Komitee des Roten Kreuzes in Genf«, der weltweit Aufsehen erregte. Nach einer umfassenden Sammelaktion konnten noch einmal Züge mit Lebensmitteln, Kleidern und Medikamenten nach Osten rollen.
In Stockholm holte der kranke Vater sie am Zug ab. Während sie ihn in den nächsten Monaten pflegte, schrieb sie in den Nachtstunden ihr Buch »Unter Kriegsgefangenen«: Keine der üblichen Autobiografien, keine Erlebnisdarstellung, sondern ein nüchternes Zahlen- und Faktenwerk, das in der Sprache der Statistik über die Kriegsgefangenenprobleme berichtet und in kurzer Zeit sechs Auflagen erlebte. Die Honorare reichten aus, um 1922 die Stiftung »Arbeitssanatorium für ehemalige kriegsgefangene Deutsche« zu gründen.
Sie kaufte das Gut Marienborn in der sächsischen Gemeinde Schmeckwitz, das durch seine Moor- und Schwefelbäder rheumakranken Sibirienheimkehrern half. Mit diesem Sanatorium fand Elsa Brändström neue Aufgaben. Wenig später kaufte sie noch das Gut Schreibermühle bei Lychen in der Uckermark hinzu. Nach einer Vortragsreise durch die USA konnte sie 1923 mit den 100000 Dollars, die sie mitbrachte, außerdem das Kinderheim Neusorge bei Altmittweida in Sachsen gründen, das die Kinder ehemaliger Kriegsgefangener aus Rußland, Frankreich und England bewohnen sollten.
Noch ein letztes Mal kehrte Elsa Brändström in die Sowjetunion zurück. Ehemalige deutsche und österreichische Kriegsgefangene hatten den Wunsch geäußert auszuwandern. Enttäuscht von Wirtschaftskrisen, Regierungsstürzen und Dauerarbeitslosigkeit wollten sie ein selbständiges Gemeinwesen jenseits des Urals nach dem Vorbild der Wolga-Deutschen gründen. Elsa Brändström riet zunächst ab, erklärte sich jedoch dann bereit, die Chancen eines solchen Unternehmens an Ort und Stelle zu erkunden. Bereits Anfang Februar verließ sie Deutschland, besuchte Kiew, Charkow, Odessa, die Krim, schließlich die Wolga-Republik und Moskau. Ende März schrieb sie aus Irkutsk. Dabei sah sie auch Omsk, Nowosibirsk und Krasnojarsk wieder. Letzte Station wurde Leningrad, ihr Geburtsort. Doch der Plan einer Ansiedlung war nicht zu verwirklichen, mußte sie in Berlin bekennen. Kleinunternehmen, Handwerk und privater Handel hatten nach der Kollektivierung keine Chance mehr.

Am 16. November 1929 heiratete Elsa Brändström den Ministerialreferenten für das Hochschulwesen Robert Ulrich, Professor an der Kulturwissenschaftlichen Abteilung der Technischen Hochschule Dresden.

Nach der Machtübernahme durch Hitler legte ihr Mann seine Ämter nieder, und Elsa Brändström folgte ihm, zusammen mit der zweijährigen Tochter, in die USA, wo er an der Havard-Universität einen Lehrstuhl erhielt. Auch widmete sie sich den Flüchtlingen, bemühte sich um Bürgschaften, sorgte für Unterkünfte und Verdienstmöglichkeiten. Als in dem harten Winter 1945/46 das ganze Ausmaß der Not in Deutschland offenbar wurde, beschloß sie zu helfen, organisierte sie erste Hilfssendungen, ja, sie erklärte sogar ihre Bereitschaft, wieder nach Deutschland zu kommen. Doch die Erlaubnis zur Ausreise wurde ihr verweigert. Wenig später erkrankte sie an Krebs. Am 4. März 1948, nur wenige Wochen vor ihrem 60. Geburtstag, starb Elsa Brändström. Ihre Urne wurde auf dem Waldfriedhof in Stockholm beigesetzt.

Mit ihr war jene Frau dahingegangen, die – wie es in der Ehrendoktorurkunde der Universität Tübingen heißt – »dem Gebot des Herzens folgend, mutig für die Bedrängten eintrat und Schwachen half, die das Recht der Menschlichkeit verteidigte gegen Gewalt, die Brükken schlug von Volk zu Volk und von Mensch zu Mensch, stärker als das Recht sie zu schaffen vermag«.

Dorothy Sayers und Agatha Christie
Krimis als Weltliteratur

von Margarete von Schwarzkopf

Spricht man von Klassikern der Weltliteratur, so fallen häufig auch zwei Namen, die mit einem ganz speziellen Genre von Literatur zu tun haben, einem Genre, das man bei uns lange Zeit für nicht seriös genug hielt, um darüber in Literaturgeschichten zu schreiben. In den angelsächsischen Ländern aber zählt die Gattung des Kriminalromans spätestens seit Sir Arthur Conan Doyle und G. K. Chesterton zur ernst zu nehmenden Literatur. Die beiden Namen, die in diesem Zusammenhang oft genannt werden, sind Dorothy Sayers und Agatha Christie, die »großen alten Damen« des Thrillers, wie ein britischer Kritiker seine Landsmänninnen einmal nannte.

Walther Killy schrieb über Dorothy Sayers: »Diejenigen, die diese Autorin für eine bloße Krimiautorin halten und sie deswegen nicht lesen, betrügen sich um ein literarisches Vergnügen ersten Ranges.« Womit schon viel ausgesagt ist über die hohe Qualität von Stil und Sprache, die die Romane der Sayers auszeichnen.

Darin übertrifft sie Agatha Christie bei weitem, deren Bücher in einer wesentlich populäreren Sprache abgefaßt sind als die Werke von Dorothy Sayers, die 1915 zu den ersten Frauen Englands zählte, die an der traditionsreichen Universität von Oxford ihr Examen in Romanistik ablegten. Aber auch die Romane der Agatha Christie, die in ihrer Jugend Pianistin oder Sängerin werden wollte und sich dann 1920 für eine Schriftstellerlaufbahn entschied, sind durchaus keine Trivialliteratur. Sie leben von Zitaten aus der angelsächsischen Literatur und Anspielungen auf die in England so beliebten »Nursery Rhymes«, Lieder und Gedichte, mit denen englische Kinder aufwachsen.

Auch Agatha Christie hat, wie Dorothy Sayers, als Dramatikerin und Autorin von Reiseberichten immer wieder bewiesen, daß sie mehr konnte, als ihre Leser durch Mord und Totschlag zu unterhalten. Insbesondere ihre Erfahrungsberichte über ihre Reisen im Mittleren

Osten, die sie gemeinsam mit ihrem zweiten Mann, dem Archäologen Max Mallowan, unternahm, zeugen von sprachlichem Witz, einer scharfen Beobachtungsgabe und einer umfassenden Bildung.
Aber zunächst einige Anmerkungen zu Dorothy Sayers, die zwar zwei Jahre nach Agatha Christie (1893) zur Welt kam, aber fast 20 Jahre vor ihr (1957) starb. Über ihre frühe Kindheit vermerkt Dorothy Sayers:
»Ich bin in Oxford geboren, im vierten Jahr von Queen Victorias diamantenem Jubiläum. Mein Vater war damals Headmaster der Schule des Domchores, wo es zu seinen Pflichten gehörte, kleine Teufel mit Engelsstimmen in den Grundlagen des Lateinischen zu unterrichten. Als ich viereinhalb Jahre alt war, erhielt er die Pfarre von Bluntisham-cum-Earith in Huntingdonshire – eine einsame Landgemeinde, die eine der alten Häfen oder Brücken der Isle of Ely war... Ich erinnere mich noch sehr gut an meine Ankunft im Pfarrhaus, wo ich vom Kindermädchen und einer unverheirateten Tante begleitet war, die einen Papagei im Käfig trug.«
Dorothy Sayers war nicht die erste berühmte Schriftstellerin, die in einem Pfarrhaus aufwuchs. Man denke zum Beispiel an die Schwestern Brontë, die knapp 50 Jahre zuvor in Yorkshire gelebt und geschrieben hatten. Aber der eher sanfte, geduldige Pfarrer Sayers hatte kaum Ähnlichkeit mit Patrick Brontë, dessen Hauptcharakteristikum puritanische Strenge war. Eine Parallele – außer dem Beruf – aber gibt es doch: Wie Pastor Brontë sorgte auch Pfarrer Sayers dafür, daß seine Tochter von früh auf eine gute Erziehung erhielt und schon als kleines Kind Latein lernte und die Klassiker der Weltliteratur las. Und ähnlich wie die Schwestern Brontë prägte auch die junge Dorothy Sayers die weite Einsamkeit der Landschaft, in der sie aufwuchs. In ihren Büchern schildert sie immer wieder die weiten Felder und Moore ihrer Jugend. Schon früh begann sie, Gedichte zu verfassen, meist mit theologischem Inhalt. Und die Theologie ließ sie ihr Leben lang auch nicht mehr los. Letztlich handeln ihre Romane, ja, auch ihre »Thriller«, von Schuld und Sühne, von Sünde und Vergebung, von den Verführungen irdischer Reichtümer im Zwiespalt mit der ewigen Seligkeit. Ihr Detektiv, der exzentrische und spleenige Lord Peter Wimsey, ist im Grunde ein Moralist, der mit seiner Detektivarbeit gegen das Böse zu Felde zieht. Es gibt in den Werken der Sayers kein absolutes Schwarz und Weiß, keine absolute Verdammnis. Verloren ist nur der, der seine Schuld nicht eingesteht und nicht bereit ist, dafür zu büßen.

Der Vater schickt 1912 die Tochter nach Oxford. Dort studiert Dorothy Sayers Französisch und schließt 1915 mit dem Examen ab. Ihre Jahre in Oxford spiegeln sich in dem 1935 erschienenen Roman »Gaudy Night« (Aufruhr in Oxford) wider, der weniger eine Kriminalgeschichte als eine Darstellung des studentischen Lebens in Oxford ist.
1919, nach einem kurzen Zwischenspiel als Lehrerin, veröffentlichte sie erste literarische Versuche, »Catholic Tales«, und trat in eine Londoner Werbeagentur ein. Zehn Jahre arbeitete sie hier, und auch diese Zeit findet in einem ihrer Lord-Peter-Wimsey-Abenteuer ihren Niederschlag, in »Murder Must Advertise« (1933). Peter Wimsey, Millionär und Gentleman, Amateurdetektiv mit Scharfsinn und Menschenfreundlichkeit, betrat erstmals 1923, zusammen mit seinem getreuen Butler Bunter, die Bildfläche. Damals löste Wimsey den Fall des »Toten in der Badewanne« (»Whose Body?«). Vierzehn verschiedene große Fälle löst Wimsey zwischen 1923 und 1938.
Mit seiner Hochzeitsreise, »Busman's Honeymoon«, verabschiedet sich der beliebte Detektiv schließlich von seinen Lesern, und seine Autorin wendet sich fast ausschließlich religiöser Literatur zu. Sie verfaßt Hörspiele, Dramen, Essays und Kurzgeschichten mit religiösem Inhalt, darunter das Hörspiel »The Man Born To Be King« (1942) über Jesus Christus. Dazu kommen noch einige Abhandlungen über literarische Themen wie 1954 ihre »Einleitung zu Dante«. Ihr großes Thema aber, sei es in ihren Detektivgeschichten oder ihren religiösen und literarischen Abhandlungen, ist der Tod. »Jeder Tod ist unwiderruflich, deshalb empfinden wir seine Gewalt als kränkend«, sagt Dorothy Sayers einmal. Der Tod, über den sie so viel schrieb und meditierte, kam für Dorothy Sayers überraschend. Kurz vor Weihnachten 1957 starb sie in ihrem Haus in Witham/Essex. Knapp 64 Jahre war sie damals alt, eine Autorin, die, wie sie selbst mit Recht sagte, ihr Handwerk, das Schreiben, wohl verstanden hatte.
In den Jahren, da Lord Peter Wimsey jährlich mit neuen Mordfällen und ihren oft überraschenden Lösungen von sich reden machte, begann ein kleiner, rundlicher Belgier mit dickem Schnurrbart gleichfalls seine überaus erfolgreiche Detektivkarriere. Und nicht weniger berühmt wurden die kriminalistischen Fähigkeiten einer zierlichen alten Dame namens Miss Marple, die mit Strickzeug bewaffnet den ärgsten Verbrechern auf der Spur war. Es gibt wohl kaum ein größeres Kontrastpaar in der modernen Literatur als die beiden Helden Hercule

Poirot und Miss Marple, beide erfunden von Agatha Christie, geboren 1890 in Torquay/Devon. 1920 erschien Agatha Christies erster Roman, »The Mysterious Affair at Styles«, der jahrelang keinen Verleger gefunden hatte.
Zunächst war diesem ersten Abenteuer von Hercule Poirot, dem sonderbaren Ausländer, der alle Vorurteile der Briten gegenüber den »bloody foreigners« zu bestätigen schien, auch nur mäßiger Erfolg beschieden. Doch Agatha Christie, damals verheiratet mit Oberst Archibald Christie, gab nicht auf. Ihre Ehe ging mehr schlecht als recht, und in ihrer Arbeit fand Agatha Christie den Ausgleich für die zahlreichen Spannungen zwischen dem Oberst und ihr. Archibald Christie zeigte sich wenig begeistert von den literarischen Ambitionen seiner Frau, deren siebter Roman, »Der Mord an Roger Ackroyd«, ihr endlich zum Durchbruch verhalf. Der Oberst begann eine Affäre mit seiner Sekretärin und verlangte von Agatha Christie die Scheidung. Daraufhin verschwand seine Frau für einige Zeit spurlos.
In späteren Jahren ist oft gerätselt worden, was die Schriftstellerin wohl in jenen knapp zwei Wochen getan habe. Sie selbst schwieg darüber beharrlich und meinte nur, sie habe zu sich selbst finden wollen. Dieses Schweigen bot Klatschkolumnisten natürlich reiche Nahrung, und man sprach davon, sie habe Selbstmord begehen wollen, es dann aber doch nicht getan; oder sie habe ihre Nebenbuhlerin beseitigen wollen, im letzten Augenblick jedoch davor zurückgeschreckt und statt dessen ihren Zorn und ihre Enttäuschung in literarischer Weise abreagiert – mit neuen Poirot-Erzählungen. 1928 jedenfalls wurde sie von dem Oberst geschieden und heiratete zwei Jahre später den Archäologen Mallowan, dessen Arbeit sie auch zu einigen Romanen inspirierte, die in Archäologenkreisen oder gar im Alten Ägypten spielten.
Das besondere Merkmal der rund 50 Romane der Agatha Christie ist ihr gehobener gesellschaftlicher Hintergrund. Meist geschehen die Morde in den Kreisen ländlicher Gutsbesitzer, auf deren Herrensitzen mancherlei unheilvolle Tat geschieht. Mit besonderer Vorliebe beschreibt die Schriftstellerin das Leben in den englischen Dörfern und Kleinstädten und schildert oft ganz »normale« Leute, die jäh in Verbrechen verwickelt werden. Sie ist die klassische Vertreterin des »Who dunnit«, jener Form des Thrillers, in dessen Mittelpunkt die Jagd nach dem Täter steht. Für den Leser werden ständig falsche Fährten gelegt, so daß der eigentliche Täter, dessen Identität der Detektiv – oder Miss

Marple – am Ende des Romans enthüllt, oft gerade derjenige ist, auf den nicht einmal der Schatten eines Verdachtes fiel.
»Ich liebe Geheimnisse«, sagte sie einmal, »und deshalb schreibe ich so gerne Kriminalgeschichten.« Und gefragt, wie sie sich den Erfolg ihrer Bücher erkläre, meinte sie bescheiden: »Sie sind so einfach geschrieben, daß sie selbst ein Kind verstehen könnte.« Vor allem aber mangelt es ihnen an jener Brutalität, die vor allem den amerikanischen Thriller kennzeichnet. Den Romanen der Christie haftet immer etwas Märchenhaftes an, sie wirken losgelöst vom Alltag, von der grauen Realität – trotz ihrer detailgetreuen Beschreibung dörflichen Lebens und provinzieller Intrigen. Aber allein schon ihre beiden Haupt-Spürnasen, der Belgier und die strickende Dörflerin aus St. Mary Mead, sind der Wirklichkeit so weit entrückt, daß man ihre Abenteuer vollauf genießen kann, ohne bedrückende Parallelen zur Realität zu ziehen.
Neben Romanen schrieb Agatha Christie die schon erwähnten Reiseberichte, dreizehn Theaterstücke und zahlreiche Hörspiele. Im Londoner Westend läuft ihr Theaterstück »Die Mausefalle« seit 1952 ununterbrochen und gehört nach wie vor zu den großen Touristen-Attraktionen der englischen Metropole. Ironisierend erklärte Agatha Christie einem Reporter auf die Frage, warum dieses Stück, das nicht einmal eines ihrer besten sei, ihrer Meinung nach so endlos lang laufe: »Weil man sofort wieder vergißt, wer der Täter war. Und da muß man sich das Stück eben mehrmals ansehen.«
Ähnlich wie bei Dorothy Sayers, die im übrigen nie als ernste Konkurrentin in der Gunst des Publikums auftrat – wer die eine las, las auch die andere –, bauen Agatha Christies Romane auf ihren eigenen Erfahrungen mit der menschlichen Psyche auf. »Psychologie für Anfänger« nennt es Agatha Christie zwar, aber das Rezept erwies sich als immer wieder trefflich. In ihren späteren Romanen befaßt sie sich dann auch, wie die Sayers, mehr und mehr mit dem Prinzip von Schuld und Sühne, wobei ihre Romane keinesfalls einen theologischen Anspruch erheben oder eigene religiöse Erkenntnisse vermitteln wollen.
Die britische Autorin P. D. James, die heute als die direkte Nachfolgerin der »Duchess of Crime« (Herzogin des Verbrechens) gilt, wie Agatha Christie oft genannt wurde, sagt dazu:
»Kein Kriminalschriftsteller, der sich ernsthaft mit dem Phänomen des Verbrechens, also sprich des Bösen, auseinandersetzt, kommt an solchen Überlegungen vorbei. Wir nennen es heute Psyche, die Griechen nannten es in ihren Tragödien Schicksal, und im Grunde ist

es immer die alte Polarität von Untat und Sühne. Selbst wenn wir versuchen, die psychologischen Hintergründe eines Verbrechens in literarischer Form aufzuhellen, stoßen wir doch immer auf die unerklärlichen Grenzen – die Grenzen zwischen Licht und Schatten, zwischen Unschuld und Sünde.«

Als »Ausgleich« für ihre Thriller schrieb Agatha Christie unter dem Pseudonym Mary Westmacott Liebesromane mit psychologischem Hintergrund. Erst kurz vor ihrem Tod wurde bekannt, wer sich hinter diesem Namen verbarg, obwohl Kenner schon immer ahnten, daß diese Mary Westmacott zumindest geistig mit Agatha Christie verwandt sein müßte.

1976 starb Agatha Christie, deren 64 Romane inzwischen weltweit in 100 Millionen Exemplaren verkauft wurden, im Alter von 85 Jahren. Nach ihrem Tod erschien sowohl Hercule Poirots letzter Fall, der mit dem Selbstmord des Belgiers endet, nachdem er einen Mörder nicht überführen konnte, wie auch Miss Marples letzter Auftrag. Sie aber durfte am Leben bleiben. Und wenn sie nicht gestorben ist, wohnt sie noch heute in dem (fiktiven) St. Mary Mead und strickt Pullover für die wachsende Schar ihrer Großneffen und Großnichten.

Dorothy Sayers

wurde am 13. Juni 1893 in Oxford geboren. Nachdem sie 1915 ihr Examen in Romanistik in Oxford abgelegt hatte, war sie zuerst Lehrerin und später Mitarbeiterin in einer Werbeagentur. 1919 begann ihre schriftstellerische Tätigkeit. Bis 1957 entstanden 14 Kriminalromane (Held: Lord Peter Wimsey), zahlreiche religiöse Dramen, Hörspiele, Essays und literarische Aufsätze. Sie starb am 17. Dezember 1957 in Essex.

Agatha Christie

wurde am 15. September 1890 in Torquay/Devon als Agatha Miller geboren. Sie wurde die erfolgreichste Kriminalautorin aller Zeiten: 64 Romane, 13 Theaterstücke und zahlreiche Hörspiele erschienen in einer verkauften Auflage von über 100 Millionen Exemplaren. Unter dem Pseudonym Mary Westmacott verfaßte sie Romane, die keine Detektivgeschichten sind. Außerdem ist sie Autorin von Abenteuer-Reiseberichten aus dem Orient. Sie starb am 12. 1. 1976 in Wallingford (Oxfordshire).

Edith Stein
Weg nach Innen

von Mareta Luchner

Am 15. April 1934, dem Sonntag des Guten Hirten, erlebt der Kölner Karmel ein Fest, wie es in seinen schlichten Mauern noch nie stattgefunden hat. Die kleine Kirche ist durch reiche Blumenspenden und -geschenke in einen blühenden Garten verwandelt worden, in ein Blumenmeer aus Duft und Farbe. Man war zwar auf viele Besucher gefaßt gewesen, aber die Menschenmenge, die jetzt herbeiströmt, übertrifft alle Erwartungen. Noch einmal wird sichtbar, welch große Verehrung man draußen in der Welt der Postulantin, die heute das Fest ihrer Einkleidung begeht, entgegenbrachte.
Eine Stunde vor Beginn der Feier verläßt Edith Stein, der all diese Aufmerksamkeiten gelten, die Klausur, um sich im Pfortenzimmer der Gratulationscour zu stellen. Sie trägt bereits das Brautgewand aus schwerer weißer Seide, ein Geschenk ihrer Schwester Rosa aus Breslau, das man Jahre später, zum Meßgewand umgearbeitet, als kostbare Erinnerung im Kölner Karmel aufbewahren wird. Mit der Schar der Gratulanten zieht noch einmal ihr ganzes bisheriges Leben an ihr vorbei, das sie in der bevorstehenden Feierstunde so ganz und gar in ein anderes, ein neues Leben verwandeln will.
Da reicht sie ihrer Freundin die Hand, Frau Dr. Hedwig Conrad-Martius, wie sie, Schülerin und Assistentin des berühmten Begründers der Phänomenologie Edmund Husserl. In ihrem Haus hat Edith Stein mehrfach Ferientage verbracht und erlebte dort an einem Abend die entscheidende Wende ihres Lebens: Als die Freundin ausgegangen ist und sie sich, allein geblieben, der reichhaltigen Bibliothek zuwendet auf der Suche nach einer Abendlektüre, fällt ihr wie zufällig das Buch »Leben der hl. Theresa von Avila«, von der Heiligen selbst verfaßt, in die Hände. Edith Stein liest und liest, sie beendet die fesselnde Lebensgeschichte erst im Morgengrauen mit der erschütternden Gewißheit, die Wahrheit, die ganze Wahrheit gefunden zu haben. Am darauffolgenden Morgen kauft sie sich einen katholi-

schen Katechismus und ein Meßbuch. Nicht lange danach bittet sie, Jüdin und bisher Atheistin, die nach dem Aufgeben des traditionell überkommenen Glaubens als Erwachsene von der Philosophie bis an das »Phänomen« des Glaubens herangeführt worden war, um die Taufe, um die Aufnahme in die katholische Kirche. Ihre Freundin Hedwig Conrad-Martius wird ihre Taufpatin und steht so mitverantwortlich am Anfang eines Weges, der schon damals, wenn auch noch verborgen, seine Richtung zum Karmel nahm.

Edith Stein begrüßt den Erzabt Raffael von Beuron, der das Pontifikalamt halten wird. Als geistlicher Berater nahm er seit mehreren Jahren eine besondere Stellung im Leben der von ihrem Glauben zutiefst Getroffenen ein, er hat ihre Klostersehnsucht immer wieder zur Besonnenheit aufgerufen, sie eindringlich auf ihre wichtigen Aufgaben in der Welt und an der Welt hingewiesen und sie energisch von einem verfrühten Klostereintritt abgehalten. So war Edith Stein nach ihrer Konversion zu ihrem gewohnten Leben als Wissenschaftlerin zurückgekehrt, hatte sich erneut auf Vortragsreisen begeben, hatte sich erneut der Philosophie gewidmet und war dabei auf den großen Aquinaten gestoßen. Ein Jahr, bevor sie unter das Nichtariergesetz des Hitlerstaates fällt und ihre Stelle als Dozentin am Deutschen Institut für wissenschaftliche Pädagogik in Münster in Westfalen aufgeben muß, erscheint ihre Übersetzung der »Questiones disputatae de veritate«, die »Untersuchungen über die Wahrheit« des Thomas von Aquin. Die Fachwelt äußerte sich begeistert über die Fähigkeit der Autorin, einerseits so ganz in der Gedankenwelt des großen Aquinaten zu Hause zu sein, andererseits sie aber zugänglich machen zu können in der Sprache der Gegenwartsphilosophie.

Kollegen verschiedener Universitäten des In- und Auslandes befinden sich unter den Gästen, um Edith Stein ein letztes Mal Anerkennung und Freundschaft zu zeigen, bevor die Gitter des Karmels sie endgültig von der Welt abtrennen. Sie begrüßt besonders herzlich den berühmten katholischen Philosophen Peter Wust, dem sie seit Jahren in guter Freundschaft verbunden ist. Edmund Husserl, ihr verehrter Lehrer, konnte nicht kommen. Aber er hat seiner begabtesten Schülerin ein Glückwunschtelegramm geschickt.

Freundinnen, Schülerinnen, Kolleginnen waren gekommen, Frauen, die Edith Stein irgendwann auf einer ihrer vielen Vortragsreisen kennengelernt hatte, die fasziniert waren von dem unerhört modernen Bild und Verständnis der Frau. Frauen, die ihre Vorlesungen besucht

hatten oder während der kurzen Zeit ihrer Lehrertätigkeit an der Klosterschule St. Magdalena in Speyer ihre Schülerinnen gewesen waren.
Es steht an diesem Tag außer Zweifel, daß die Bande zur Welt, zu den ihr anvertrauten Menschen, stark und unzerreißbar sind, daß der Weg in die Armut, Bedürfnislosigkeit und Stille des Karmels, in die Lebensgemeinschaft mit Schwestern, die vorher noch nichts von der Berühmtheit ihrer neuen Mitschwester gewußt hatten und sich auch jetzt noch nicht über ihre Bedeutung in der Welt im klaren sind, ein Weg ist, der in die Einsamkeit und in die Bedeutungslosigkeit führt. Aber es ist ein Weg, der sie nur scheinbar von denen trennt, die sie alle herzlich liebt und denen sie in all den Jahren ihres Klosterlebens treu und stark verbunden bleibt.
Aber der Mensch, an dem Edith Stein mit außergewöhnlich starker Zuneigung hängt, ist an diesem Tag nicht anwesend. Ihre Mutter in Breslau weiß nichts von der Feier der Einkleidung. Die mehr als achtzigjährige Frau hatte schon unendlich unter der Konversion ihrer jüngsten Tochter gelitten, als strenggläubige Jüdin konnte sie diesen Schritt weder gutheißen noch verstehen. Edith Stein hatte nicht zuletzt ihretwegen den Eintritt ins Kloster immer wieder hinausgeschoben, um die geliebte Mutter nicht noch mehr zu verletzen. Der Abschied von Breslau war bitter. Es war schlimm, Tränen ertragen zu müssen, die man selbst verursacht hatte und nicht vermeiden konnte. Als Edith Stein in den Kölner Karmel eintritt, ersucht sie ihre Vorgesetzten sofort darum, ihrer Mutter jede Woche schreiben zu

Edith Stein

wurde am 12.10.1891 in Breslau geboren und in strenger jüdischer Tradition erzogen. Nach den Studien in Breslau und Göttingen hat sie 1917 promoviert. 1921 konvertierte sie zum Katholizismus. Von 1922 bis 1931 war sie Deutschlehrerin am Lyzeum und Lehrerinnenseminar der Dominikanerinnen von St. Magdalena in Speyer. 1933 mußte sie ihre kurze Dozentur am Institut für wissenschaftliche Pädagogik in Münster aufgeben, da das Nichtariergesetz Hitlers jüdische Bürger aus öffentlichen Stellen ausschloß. 1937 Vollendung ihres philosophischen Lebenswerkes: »Ewiges und endliches Sein«, das erst nach dem Krieg veröffentlicht werden konnte. 1942 wurde Edith Stein mit tausend anderen Juden nach Auschwitz abtransportiert, wo sie am 9.8.1942 ermordet wurde.

dürfen. Es wird die einzige Ausnahme sein, die sie in der neuen Lebensgemeinschaft erbittet und die ihr auch unverzüglich gewährt wird. Ihre Mutter antwortet ihr jahrelang nicht ein einziges Mal. Erst nach Jahren antwortet sie auf die wöchentlich eintreffenden Briefe ihrer Tochter im Karmel mit kurzen Grüßen, die sie an den Rand der Briefe ihrer Tochter Rosa schreibt.
So zieht an Edith Stein mit den Menschen, die ihr gratulieren, auch ihre Vergangenheit vorbei und fügt sich nahtlos in die Gegenwart ein. Es gibt keinen Bruch, es gibt nur die Verwandlung.
Nach dem Pontifikalamt hält der Erzabt von Beuron eine Ansprache, in der er noch einmal alle Vorzüge und Verdienste der zweiundvierzigjährigen Postulantin festhält. Dann entspannt sich zwischen ihm und ihr der seit Jahrhunderten unveränderte Dialog:
»Was begehrst du?«
Und alle in der Kirche Versammelten hören deutlich und klar die Antwort:
»Die Barmherzigkeit Gottes, die Armut des Ordens und die Gesellschaft der Schwestern...«
Als Edith Stein sich feierlich mit brennender Kerze durch die Klosterpforte entfernt hat, drängen sich die Besucher vor dem Gitter, um dem zeremoniellen Anlegen der Ordenskleider beizuwohnen. Und dann sehen sie die neue Karmelitin in Kreuzesform am Boden liegen, mit ausgestreckten Armen ihr Lebensopfer, ihren mystischen Tod andeutend, während die Schwesterngemeinschaft den Hymnus »Veni creator spiritus« anstimmt. Peter Wust wird es einige Tage später in der Kölnischen Volkszeitung in seinem Artikel »Von Husserl zum Karmel« so beschreiben: »Verwundert und wie betäubt folgte man bei dieser Einkleidungsfeier den einzelnen Etappen des liturgischen Weges, bis zu jener ergreifenden Schlußszene, wo die junge Novizin unter dem Gesang des ›Veni creator spiritus‹ ihre Mitschwestern der Reihe nach umarmte, um dann von ihnen in die Mitte genommen, choreinwärts zu ziehen, choreinwärts, weltabwärts, als ›Schwester Benedicta‹, als die mit der Wahrheit, mit der ganzen Fülle der Wahrheit ›Gesegnete‹.«
Ihr Name ist nun »Teresia Benedicta a cruce«. Sie hat sich den Namen der großen Ordensgründerin selbst ausgesucht, die ihr in jener Nacht im Hause der Freundin den Weg wies und in deren Lebensweisen sie sich selbst so hinreißend wiedererkennt »Vom Kreuz«. Edith Stein hat geahnt, daß der Friede des Karmels nur ein

Helene Weigel

Simone Weil

Anna Seghers

Margaret Mitchell

Atemholen ist. Sie hat diesen Namen bewußt gewählt, sie will als Jüdin in den schrecklichen Zeiten des Hitlerregimes das Kreuz ihres gequälten und gefolterten Volkes mittragen. Und sie wird nicht verschont bleiben ...

1938 flieht sie bei Nacht und Nebel über die Grenze in ein holländisches Karmeliterkloster. Dort wird sie entdeckt und 1942 von SS-Leuten abgeholt und in das holländische Sammellager Westerbork gebracht. Am 7. August bei Sonnenaufgang begibt sich Edith Stein inmitten ihres Volkes, inmitten langer Reihen von jüdischen Kindern, Frauen und Männern zum Abtransport in das Vernichtungslager Auschwitz.

Golda Meir
»Den Preis zahlen«

von Klaus Klöckner

»Wenn man einst die Geschichte des Landes schreibt, wird man sagen müssen, daß es eine jüdische Frau war, die das Wunder bewirkte, daß der Staat Israel das Licht der Welt erblickte.« Das sind Worte Ben Gurions, dem der erste Platz in der Gruppe derer zukommt, die man Gründer des Staates Israel nennt. Als am 14. Mai 1948 die Unabhängigkeitserklärung unterzeichnet wurde, zählten zu den 37 Unterschriften unter dieser Gründungsurkunde die Namen zweier Frauen: Rachel Kagan von der Internationalen Zionistischen Frauenorganisation WIZO (Women International Zionistic Organisation) und Golda Myerson, die etwa zehn Jahre später ihrem Namen eine hebräische Form gab: Meir, das heißt: jemand, der Licht bringt. Namen können Zeichen sein und Wünsche.

Das »Wunder«, das sie nach Ben Gurions Worten vollbrachte, läßt sich in nüchternen Zahlen ausdrücken: In wenigen Wochen brachte sie in den USA bei amerikanischen Juden eine ungeheure Spendensumme zusammen, 50 Millionen Dollar. Der Zweck dieses Geldes freilich weist auf das, was Golda Meirs Leben und die Geschichte des Staates Israels überschattet: Man brauchte Waffen, um sich gegen die arabischen Nachbarstaaten zu verteidigen.

Es war eine verzweifelte, eine wahrhaft tragische Situation. Im November 1947 rief Golda Meir bei einer großen Kundgebung in Jerusalem die Araber an: »Wir reichen euch die Hand als Zeichen des Friedens und der Freundschaft. Nehmt sie hin! Wir bieten euch Versöhnung.« Kaum zwei Monate später sagte sie in Chikago vor amerikanischen Juden: »Während der vergangenen Jahre hat das jüdische Volk sechs Millionen Menschen verloren, und es wäre eine Dreistigkeit unsererseits, das jüdische Volk in der ganzen Welt in Sorge zu stürzen, nur weil ein paar hunderttausend Juden mehr sich in Gefahr befinden. Das ist nicht der springende Punkt.

Der springende Punkt ist vielmehr der: Wenn diese 700 000 Juden in

Palästina am Leben bleiben können, dann lebt das jüdische Volk als solches weiter, und die Unabhängigkeit der Juden ist gesichert. Wenn diese 700000 Juden abgeschlachtet werden, dann ist unser Traum von einem jüdischen Volk und von einer jüdischen Heimat für viele Jahrhunderte ausgeträumt.«

Das ist es, was diese Frau, was die Wegbereiter und Gründer des Staates Israel beseelte, was sie Unglaubliches vollbringen ließ: der Traum von einer jüdischen Heimat. Wer wollte dies in Gedanken und dürren Worten nachvollziehen, der nicht das gleiche Schicksal erfahren hat wie Ben Gurion und Golda Meir, wie die unzähligen Juden, die Not und Verfolgung erlitten haben, nur weil sie Juden waren, die Überlebenden von Auschwitz, die Nachkommen derer, die gefoltert und ermordet wurden.

Es kann hier die Geschichte der Juden auch nicht in knappster Form angedeutet werden: von der Zerstreuung, der »Diaspora«, bis zur Gründung des neuen Staates, der endlich errungenen, immer bedrohten »Heimstätte«. Aber Lebenslauf und Leistung solcher Menschen wie Ben Gurion und Golda Meir – deren Namen hier für viele andere stehen –, ihre Zähigkeit, Tapferkeit und Einseitigkeit, ihre Verdienste und das, was man ihnen vorwirft, sind nicht im geringsten zu verstehen, wenn man nicht bei jeder ihrer Taten die ungeheure Triebkraft mitbedenkt, die aus dem »Traum von einer jüdischen Heimat« erwuchs.

Golda Meir

kam am 3.3.1898 in Kiew als Tochter des russischen Schreiners Moshe Mabowitsch und seiner Frau Bluma zur Welt. 1906 Auswanderung in die USA. Golda wurde Lehrerin. 1915 trat sie in die zionistisch-sozialistische Arbeiterpartei ein. 1917 Heirat mit Morris Myerson, mit dem sie 1921 nach Palästina auswanderte. 1928 wurde sie Generalsekretärin des weiblichen Arbeiterrats und Leiterin der politischen Abteilungen der Histadruts und der Jewish Agency. Sie war Mitunterzeichnerin der Unabhängigkeitserklärung des Staates »Israel« am 14. Mai 1948. Sie wurde im israelischen Parlament Ministerin für Arbeit und soziale Sicherheit. 1956 Außenministerin. 1969 Ministerpräsidentin. Im Zusammenhang mit innenpolitischen Auseinandersetzungen nach dem fünften arabisch-israelischen Krieg trat sie 1974 zurück. Golda Meir starb am 8. Dezember 1978 in Jerusalem.

Dieser Traum hat viele Gründe, auch ganz persönliche. Wenn Golda Meir nach ihren ersten Erinnerungen gefragt wird, ist von glücklicher Kindheit nirgends die Rede, nur von bitterer Not – und dies gilt für unzählige Juden vieler Generationen. Die Not hat manche Namen, zum Beispiel Armut, Kälte und Hunger: »Es gab nie genug von irgend etwas«, sagt Frau Meir in ihrer Biografie, »keine Nahrung, keine warme Kleidung, keine Wärme zu Hause.« Zu solcher Not kam die Furcht vor Pogromen. Dieses russische Wort heißt Verfolgung und meint vor allem die Leiden der Juden, die man in der Zarenzeit »Christusmörder« schimpfte. Nicht mehr mit dem Wort Pogrom zu fassen ist das, was die Deutschen unter Hitler dem jüdischen Volk angetan haben: das war Völkermord. Diesem Verbrechen fielen – bis auf eine Person – auch die zahlreichen Verwandten Golda Meirs zum Opfer. »Wie schwer das Leben ist und daß es nirgends Gerechtigkeit gibt«, diese bittere Erfahrung war der ganz persönliche Antrieb für das, was Golda Meir aus ihrem Leben gemacht und für ihr Land vollbracht hat.
Geboren wurde Golda in Kiew in Rußland, Tochter des Schreiners Moshe Mabowitsch und seiner Frau Bluma. Von den acht Kindern aus dieser Ehe sind nur drei Mädchen aufgewachsen, die anderen sind nicht ein Jahr, zwei nicht einmal eine Woche alt geworden. Wie vielen Juden erschien auch der Familie Mabowitsch Amerika als das »Goldene Land«, in dem man der Not zu entrinnen hoffte. Der Vater fuhr voraus und fand bescheidenes Auskommen, so daß drei Jahre später die Familie nachkommen konnte. Das war im Jahre 1906, das Ziel hieß Milwaukee. Zwar begannen auch jetzt keine goldenen Zeiten, man schlug sich so durch. Aber für Golda waren es »gute Jahre«, sie konnte zur Schule gehen.
Als 10jährige organisierte sie eine Gruppe, die sich »American Young Sisters« nannte. Und damals erfuhr sie zum erstenmal, was man mit einer »Rede aus dem Kopf« alles zustande bringen kann. Es ging darum, einen »Fonds für Schulbücher« zu gründen, die an bedürftige Kinder verteilt werden sollten. Nicht ohne Grund berichtet die 75jährige diese Episode: Wie oft hat sie erfahren, was es heißt, um einer wichtigen Sache willen Menschen durch Reden zu überzeugen; und vielleicht auch, daß dabei glänzende Redekunst nicht so wichtig ist wie persönliche Ausstrahlung – und die hat man ihr nie abgesprochen: Immer war sie überzeugt von dem, was sie den anderen nahebringen wollte. Meir: eine, die ausstrahlt. Dabei hat sie sich

niemals überschätzt: »Diese Dollars«, schreibt sie über ihren Sammelerfolg des Jahres 1948, »wurden nicht mir gegeben, sondern Israel«. Sie hat die große Aufgabe ihrer Person übergeordnet, das erklärt ihre ungewöhnliche Leistung und ihre außerordentliche Tapferkeit.

Das junge Mädchen, das den Erfolg seiner ersten »Rede aus dem Kopf" erlebte, konnte noch nicht ahnen, welcher Weg vor ihm lag, den zu beschreiten es schon begonnen hatte. Aber es wußte, daß es einen eigenen Weg gehen mußte. Nicht den, der den Eltern vorschwebte, die nichts vom Besuch der High School hielten: »Ein Mädchen heiratet doch einmal.« Also zog Golda für zwei Jahre nach Denver zu Schejna, der neun Jahre älteren Schwester, die dort mit ihrem Mann lebte. Schejna und ihre Freunde gaben ihr Einblick in eine neue, eine für die Zukunft erträumte Welt. Sie waren »Arbeiter-Zionisten« (Paolei Zion). Zion ist der biblische Name für Jerusalem, Zionismus war die politische Bewegung, die das Ziel verfolgte, den Juden in Palästina eine neue Heimat am Ort der alten Heimat zu schaffen, einen »Judenstaat«. Theodor Herzls Buch vom Jahre 1896, das diesen Titel trägt und das den Zionismus begründete, beginnt mit den Worten: »Wenn ihr wollt, ist es kein Märchen.« Für Golda Meirs ganzes Leben ist die Verbindung von Zionismus und Sozialismus bestimmend geblieben

In diesem Kreis der Arbeiter-Zionisten lernte Golda auch ihren künftigen Mann kennen: Morris Myerson, einen sehr sanften, intelligenten, humorvollen Menschen, der sich mit Dingen beschäftigte, die ihr eigentlich fremd geblieben sind: Dichtung, Malerei, Musik. »Er ist nicht sehr hübsch, aber er hat eine schöne Seele.« Als 16jährige ging Golda zurück nach Milwaukee. Sie entzog sich dem starken Einfluß der Schwester, und zu Hause hatten sich die wirtschaftlichen Verhältnisse gebessert. Sie schloß die High School ab, besuchte die Normal School, eine Lehrerbildungsanstalt. Sehr lange hat sie nicht unterrichtet.

Was sie privat in dieser Zeit am meisten beschäftigte, war die Frage, ob Morris bereit sein werde, mit ihr nach Palästina zu gehen. Das Private jedoch hielt sie niemals von der Arbeit für die Sache ab, um die es ihr ging, und das war die Sache der Arbeiter-Zionisten: Reden halten, Versammlungen organisieren, Geld sammeln. »Es gab immer etwas, das wichtiger war als meine privaten Sorgen und das mich deshalb von ihnen ablenkte – daran sollte sich in den nächsten sechs

Jahrzenten nicht viel ändern.« Manchmal allerdings schien beides miteinander zu gehen, das war Glück. Im Jahre 1917 gab der britische Außenminster Balfour das Versprechen, die britische Regierung werde »die Schaffung einer nationalen Heimstätte in Palästina für das jüdische Volk« begünstigen und bemüht sein, »die Erreichung dieses Zieles zu erleichtern«: die berühmte »Balfour-Declaration«, der erste weltpolitische Schritt auf dem Wege zum Staate Israel. Morris war nun bereit, mit nach Palästina zu gehen: Der Heirat stand nichts mehr im Wege.

Dreieinhalb Jahre später legte die »Pocahontas« in New York ab; unter den dreiundzwanzig Juden, die sich an Bord befanden, Golda und Morris mit geringem Gepäck. Aber viele Decken hatten sie mitgenommen – und ein Grammophon und Schallplatten.

»An unserem ersten Freitagabend in Tel Aviv ging ich die Straße entlang. Ich fühlte, daß es im Leben für mich kein größeres Glück gab, als dort zu sein, wo ich war – in der ersten rein jüdischen Stadt der Welt.« Tel Aviv war zwölf Jahre alt. Aber nicht in der Stadt begann das neue Leben des zukünftigen Staates: Am Anfang waren die Gemeinschaftssiedlungen auf dem Lande, vor allem die Kibbuzim, in denen jeder leistete, was er vermochte, und erhielt, was er nötig hatte – sofern es schon vorhanden war. Dies war praktischer Sozialismus, gelebt von Menschen unterschiedlicher »Weltanschauungen«.

Und es war auch Befreiung aus den uralten Rollenzwängen der Geschlechter. »In jener Zeit haßten Kibbuz-Frauen Küchendienst . . ., weil sie ihn als erniedrigend empfanden. Sie kämpften nicht um gleiche ›Bürger‹-Rechte, die sie im Überfluß hatten, sondern um gleiche Lasten . . . Tatsache ist, daß die Kibbuz-Frauen zu den ersten und erfolgreichsten Streiterinnen der Welt um wahre Gleichheit gehörten.« Golda hatte nichts gegen Küchendienst: »Ich interessierte mich damals mehr für die Qualität unseres Essens als für die Emanzipation der Frau« – die war ihr persönlich nie ein Problem. Gleichstellung der Geschlechter war für sie eine Selbstverständlichkeit, nicht nur im Kibbuz, wo sich das von selbst ergab. Dies ließ sie aber nicht übersehen, daß Frauen es auch in der neuen jüdischen Gesellschaft häufig schwerer hatten als die Männer.

Und oft genug empfand sie es bitter, zwischen Familie und Beruf hin- und hergerissen zu werden: Hat sie den eigenen Kindern nicht Schaden zugefügt damals, als sie so oft von ihnen getrennt sein mußte? Aber wie viele Kinder des jüdischen Volkes hat sie vor dem

Tode bewahrt! Der Schmerz über die Enttäuschungen ihrer eigenen Kinder wurde dadurch nicht geringer. Ist es Trost, wenn die 75jährige Großmutter sagen kann: »Sie wuchsen zu gesunden, produktiven, begabten und guten Menschen heran, und sie sind ausgezeichnete Eltern ihrer eigenen Kinder und meine wundervollen Gefährten.« Die großen, einmaligen Leistungen ihrer politischen Laufbahn haben diese Fragen nie aus der Welt schaffen können: ob nicht die Ehe daran zerbrochen, ob sie ihren beiden Kindern eine gute Mutter gewesen ist. Die Kinder haßten die zahlreichen Reisen der Mutter, sie freuten sich, wenn sie einmal wegen Kopfschmerzen nicht zur Arbeit gehen konnte. »Aber man kann sich an alles gewöhnen, wenn man muß, selbst daran, sich ständig schuldig zu fühlen.«

Wenn man muß. Sie hatte ihr Leben in den Dienst des Zionismus gestellt, um mitzuhelfen, den Juden eine Heimat zu erringen, einen Staat aufzubauen. Den einzigen Weg zu einer jüdischen Gesellschaft, die diesen Staat verwirklichen könne, sah sie in einem praktischen Sozialismus. Sie wurde Mitglied der Mapai, der vereinigten Arbeiterpartei des Landes Israel; sie arbeitete in der »Jewish Agency«, die unter anderem das Geld für Landkäufe aufbrachte, und in der Gewerkschaft »Histadrut«, die in Wahrheit eine Form jüdischer Selbstregierung in Palästina war. In diesem Dienst übernahm sie Aufgaben und Posten, ohne sich je darum zu bewerben. Sie war immer da, wenn man sie brauchte: als Botschafterin in Moskau, dann als Ministerin für Arbeit und soziale Sicherheit. Das war ihre glücklichste Amtszeit, weil der Erfolg sichtbar, mit Händen zu greifen war, in einer Zeit, da sich die Bevölkerung des Landes im Laufe von zwei Jahren verdoppelte. Sie wurde Außenministerin, schließlich Ministerpräsidentin. Sie konnte Freundschaft schließen mit anderen Völkern, vor allem in Afrika, war um Waffenstillstand mit den Arabern bemüht und konnte doch den Krieg nicht verhindern: 2500 Israelis fielen im »Jom-Kippur-Krieg« im Oktober 1973. »Fünfzig Jahre im Dienst meines Volkes« – als die Grenze der Belastbarkeit überschritten war, setzte sie, im Alter von 76 Jahren, ihrer politischen Laufbahn ein Ende.

In Israel wird erzählt, Ben Gurion habe Golda Meir einmal den »einzigen Mann« in seinem Kabinett genannt. Wenn das stimmt, wäre das ein unbedachtes, ein törichtes Wort des »Weisen« vom Kibbuz Sde Boker. Welchen Preis sie als Frau gezahlt hat, darüber hat sie nichts sagen wollen, auch nicht da, wo sie vom Tode ihres Mannes berichtet. Dieser Teil ihres Lebens, dieser Verlust, gehört ihr allein. Ihr Anteil am Staate Israel, an der Geschichte des jüdischen Volkes, ihre Verdienste und ihre Fehler, ihre Güte und ihre Härte, ihre Zuwendung und ihr Eigensinn – das gehört ihren Kindern und Enkeln und all den anderen, für die sie gelebt hat. Darum konnte sie, als das Ende nicht mehr weit war, sagen: »Was mich betrifft, so ist mein Leben gesegnet gewesen.«

Elisabeth Langgässer
Die Radikale

von Max Rössler

Im Frühjahr 1949 hatten wir sie in Rheinzabern besucht. Sie lebte nun wieder in rheinpfälzischer Heimat, unterm Dach eines Dorfwirtshauses. Kleine Wohnräume, aber durch einige alte Möbelstücke behaglich, nicht ohne Vornehmheit. Wir hatten einige Flaschen Pfälzer Weins mitgebracht, und bald entwickelte sich ein munter funkelndes Gespräch.

Elisabeth Langgässer – Dame und Hausfrau, Dichterin und Philosophin – war als Gesprächspartnerin von unvergleichlicher Intensität. Obwohl immer wieder von der Sorge um den Haushalt und um die Kinder – drei kleine, sehr lebhafte Mädchen – weggerufen, beherrschte sie mit Charme und Esprit das unermüdliche Gespräch. Mit Lust – nach Jahren gewaltsam auferlegten Schweigens noch immer ein Nachholbedarf – führte sie das Florett einer blitzenden Eloquenz, bald ironisch einen langweiligen Erbauungsliteraten zerfetzend, bald mit glühendem Eifer die Augustinische Gnadenlehre zitierend, um dann wieder Grahams Roman »Die Macht und die Herrlichkeit« zu rühmen und pointiert heitere Erlebnisse von einem eben besuchten Schriftsteller-Kongreß zu berichten. Die großen schönen Augen immer sehr wach, die edle klare Stirne umrahmt von schwarzen Haaren – ein unvergeßliches Frauengesicht, zwar zart wie die ganze Erscheinung, doch von geistiger Energie geformt, von angestrengter Konzentration und der selbstbwußten Sicherheit einer gebändigten Leidenschaftlichkeit, eines gemeisterten Schicksals.

Begonnen hatte dieses Leben im rheinhessischen Alzey, wo sie am 23. Februar 1899 geboren wurde. Darmstadt, Mainz und Worms waren dann die Stätten ihrer Kindheit und Jugend, uralter Kulturboden also, auf dem Keltisches und Romanisches, Germanisches und Christliches sich gemischt hatten: »Selbst der Acker schien hier von Mythen genährt und üppiger zu sein. Hier habe ich meine Kindheitsjahre in einer Sagenwelt, einem Dasein, dessen Grundstoff der Traum war, verbracht. Mein Vaterhaus lag an der Römerstraße, die von Mainz bis Paris hinläuft. Die weiterwirkenden, prägenden Kräfte der Antike lagen an dieser Stelle wie Natternkrönchen offen zutage, die das Kind nur zu greifen brauchte. Ja, mehr noch: Es wurde von ihnen genährt wie von anderer Muttermilch.«

Sie wurde Lehrerin, ließ in Zeitschriften erste Verse erscheinen und gab mit 25 Jahren ihren ersten Gedichtband heraus: »Der Wendekreis des Lammes«. Schon das Leben der 27jährigen Lehrerin war von intensiver Leidenschaftlichkeit: »Ich bin sehr glücklich in meiner Arbeit und möchte mich manchmal einfach verbrennen lassen, ganz, ganz rasch verlodern, Raubbau treiben und alles tun, was unvernünftig ist.«

Ihr sprühendes Temperament teilte sich ihren Briefen mit: »Schule, Sport (Reiten), Schriftstellerei und das immer neue Erleben geliebter Leute ist fast ein wenig zuviel.« Und wieder, sechs Jahre später: »Wenn Du wüßtest, zwischen welchen zerreißenden Gewalten ich lebe, gepreßt und gesprengt, gedörrt und geeist; wie in einer Traubenkelter bin ich zur Zeit.«

1929 ging sie – wen wundert's – nach Berlin. Die Weltstadt mit ihrem brausenden, brodelnden Leben und die märkische Landschaft wurden ihr zur zweiten Heimat.

Hier überfiel sie dann der Terror jenes Wahnsinns, der 1933 die Macht an sich riß. Da ihr von einem Elternteil her jüdisches Blut in den Adern floß, bekam sie die ganze Verängstigung und Bedrohung durch die berüchtigten Rassengesetze zu spüren. Ihre Tochter wurde nach Theresienstadt, später ins Konzentrationslager Auschwitz verschleppt. Sie selber wurde vor dem Schlimmsten durch die Ehe bewahrt, die der Philosoph Dr. Wilhelm Hoffmann knapp vor dem Verbot solcher Ehen mit »Mischlingen« mit ihr schloß. Ihn kostete das seinen Beruf. Sie wurde mit Schreibverbot belegt. Jahre der Bedrängnis, der Einsamkeit, der Pein.

Gerade noch vor Torschluß – 1936 – war ihr »Gang durch das Ried« erschienen: »Ich erinnerte mich in diesem Roman an die Dörfer der hessischen Altrheinlandschaft, wo ich noch immer, mehr träumend als wachend, als junge Lehrerin die Elemente des Riedromans in meiner Schürze nach Hause trug, um sie still vor mich hinzubreiten.« Die Menschen dieses Buches sind noch ganz der Erde verhaftet, bedrängt von ihren Trieben, belagert von den Mächten der Finsternis, schwer tragend an ihrer Schuld.

Doch kündet sich schon in dieser ersten Meisterleistung der unverwechselbare Langgässer-Stil an: visionäre Bildkraft, dichte pralle Sprache und ein Realismus, der die sichtbare und unsichtbare Schöpfung umspannt, ohne Scheu vor Mysterien, aber auch ohne Scheu vor Unrat und Ratten.

Je ärger die Gefährdung wuchs, desto mehr reifte aber auch in ihr das Rettende: »Hier am Kulminationspunkt einer Schöpferlust, der sich das menschliche Glück einer mit Kindern gesegneten Ehe fast als ›Glücks zuviel‹ zugesellte, auf der Scheitelhöhe des irdischen Jahres, dem Johannistag meines Lebens gleichsam, wo der Anfang des Sommers den langsamen Abstieg in Schatten und Dunkelheit anzeigt, vollzog sich eine geistige Wandlung: Ich wurde mir meines von Geburt an mitgegebenen christlichen Erbes in voller Stärke bewußt, und während sich immer dichter der Himmel meines irdischen Daseins einzuwölken und zu verdüstern begann, wuchs der Keim zu dem großen Mysterienroman ›Das unauslöschliche Siegel‹... Von jeder Versuchung glücklich bewahrt, einen Kompromiß mit dem schlechthin Bösen, und sei er auch noch so entschuldbar, zu schließen, wuchs in tiefer Stille das neue Werk; taten sich die Erfahrungen auf, die ich nicht anders hätte gewinnen, nicht anders hätte gestalten können, als daß ich standhielt inmitten der Schrecken, unter Bomben, sterbend verzweifelnd und immer wieder getröstet, lebend im Untergang.«

Elisabeth Langgässer mußte im Zwangseinsatz in einer Rüstungsfabrik arbeiten. Am Abend aber schrieb sie bei abgedunkelten Fenstern an ihrem Roman, schrieb mit glühendem Herzen und dem unnachgiebigen Willen zu überleben: »Die letzten Kapitel schrieb ich nach der Eroberung Berlins unter ständigen Hungerqualen – und welche Angst stand ich aus um das gewaltig dicke Manuskript! Es existierte ja wegen der Verfolgung nur in der Originalschrift, die ich überall mit mir trug. Im Luftschutzkeller hatte ich mir's in den Bombennächten an den Rock gebunden. Ich trug's an meinem Leib, als das Haus über uns zusammenbrach, nach der Eroberung war es in meinem Koffer, den die Russen mit Bajonetten durchstachen; aber alle Stiche waren am Manuskript vorbeigegangen... Hätte ich nach der Fortführung meiner ältesten Tochter nicht meine drei kleinen Mädchen gehabt und meinen Mann, der in tiefster Not mein treuer Helfer war – ich wäre trotz des inneren Auftrags, den ich spürte, nicht über jene Zeit hinweggekommen.«

Tagsüber also in der Fabrik, dann in den kargen Stunden außerhalb

der Werkhallen und des Luftschutzkellers die Jagd nach Kartoffeln, Schuhsohlen, Schwarzbrot, Magermilch, die Sorge um die drei kleinen Kinder, die Angst um die verschleppte Tochter, von der keine Nachricht zu erhalten war, von Tag zu Tag, von Nacht zu Nacht weiterlebend in der neugewonnenen Glaubens-Hoffnung »Meine Hilfe ist im Namen des Herrn« – unter diesem entsetzlichen Druck klärte sich ihr Weltbild mehr und mehr.
Neben den »Laubmann« als der Gestalt der vegetativen, unerlösten, in drangvoller Sehnsucht nach Befreiung dürstenden Natur trat jetzt die »Rose«, die rosa mystica, wie sie die Lauretanische Litanei preist, also die Gnadenvolle Maria, die uns den Erlöser brachte. Denn eine Frage ist die Natur, der nur die Übernatur antwortet. Eine Wunde ist die Natur, die nur die Gnade heilt. Diese Gnade ist jedoch in der Sicht der Dichterin nicht »ein mit dem Litermaß zugemessenes Erfrischungsgetränk, sondern ein Wildstrom, durchaus imstande die Gatter der bürgerlichen Gesellschaft umzureißen«.

Zwischen Naturverfallenheit und Gnade steht der Sünder. Hier in der Darstellung der Sünde und des Sünders, in der Schilderung der verwirrenden Stunde, wo der Glaube wankt, das Fleisch aufbegehrt und die Engel ihr Haupt verhüllen, gewann die Darstellungskraft der Dichterin eine derart farbige, vitale Sinnenfälligkeit, daß sie einigen Leserinnen zum Ärgernis und Anstoß wurde. Heftig erwehrte sich dann die Dichterin der Mißdeutungen und Verdächtigungen, die ihr – wie sie meinte – von »idyllischen Nähkörbchengemütern« angetan wurden: »Sie sagen Sünder, wie man Korbblütler oder Säugetiere sagt – aber wehe, wenn dieser Sünder ihnen als Lustmörder, Wucherer, Ehebrecher unter die Augen zu kommen wagt, zerlumpt und von Lastern wie von Kleiderläusen zerbissen, denn es ist nun einmal so, daß sich noch immer die Vorstellung der christlichen ›guten Gesellschaft‹ zur Lehre des Evangeliums verhält wie die Badewanne zur Taufe.«
Dieser mit Vehemenz geführte Kampf gegen Torheit und Bosheit, diese Auseinandersetzung mit Philistern und Pharisäern, sollte fortan erheblich an ihrer rasch sich verbrauchenden Lebenskraft zehren. Die sie näher kannten, bezeugen, daß unter ihrem kämpferischen Temperament, unter der Schärfe und Härte, die ihre Stimme bei Auseinandersetzungen annehmen konnte, ein scheuer, zarter, sensibler, liebebedürftiger Mensch sich verbarg. So männlich zuweilen ihr Intellekt

anmutete, ihr Herz war fraulich, mütterlich. Sie war keine Amazone, keine Mänade.

Bei Kriegsende schien zunächst der ganze Umkreis ihres Daseins vernichtet zu sein: das Haus zerschlagen, die älteste, einst von der Gestapo entführte Tochter noch immer weit weg. Es kam die Eroberung Berlins durch die Russen, kam der Umsturz, kam das Schweigen, die große Leere. Zögernd nur stieg Berlins Restbevölkerung aus den Ruinenkellern, und nur langsam knüpfte sich Hoffnung an Hoffnung. Erst der zweite Frühling brachte endlich die Nachricht, daß die Tochter noch lebe; endlich gab es ein Wiedersehn. Was sie nun schreiben konnte, das nannte sie »das liebste meiner Gedichte«:

Frühling 1946
Holde Anemone,
Bist du wieder da.
Und erscheinst mit heller Krone
Mir Geschundenem zum Lohne
Wie Nausikaa?

Windbewegtes Bücken,
Woge, Schaum und Licht!
Ach, welch sphärisches Entzücken
Nahm dem staubbedeckten Rücken
Endlich sein Gewicht?

Anemone! Küssen
Laß mich dein Gesicht:
Ungespiegelt von den Flüssen
Styx und Lethe, ohne Wissen
Um das Nein und Nicht.

Ohne zu verführen,
Lebst und bist du da:
Still mein Herz zu rühren
Ohne es zu schüren –
Kind Nausikaa.«

Nach den Jahren der »tauben Stille«, nach Isolierung und Verlassenheit konnte sie nun schreiben, reden, reisen. »Das unauslöschliche Siegel«

erschien und erregte Aufsehen. Namhafte Kritiker versicherten, hier wäre ein Werk von abendländischer Bedeutung entstanden, in diesem Buche habe die deutsche Literatur wieder Weltrang erobert.
In diesem Buch verwirklichte Elisabeth Langgässer, was sie als heutige Möglichkeit christlicher Dichtung erkannte. Innerhalb eines völlig ungeschichtlichen Weltbildes, angesichts eines durch Quanten- und Relativitätstheorie von Grund auf veränderten Verhältnisses zum Raum- und Zeitphänomen kann der christliche Roman – so schreibt die Dichterin – »nur *eine* Realität kennen, nämlich jene, deren Elemente heißen: Sünde, Gnade, Erlösung«. So hat denn auch dieser Roman die Taufe als Thema: »jenes Sakrament, das weder Feuer noch Wasser tilgen kann und das geheimnisvoll den dämonischen Herausforderungen entgegenwirkt«.
Das Werk und die Umstände seiner Entstehung hatten die Dichterin erschöpft. Zumal die neugewonnene Freiheit trotz aller Ermüdung leidenschaftlich genutzt wurde. Die Redaktionen, die Rundfunkstationen, die Verbände luden sie zur Mitarbeit ein. Mit Eifer und Wonne stürzte sie sich – nachdem sie so lange jede Wirkmöglichkeit entbehrt hatte – in eine Aktivität, die ihre Kräfte vollends verbrauchte.
Obgleich sie mit ihrer Familie vom zerstörten Berlin ins südpfälzische Winzerdorf übergesiedelt war, ließ die hektische Tätigkeit in ihr trotz des Erfolges eine zermürbende Enttäuschung wachsen: »Ich sehe rings um mich nur Korruption, Verlogenheit, Betriebsmacherei und die

Elisabeth Langgässer

wurde als Tochter eines Architekten am 23. Februar 1899 in Alzey, Rheinhessen, geboren. Nach pädagogischem Studium war sie zunächst Lehrerin in hessischen Schulen, dann Dozentin an der Sozialen Frauenschule in Berlin. 1933 Ehe mit dem Philosophen Wilhelm Hoffmann. Als Halbjüdin wurde sie während des Krieges zur Arbeit in einer Munitionsfabrik gezwungen. Nach dem Krieg trotz Krankheiten hektisches Wirken. Ihre wichtigsten Werke: Lyrisches: Die Tierkreisgedichte; Der Laubmann und Rose; Ein Jahreskreis; Der Wendekreis des Lammes.
Episches: Der Gang durch das Ried; Das unauslöschliche Siegel; Märkische Argonautenfahrt; Der Torso.
Briefe: »… soviel berauschende Vergänglichkeit.«
Hans Carossa schrieb: »Sie imponiert mir gewaltig. Sie ist von allen deutschen Dichterinnen die radikalste.« Am 25. Juli 1950 Tod in Rheinzabern.

scheußliche Geschäftigkeit und das Gewimmel von grauschwarzen Ameisen, deren Bau zertreten wurde.« Sie selber bezeichnete sich als eine »Kerze, die an zwei Enden zugleich« brannte.
Was die Jahre der Verfolgung nicht fertiggebracht hatten, die Jahre der ungehemmten Wirksamkeit erreichten es: Elisabeth Langgässer brach zusammen. Erst 51 Jahre alt, starb sie am 25. Juli 1950 an einer Nervenlähmung. Daß ihr Darmstadt den Georg-Büchner-Preis zuerkannt hatte, erfuhr sie nicht mehr ...
Und wieder besuchten wir sie; diesmal nicht in Rheinzabern, sondern auf dem Alten Friedhof in Darmstadt. Es war ein heißer sonnenheller Tag. Drinnen in der dunkelkühlen Totenkapelle stand, von Kandelabern umgeben, der Sarg. Vor ihm der Gatte und die drei Mädchen, der Priester, der sie einst zum Glauben zurückgeführt hatte, und ein paar Freunde. Dann gingen wir durch die Mittagshitze zum Grab. Dort sprachen einige – doch weder Kultusminister noch Oberbürgermeister waren zugegen. Aber ein Vogel sang im Geäst.

Helene Weigel
»Mutter Courage«

von Heinrich Satter

Diese Frau trug an dem Schicksal so vieler großer Menschen: es am Ende ihres Lebens keinem mehr ganz recht zu machen. Ihr Ruhm als eine der bedeutendsten Schauspielerinnen deutscher Zunge war längst festgegründet – aber sie war ja auch Regisseurin, Theaterleiterin, Intendantin. In solchen Funktionen haben es Frauen immer schwer gehabt. Dabei half es Helene Weigel wenig, daß sie mit dem Dichter Bertolt Brecht, dem das berühmte »Berliner Ensemble« sein Dasein verdankte, fast dreißig Jahre lang verheiratet und seine engste Mitarbeiterin gewesen war. Jetzt war sie die Prinzipalin, die ein Erbe zu hüten hatte. Die Wegbereiterin des modernen Theaters war zu einer Autorität geworden, die immer weniger Widerspruch duldete. Darum gab es junge Schauspieler, die ihr Haus verließen; sie wollten es, wenn auch nicht besser, so doch anders machen. Den Theaterleuten in der Bundesrepublik und in aller Welt war Helene Weigel ein Ärgernis, weil sie ihnen nur unter strengen Auflagen gestattete, Brechts Stücke zu spielen. Und auch die Kulturfunktionäre der Deutschen Demokratischen Republik waren ihr nicht immer wohlgesinnt – weil sic eben mehr vom Theater verstand und das auch alle fühlen ließ.
Sie war unbequem, und das war sie eigentlich schon immer gewesen; auch in ihrer Jugend, als sie eigensinnig darauf beharrte, zur Bühne zu gehen, obwohl sie keineswegs so aussah, wie man sich eine Schauspielerin vorstellt. Sie war eine eher kleingewachsene Frau mit sehr wachen, aufmerksamen Augen und einem großen, ausdrucksvollen Mund. Die Stimme war tief und kehlig, oft spöttisch und ein wenig hart, in der Klage beredter als im Glück. Das große, flächige Gesicht hatte schon früh holzschnittartige Strenge, später wurde es knochig, mit lederner Haut. Um so schöner wuchs die hohe, männerähnliche Stirn in das straff gescheitelte Haar, das sie im Privatleben mit einem Nackenknoten zusammenhielt. Dazu gehörte das einfache dunkle Umschlagtuch.

Helene Weigel verstand es, sich durchzusetzen. Nach dem Schauspielunterricht in Wien durfte sie schon mit achtzehn Jahren in Frankfurt am Main auf einer großen Bühne agieren. Bald darauf war sie in Berlin, in den zwanziger Jahren die Metropole der internationalen Theaterwelt. Und sie kam auch gleich zu den beiden führenden Regisseuren: zu Leopold Jessner am Staatstheater und zu Max Reinhardt am Deutschen Theater.

Sie war also schon eine Persönlichkeit, als sie 1923 in Berlin dem Mann begegnete, für den sie bestimmt war: Bertolt Brecht. Stückeschreiber nannte er sich; aber er war schon damals dabei, sich aus der großen Zahl interessanter Autoren als Dramatiker herauszuheben. Er ließ an den Stücken, die Helene zu spielen hatte, kein gutes Haar, obwohl immerhin die Klara in Hebbels Maria Magdalena darunter war, und er fand selbst an der Sophokleischen Antigone zuviel Pathos. Doch hat er, wie sie, in dieser klassischen Tragödie den großen Atem der Menschlichkeit gespürt und ihrer Leistung später die schönen Zeilen gewidmet:

»Und ließest den Mächtigen nichts durch, und glichst dich mit den Verwirrern nicht aus, noch vergaßest du Schimpf, und über die Untat wuchs ihnen kein Gras.«

Diese Worte könnten über Helene Weigels ganzem künftigem Leben stehen. Das Merkwürdige ist, daß Brecht in jenen frühen Jahren schon vorausgeahnt hat, daß dieses Mädchen eben jene Rollen würde spielen können, die er noch gar nicht geschrieben hatte und die später zu den Höhepunkten seines dramatischen Werkes geworden sind. Sie sind aneinander gewachsen, sie mußten sich zusammenraufen, beruflich und privat.

Das war ein Prozeß, der noch lange nicht abgeschlossen war, als sie im Jahre 1928 heirateten. Noch immer war »Heli« die moderne Nervenschauspielerin, die erst für das gewonnen werden mußte, was sich in dieser Zeit unter Brechts Händen entwickelte: das epische Theater. Es will nicht einen passiven Zuschauer in seinen Bann ziehen, es verlangt den aktiven Betrachter und Zuhörer, einen, der mitdenkt und der sich auch entscheiden kann. Damit wird der Bühnenvorgang zum epischen Gegenstand, und er wird nicht unvermittelt gezeigt, sondern im Zusammenhang mit den ihn umgebenden gesellschaftlichen Verhältnissen.

Erst 1932 war die Krise überwunden, und den Beginn der ständigen, fruchtbaren Zusammenarbeit, die über ein Vierteljahrhundert dauern

sollte, markiert die Uraufführung des Stückes »Die Mutter«. Brecht hatte es nach einem Roman des russischen Dichters Maxim Gorkij (1868–1936) geschrieben. Im Mittelpunkt stand eine der großen Mutterfiguren, für die Helene Weigel geboren war, und für die es in ihrer Generation auf der deutschsprachigen Bühne auch keine Konkurrenz gegeben hat, die einzige Therese Giehse ausgenommen.
Die Kritiken lasen sich wie Hymnen. Da war die Schauspielerin, deren ganze Arbeit hinfort um das große Thema Leiden kreisen würde. Sie war und blieb die Anwältin der Armen, der Bedrückten und Gedemütigten. Und sie blieb bis zu ihrem Tode davon überzeugt, daß allein der Kommunismus die Rettung der Erniedrigten und Beleidigten erreichen könne. Darin wußte sie sich mit Bertolt Brecht ebenso einig wie in allen künstlerischen Fragen. Und beide hatten sehr bald die Konsequenzen aus ihrer allgemein bekannten Haltung zu ziehen.
Im Jahre 1934, wenige Tage nach dem Reichstagsbrand, verließen sie Deutschland – wie so viele andere in der sicheren Erwartung, »es« könne ja nicht allzu lange dauern. Der Nationalsozialismus erwies sich aber als weit zäher, als seine Gegner vorausgesehen hatten, und auch nach der Vernichtung des »Dritten Reiches« war die Welt noch keineswegs in Ordnung.

Helene Weigels und Bert Brechts Emigration dauerte vierzehn Jahre, und sie führte über Prag, Wien, Paris, die Schweiz und Skandinavien in die USA. Die Schauspielerin stand in dieser Zeit relativ selten auf der Bühne. Immerhin hat ihre mangelnde Kenntnis der fremden Sprachen der Weltliteratur eine bedeutende Bühnengestalt geschenkt. Brecht schrieb seiner Frau für die geplante Stockholmer Aufführung eines seiner populärsten Stücke, der »Mutter Courage«, eine eigene Rolle: die von Soldaten gemarterte und stumm gewordene Tochter Katrin der Marketenderin. Sie verzehrt sich vor Liebe zu den Menschen, sie möchte allen helfen, und die Stumme kann doch nichts anderes tun als lallen und schluchzen.
Hier war Brecht – der ja auch bedeutende Lyrik geschrieben hat – ein Dokument der Menschlichkeit gelungen, das alle selbstgeschaffenen Grenzen des epischen Theaters sprengte. Wenn das Werk des Dichters auch in der Emigrationszeit stetig wuchs, so hatte Helene Weigel daran das entscheidende Verdienst. Sie war die Beschützende, die große Gefährtin, die ihm, wie ein Freund aus diesen Tagen gesagt hat, den Teppich unter die Füße breitete. Sie schuf ihm, unter den schwie-

rigsten Bedingungen die Arbeitsmöglichkeiten, die für seine erstaunliche Produktivität unerläßlich waren.
Seine Karriere litt jedenfalls kaum in dieser Zeit, wohl aber die ihrige. Sie hatte nicht das Glück ihrer italienischen Kollegin Eleonora Duse, auf zahlreichen Auslandsgastspielen in ihrer Muttersprache agieren zu dürfen. Der Duse war es einmal geschehen, daß der französische Staatspräsident der großen Schauspielerin nach einer Vorstellung gratulierte. Sie wisse das Lob doppelt zu schätzen, meinte sie, da sie doch eine ihm fremde Sprache benutzt habe. Der Präsident war erstaunt. »Ich habe gar nicht bemerkt, daß Sie nicht Französisch sprachen«, sagte er.
Eine solche Chance bot sich der deutsch sprechenden Helene Weigel nicht. Das große amerikanische Filmgeschäft hatte für sie nur eine einzige kleine Rolle in dem Film, der nach dem Roman »Das siebte Kreuz« von Anna Seghers gedreht wurde. Die Weigel spielte da die Portiersfrau, die dem aus dem Konzentrationslager Entflohenen begegnet. »Wenn nur Helene Weigel ihn sah«, sagte man im Atelier, »so kann man beruhigt sein. Sie wird ihn nicht verraten.«
Brecht hat das, was sie für ihn und sein Werk getan hat, oft gerühmt. Verschlüsselt meist – er war privat ein scheuer Mensch –, aber manchmal auch so deutlich, wie in den folgenden Zeilen: »Der Verläßlichen, der die Polizei den Mund zuhielt. Der Unerschrockenen, die den Unterstand baute mit dem Strohdach, das Gesicht nach Süden gewandt. Der Freundlichen und Verständigen, welche die Kinder zu freundlichen machte und zu verständigen. Der Warmherzigen.«
Helene Weigel war bereits eine künstlerische und eine moralische Instanz, als 1948 die Stunde der Rückkehr schlug in das östliche Deutschland, in die DDR. Brecht gründete in Berlin das »Berliner Ensemble« und machte seine Frau zur Direktorin. Und das Erstaunliche geschah: Die Weigel erwies sich nicht nur im privaten, sondern nun auch im großen Rahmen als perfekte Organisatorin, selbst nach dem unerwartet frühen Tod des Dichters (1956), als sie die alleinige Leitung der berühmten Bühne zu übernehmen hatte. Noch immer glaubte sie an die Unausweichlichkeit der »proletarischen Revolution«. Und sie glaubte auch daran, daß Ulbrichts Staat eben diese Revolution repräsentiere. Ob sie das von sich aus vermochte oder ob sie sich dazu zwang, das wissen wir nicht, denn unter ihren guten Eigenschaften befand sich eine, die unter Schauspielern selten ist: Diskretion.
Helene Weigel hat all die großen Brecht-Rollen weitergespielt, vor

allem jene Landstörtzerin Anna Fierling, die »Mutter Courage« aus dem Dreißigjährigen Krieg, die Gestalt, die am Ende mit der Darstellerin zusammengewachsen war und zusammen mit ihr dramatische Weltliteratur geworden ist. Die Intendantin Weigel, die auch Schauspielerin und Regisseurin war, bemühte sich bis zu ihrem Tod im Jahre 1971 auch Kollegin zu sein. Helferin war sie gewiß, eifrig – wie es in der Bibel von Jehova heißt – im Verteilen von Lob und Tadel und stets sicher in ihrem Urteil, weil sie sich ja im Besitz der Wahrheit wußte. Viele dankten es ihr auch in fernen Ländern, denn die Weigel hat mit ihrem Berliner Ensemble weite Gastspielreisen unternommen; manche aber fanden keinen Kontakt zu dieser Frau, die hart sein konnte, wenn es sein mußte.

Wahrscheinlich hat Bertolt Brecht diese ungewöhnliche Gestalt richtig gesehen, wenn er schrieb: »Viele Künstler erreichen bei ihren Zuschauern, daß ihnen vor solcher Kunst Hören und Sehen vergeht, was die Welt betrifft: Die Weigel erreichte, daß sie mehr als nur sie sahen und mehr als nur sie hörten. Denn sie zeigte nicht nur eine Kunst, sondern viele Künste. Sie zeigte zum Beispiel, wie Güte und Weisheit Künste sind, die gelernt werden können und gelernt werden müssen.«

Helene Weigel

wurde am 12. Mai 1900 als Tochter eines Prokuristen in Wien geboren. Dort erhielt sie auch ihre schauspielerische Ausbildung. Schon als Zwanzigjährige kam sie an Max Reinhardts Deutsches Theater in Berlin. 1923 Begegnung mit dem Dichter Bertolt Brecht, den sie 1928 heiratete. Sie spielte seine bedeutendsten Frauenrollen, vor allem die »Mutter Courage«. In der Emigrationszeit (1934–48) stand sie wenig auf der Bühne und lebte als Gefährtin, als unentbehrliche Mitarbeiterin und Anregerin ihres Mannes in vielen Ländern.

Nach der Rückkehr gründeten Brecht und Helene Weigel das »Berliner Ensemble«, die führende Schauspielbühne der DDR, deren Leitung die nun in aller Welt anerkannte Schauspielerin und Regisseurin übernahm. Sie überlebte Brecht, der 1956 starb, um fünfzehn Jahre, in denen sie die Hüterin seines Erbes war. Als solche machte sie es nicht allen recht. Aber nach ihrem Tod am 6. Mai 1971 in Berlin bestritt niemand ihren Rang als eine der maßgebenden Gestalten des deutschsprachigen Theaters.

Margaret Mitchell
Vom Winde verweht

von Karl Rolf Seufert

Die Geschichte der amerikanischen Erzählkunst, auch wenn sie sich auf die erste Hälfte des 20. Jahrhunderts beschränkt, hält für Margaret Mitchell nur ein paar Zeilen bereit, obwohl ihr Roman »Gone With the Wind«, deutsch »Vom Winde verweht«, seit fünfzig Jahren zu den Welt-Bestsellern gehört.

Ist der Verkaufserfolg eines Buches ein Maßstab für seine Qualität? Niemand wird das ernstlich behaupten wollen. Der Begriff »Bestseller« kommt aus dem Amerikanischen, wo er seit 1905 nachweisbar ist und bezeichnet ein Buch, das eine Höchstzahl von verkauften Exemplaren erreicht hat. Zu Weltbestsellern wurden Bücher aller Gattungen, historische Romane ebenso wie Abenteuererzählungen, Kriminalromane und Klassiker.

Eines ist sicher: So wenig man aus der Analyse erfolgreicher Bücher ein Rezept für Bestseller destillieren kann, so viel läßt sich aus ihnen über die geistige Situation der Zeit ablesen. Hier sind sie bedeutsame Dokumente. Je mehr Mut der Blick in die Zukunft verlangt, um so unwiderstehlicher zieht die Vergangenheit manche Leser an. Wahrscheinlich hat der englische Romancier Somerset Maugham recht, der behauptet, daß gute Unterhaltung um so notwendiger ist, je bedrohlicher es um uns her zugehe.

Historische Romane oder »period novels«, wie man sie in Amerika nennt, stehen bei vielen Literaturkritikern nicht hoch im Kurs. Zu Unrecht, denn das Vorurteil gegen den historischen Roman ist ein Vorurteil gegen die schöpferische Phantasie. Warum sollte es einen künstlerischen Unterschied machen, ob ein Autor vom Vergangenen oder Gegenwärtigen schreibt, von eigenem Erlebnis oder historischem Bericht. Oft ist es gerade die Intuition des Dichters, die aus dürftigen Fragmenten ein Ganzes schafft: ein Ganzes der Kunst und der Wahrheit.

Einige der berühmtesten Romane der Weltliteratur sind historische

Romane: »Krieg und Frieden« von Tolstoi, »Die Verlobten« von Manzoni. Nahezu die Hälfte der berühmten deutschen Romane sind historische Romane. Gibt es überhaupt andere? Liegt nicht das Element des Historischen im Wesen des Romans?

Daß man in der Literatur auch durch Fleiß und äußere Umstände ein bestechendes Ergebnis erzielen kann, beweist der Roman der Margaret Mitchell. Ihr Buch erzielte in der englischsprechenden Welt und weit darüber hinaus in Europa und Japan eine geradezu beispiellose Breitenwirkung und wurde zur Lieblingslektüre all derjenigen, die etwas Besseres als Magazine lesen wollten, ohne sich dabei erschüttern zu lassen. Mit großem Erfolg übernahm sie die Aufgabe, einem bequemen, aber anspruchsvollen Publikum ein Frauenschicksal vorzustellen und es auch mit den Schattenseiten des Daseins bekannt zu machen, ohne die Leute ernstlich aus der Fassung zu bringen. Das alles vor der noblen Kulisse der sterbenden großbürgerlichen Welt des Südens, zu dessen Glorifizierung sie weidlich beitrug.

Margaret Mitchell, geboren am 8. November 1900 in Atlanta im Staat Georgia, war sechs Jahre Journalistin und gerade ein Jahr verheiratet, als sie ein schwerer Autounfall aus dem Beruf warf. Man mußte sie operieren und noch einmal und ein drittes Mal. Sie füllte die leere Zeit, in der sie ans Bett gefesselt war, zunächst mit Lesen. Sie las planlos alles, was ihr Mann, John R. Marsh, aus der Stadtbücherei nach Hause brachte – Romane, Erzählungen, Bücher aller Wissensgebiete, vor allem jedoch historische Werke.

Das Interesse an der Historie der Südstaaten lag der Familie sozusagen im Blut. Der Vater, Eugene Mitchell, war Rechtsanwalt und zugleich anerkannter Experte für amerikanische Geschichte, zudem Präsident der »Atlanta Historical Society«. Doch auch Mutter und Bruder waren in ungewöhnlichem Maße an Geschichte interessiert. Der Abfall der Südstaaten, die Kämpfe um Freihandel und Schutzzoll, die Wahl Lincolns zum Unionspräsidenten, die Kriegserklärung vom 14. April 1861 waren Ereignisse, die man seit Jahren am Familientisch mit Leidenschaft diskutierte. Nun bot sich der jungen Frau die Möglichkeit, sie anhand der Quellen zu studieren.

War es ihr Mann, der schließlich den Vorschlag machte, doch ein Buch darüber zu schreiben, wie sie später behauptete? Vielleicht sogar einen Roman. Wahrscheinlich sprach er aber nur aus, was sie insgeheim schon längst bewegte. Besaß sie nicht sechs Jahre Schreiberfahrung! Hatte man nicht immer schon ihren Stil gerühmt!

Margaret Mitchell hat den unter Journalisten wahrlich nicht seltenen Wunsch verwirklicht und einen Roman geschrieben, der finanziellen Erfolg mit literarischem Ansehen vereinigte. Das verführte manche zu der Annahme, das Schreiben müsse doch ein angenehmer Zeitvertreib sein, ein leicht erlernbarer Beruf, gerade geeignet, um leere Stunden auszufüllen, und noch dazu eine Beschäftigung, um auf bequeme Weise viel Geld zu verdienen. Tatsächlich gestand sie, das alles sei ihr im Anfang – wie den Göttern – nur ein Spiel gewesen, denn über Jahre hin habe sie nicht an einen Erfolg geglaubt. Wer ahnte schon etwas von den unglaublichen Arbeitsquantitäten, die bewältigt werden mußten, den Nächten am Schreibtisch, der verlorenen, harten Zeit ... »Eselsfleiß« nannte Schiller einmal jene Stunden, und er war ein Genie.
Was sie zunächst einmal brauchte, war eine Hauptfigur, um die sie ihre Story bauen konnte. Sie wählte ein Mädchen und nannte es Scarlett O'Hara – gerade sechzehn Jahre alt, rothaarig, mit grünen Augen, leidenschaftlich, eigensinnig und mit einer gehörigen Portion Skrupellosigkeit. Nicht im landläufigen Sinne schön, aber reizvoll, aus guter Familie und irischer Abstammung.
So viele Emigranten aus Europa waren nach 1848 nach Amerika gekommen, hatten sich in Georgia niedergelassen und Baumwolle angebaut. Einigen war dann der Schritt in den Reichtum gelungen. Aus dem kleinen Besitz war durch Glück, Tüchtigkeit und die Arbeit der schwarzen Sklaven eine Plantage mit schloßähnlichem Herrensitz geworden.
Doch Margaret Mitchell wollte kein sozialkritisches Bild jener Epoche zeichnen. Ihr ging es nicht um den Alltag der »poor whites«, der armen Weißen, noch um die entsetzliche Lage der schwarzen Sklaven, die in bedrückender Enge, in Hitze und äußerster Unfreiheit für die weiße Pflanzeraristokratie schufteten. Zwar wird auch in ihrem Buch gelitten, geweint, betrogen und gestorben, doch das alles vollzieht sich in der jetzt ganz versunkenen Welt der Formen und Traditionen, die sie nie in Frage stellt.
Was kann ein Mädchen in diesen Kreisen schon beschäftigen? Ein neues Ballkleid und natürlich die Liebe und eine standesgemäße Heirat. Und da diese Scarlett O'Hara nicht zu den Sanftmütigen zählt, macht es ihr Freude, anderen ihres Alters die Bewerber auszuspannen. Ein wunderbares Spiel, dem sie sich mit Leidenschaft widmet! Doch dann liebt sie selbst und muß erkennen, daß Ashley, der Mann, den sie wirklich be-

gehrt, eine andere heiraten will. Verzweifelt kämpft sie um ihn, gesteht ihm sogar ihre Liebe – und hat dabei einen Zeugen. Doch dieser Rhett Butler ist kein Gentleman wie Ashley, sondern eine Kraftnatur, ein Spieler, Spekulant und Geschäftemacher, in der Wahl seiner Mittel ihr ähnlich. Er liebt Scarlett und sagt es ihr. Wird sie schließlich Ashley doch noch für sich gewinnen können, oder heiratet sie am Ende Rhett Butler? Und wird eine solche Ehe glücklich werden können?

Das sind die Fragen, die Margaret Mitchell ihrem Roman zugrunde legte und die Millionen Leser über Hunderte von Seiten in Atem halten – das Ergebnis langer, komplizierter Überlegungen, wie sie später gestand. Selbstverständlich entfaltete sich das Romangeschehen nicht so gradlinig, wie sie es dann ihrem Publikum vorlegte. Es gab Alternativen, sie traf eine Wahl und erkannte, daß sie in eine Sackgasse führte. Es gibt keinen Roman von einigem Gewicht, der nicht eine Entwicklung durchzumachen hatte. Manchmal begann sie mit einer Figur, einem Handlungsstrang oder auch einem Höhepunkt. Dann tastete sie sich weiter, denn Geschehen und Charaktere mußten einander entsprechen.

Selbst die Charaktere machten beim Schreiben noch eine Entwicklung durch. Sie wurden reicher, vielfältiger, je tiefer sie in die Gedanken, Gefühle, Wünsche und Hoffnungen ihrer Figuren eindrang, oder aber, bei Nebenfiguren, je klarer sie sie vor sich sah, ihr Auftreten, die Sprechweise und Kleidung. Der Grundeinfall für ein Kapitel oder auch für eine Szene wurden ihr nach eigenem Bekunden zuweilen geschenkt. Doch das war sicher nicht mehr als die erste Zeile eines Gedichtes. Gute Stories müssen wachsen, reifen, sie müssen durchlebt, ja erlitten werden.

Allein sieben Monate brauchte sie, um die historischen Details zusammenzutragen. Sie nahm es damit genau, nicht anders als ihre großen Kollegen des historischen Romans Tolstoi und Flaubert. Ihre Korrespondenz mit amerikanischen Universitäten erinnert an die wissenschaftliche Arbeitsweise Emile Zolas, der bei den Vorbereitungen zu »La Terre« im offenen Kutschwagen die Weizengegenden Frankreichs bereiste und durch seinen Kneifer »nach Zuständen« suchte, in der Hand das Notizbuch.

Nach drei Jahren durfte sie das Bett verlassen. Das Ehepaar wechselte die Wohnung, zog in einen kleinen Bungalow mit fünf Zimmern. Während sie weiter an ihrem Roman schrieb, stand sie wie jede andere Ehefrau dem Haushalt vor.

Insgesamt zehn Jahre, von 1926 bis 1936, arbeitete sie an dem Roman, schrieb einzelne Passagen wieder und wieder. Jedem, der es hören wollte, versicherte sie, nie wieder ein Buch zu schreiben. Ihr erlöster Aufschrei nach der letzten Zeile erinnert an Schiller, der, nachdem seine »Geschichte des Dreißigjährigen Krieges« an den Verleger Göschen abgegangen war, erklärte, nun werde er nie wieder etwas machen, als was Neigung und Liebhaberei ihm eingäben; nun werde er endlich ein freier Mann bleiben.

Das Buch erschien im Verlag MacMillan und wurde der größte Bucherfolg in den USA. In wenigen Jahren konnte der Verlag rund vier Millionen Exemplare verkaufen, in England und Frankreich wurden es fast eine Million, in Deutschland eine halbe Million. Margaret Mitchell verkaufte die Filmrechte für 50000 Dollar, damals eine ungeheure Summe, an den Produzenten David O. Selznick. Selznick versprach, den »größten Film aller Zeiten« aus dem Stoff zu machen. Die Suche nach der Hauptdarstellerin wurde zur berühmtesten Talentsuche in der Filmgeschichte.

Den Steckbrief für Scarlett O'Hara, vom Studio herausgegeben, kannte ganz Amerika: zarte Züge neben derben Linien, spitzes Kinn, starker Kiefer, blaßgrüne Augen, magnolienweiße Haut. Hunderte von Schauspielerinnen bewarben sich, bekannte wie unbekannte. Die Rolle erhielt schließlich die englische Schauspielerin Vivien Leigh.

Margaret Mitchell

wurde am 8. November 1900 in Atlanta im Staate Georgia, USA, geboren. Sie war sechs Jahre Journalistin beim »Atlanta Journal«, als ihr ein schwerer Autounfall die Berufsausübung unmöglich machte. Drei Jahre banden sie die Verletzungen ans Bett. Nach sieben Monaten Quellenstudium begann sie ihren ersten und einzigen Roman »Gone with the Wind«, deutsch »Vom Winde verweht«. Insgesamt schrieb sie zehn Jahre, von 1926 bis 1936, daran. Das Buch, kein sozialkritischer Roman, zeichnet ein Bild der versunkenen Welt der Südstaaten vor dem Hintergrund des amerikanischen Bürgerkriegs. Es gilt als eines der glänzendsten Werke der Unterhaltungsliteratur des 20. Jahrhunderts.

Durch einen Autounfall war Margaret Mitchell zum Schreiben gekommen, ein Autounfall in Atlanta beendete am 16. August 1949 ihr Leben.

Den Rhett Butler spielte Clark Gable. Der Film machte die beiden zum berühmtesten Liebespaar der Leinwand.
Was tat die Autorin? Genoß sie den Ruhm? Margaret Mitchell, die kleine Frau mit dem kastanienbraunen Haar und den blauen Augen, verhielt sich ganz anders, als alle erwartet hatten. Sie entzog sich dem Rummel. Sie gab keine Interviews, sie ließ sich nicht fotografieren. Sie erschien nicht einmal zur Premiere des Films, der kurz vor Weihnachten in Atlanta uraufgeführt wurde. Sie schrieb auch nie mehr einen Roman.
Der Rest ist tragisch. Am 11. August 1949 wurde Margaret Mitchell von einem Taxi angefahren und sieben Meter mitgeschleift. Blutüberströmt blieb sie schließlich liegen. Man brachte die Bewußtlose ins Krankenhaus von Atlanta, wo sie am 16. August, gerade neunundvierzig Jahre alt, starb.
Durch einen Autounfall war sie zum Schreiben gekommen; ein Autounfall beendete ihr Leben.

Anna Seghers
Gefahr unter falschen Brüdern

von Hermann Schreiber

In den Jahren zwischen 1933 und 1945, die viele deutsche Dichter in die Emigration zwangen, hat unsere Literatur mehr verloren, als die nüchterne Bilanz von Flucht und Wiederkehr erkennen läßt. Viele der besten, empfindlichsten, feinnervigsten Naturen gingen im Exil zugrunde oder nahmen sich selbst das Leben – Stefan Zweig, Ernst Toller und Joseph Roth sollen hier nur als Beispiele stehen. Andere wieder kehrten verwandelt und verbittert zurück und fanden zu der ungebrochenen schöpferischen Linie nicht mehr zurück, die unsere Zwischenkriegszeit so reich an literarisch-künstlerischem Leben gemacht hatte.

Indes gab es einen auf dieser Wertstufe einzigartigen Zuwachs, eine Autorin, die eben erst von sich reden gemacht hatte, als sie auch schon Deutschland verlassen mußte. Nun, nach der Rückkehr war sie eine Mittvierzigerin und legte das größte Buch vor, das in deutscher Sprache über Hitlerdeutschland geschrieben wurde, das Romanwerk »Das siebte Kreuz« – es war die Erzählerin Anna Seghers.

Ihr Pseudonym klang den Kundigen nicht fremd: In Frankreich gab es einen literarischen Verlag dieses Namens und in den Niederlanden Rembrandts einen Radierer und Kupferstecher namens Herkules Seghers, eine skurrile Randerscheinung von hohen Gaben, der mancher Berühmte sehr viel verdankt hatte. Und in dem Maß, als »Das siebte Kreuz«, im dürstenden Nachkriegseuropa in alle Sprachen übersetzt wurde und sich die Welt eroberte, wuchs das Interesse an der Autorin, an der deutschen Dichterin, die das gesagt hatte, was kein Schriftsteller der Siegermächte so überzeugend hatte zu Kunst gestalten können.

Es zeigte sich, daß die so plötzlich Aufgetauchte kein verkanntes Genie gewesen war. Sie hatte 1928 für ihre große Novelle »Der Aufstand der Fischer von Santa Barbara« bereits die höchste literarische

Auszeichnung erhalten, welche die Weimarer Republik zu vergeben hatte, und dann war die Cäsur von 1933 gekommen.
Anna Seghers hieß eigentlich Netty Reiling. Diesen Namen hatte sie erhalten, nachdem sie am 19. November 1900 in Mainz zur Welt gekommen war, hineingeboren in jenes großbürgerliche Milieu, gegen das sie später so wenig Gnade walten lassen wird. Ihr Vater war einer der bekanntesten Kunsthändler, Kunstsachverständiger und Antiquitätenhändler am Rhein: vermögend, angesehen, liberal wie die besten Familien des alten rheinischen Judentums es stets waren. Die stille und kluge Netty fand alle Bildungsmöglichkeiten vor, die sie sich nur wünschen konnte, und nützte sie auch, getragen von den geistigen Interessen einer ganzen Familie mit weitreichenden Verbindungen in künstlerischen Milieus.
Sie begann in Köln mit Geschichte, Kunstgeschichte und Sinologie und ging dann nach Heidelberg, damals Deutschlands internationalster Universität, wo zahlreiche Amerikaner, Japaner und andere Ausländer die Vorlesungen hörten. Nettys Hauptfach Kunstgeschichte war in Heidelberg hervorragend besetzt, und ihre besondere Liebe gehörte den Vorlesungen des Dozenten Dr. Wilhelm Fraenger, der die labbrige Ästhetik mancher Kunsthistoriker durch solide historisch-soziologische Forschungen zu ersetzen bemüht war. Fraenger bildete damals in Heidelberg einen eigenen Kreis, vergleichbar etwa den berühmten Symposien des Theaterwissenschaftlers Arthur Kutscher in München, und es war Fraenger, der Netty mit seinem Lieblingsthema Herkules Seghers bekanntmachte und ihre Doktorarbeit anregte: »Jude und Judentum im Werk Rembrandts«. Es ist für die spätere Anna Seghers sehr bezeichnend, daß diese Arbeit mit einem so schönen Thema auf dem rein kunstgeschichtlichen Forschungsbereich wenig Neues erbrachte.
Carl Zuckmayer hat uns Netty Reiling während dieser Jahre treffend geschildert: »Sie selbst war damals sehr still, von freundlicher Zurückhaltung, fast schüchtern und – wie läßt sich das sagen – in einer ganz unkonventionellen Weise ›hübsch und schön‹ (so sagt es Thomas Mann von dem jungen Joseph). Die Augen, achatbraun, verbargen ihre Klugheit hinter einem immer etwas kindlich-erstaunt wirkenden, manchmal auch etwas schläfrigen Ausdruck. Sie hat die Grazie einer japanischen Tempeltänzerin, sagte Fraenger, welche sich ausruht. Vielleicht ruhte sie sich damals wirklich aus – für strengeres Beginnen.«

Dieser Beginn, das war die große Erzählung »Der Aufstand der Fischer von Santa Barbara« von 1928, eine überlegte Themenwahl, begünstigt durch die Abgrenzung, wie sie eine kleine Insel und das Ereignis einer sozialen Revolte geben. Das Erlebnis des Rheins und die Szenerie der auf einer Reise erlebten Bretagne wirkten zusammen, wenn Santa Barbara auch absichtlich unlokalisiert blieb, weil sich das Geschehen nach Meinung der Autorin ja überall ereignen konnte. Diese erste große Erzählung der Seghers ist charakteristisch geblieben für ihre besondere Fähigkeit, ohne Verlust an Spannung und Dramatik zu typisieren, zu heroisieren und einem höchst irdischen Vorgang wie einem Aufstand geradezu mythischen Charakter zu verleihen: »Längst, nachdem die Soldaten zurückgezogen, die Fischer auf der See waren, saß der Aufstand noch auf dem leeren, weißen, sommerlich kahlen Marktplatz.«
Diese – bei allem Vorwalten der starken menschlichen Inhalte – doch literarische Tendenz ihres Schaffens wurde durch die Emigration unterbrochen. Hatte sie auf der Universität Heidelberg starke und anregende Kontakte mit Linksintellektuellen aus den Nachfolgestaaten der Monarchie gehabt, so erweiterte Paris nun ihren Bekannten- und Anregerkreis. Noch war sie sehr jung. Das ungarische Umfeld ihres Gatten Radvanyi interessierte sie aber immer noch besonders, und die von Paris aus unternommene Reise in das seit 1934 ebenfalls autoritär regierte Österreich galt Lokalstudien über den vom österreichischen Bundesheer zusammengeschossenen Aufstand des sozialdemokratischen Schutzbunds und dem Schicksal des aus Ungarn stammenden Schutzbundführers Koloman Wallisch, der von der Exekutive gehängt worden war.
Romane und Erzählungen aus jener Zeit lassen ermessen, welch weiten Weg die Seghers zurückgelegt hat. Die Steiermärker, deren Gespräche sie in einer noch reportagehaften Prosa wiedergibt, berlinern munter drauflos, nur die Skizze »Aufstellen eines Maschinengewehrs im Wohnzimmer der Frau Kamptschik« läßt in der kühlen und doch erschütternden Konfrontation einer jungen Arbeiterfrau mit der Bürgerkriegswirklichkeit ahnen, daß Anna Seghers auch in dem selbstgewählten realistischen Berichts-Stil dereinst gleiche Leistungen erbringen werde wie in der meisterlichen frühen Erzählung von den bretonischen Fischern.
Es ist zu erkennen, daß nach den Einflüssen der großen Realisten aus dem neunzehnten Jahrhundert, nach Zola, Dostojewski und Tolstoi,

nun die junge Sowjetliteratur an Einluß auf das Schaffen der Anna Seghers zugenommen hat, jene geniale Erste Generation, wie sie uns in dem unvergeßlichen Band der »Dreißig neuen Erzähler des neuen Rußland« (Malik-Verlag) entgegentritt. Fjodor Gladkow und Alexander Newerow scheinen am stärksten gewirkt zu haben, weniger der Größte unter ihnen allen, jener Boris Pilnjak, den Stalin später ermorden lassen wird.

Von den schnell vorrückenden deutschen Truppen aus Paris vertrieben, erlebte Anna Seghers mit ihrer Familie das Emigrantenelend auf den französischen Straßen und in den Hafenstädten des unbesetzten (Pétain-)Frankreich.

Was nicht allen gelang, wußten die Radvanyis zu schaffen: die Ausreise nach Übersee, die Niederlassung in Mexiko, wo sich ein gut funktionierendes Zentrum linksorientierter Emigranten gebildet hatte.

Anna Seghers zeigte zwar beträchtliche politische Aktivitäten als Vorsitzende des Heine-Clubs und in Emigrantenzeitschriften, kehrte aber auch zu einer ruhigeren Beschäftigung mit den revolutionären Themen zurück und überwand die hektische Reportagenstufe der dreißiger Jahre. Die revolutionäre Selbstbefreiung der Sklaven auf den großen Antilleninseln schilderte sie nach genauen geschichtlichen Studien, förderte daneben aber jenen großen, noch in Europa begonnenen Roman, der sie weltberühmt machen sollte: »Das siebte Kreuz«. Die mit echtem erzählerischem Temperament auf große Spannung angelegte Handlung besteht darin, daß aus einem deutschen Konzentrationslager sieben Häftlinge entfliehen. Der Lagerleiter läßt für jeden von ihnen ein Kreuz aufrichten, Symbol für die Bestrafung, der sie nicht entgehen werden. Aber einer, der Häftling Georg Eisler, entrinnt dank der stummen Solidarität der Hitlergegner über die holländische Grenze und beweist damit den Sinn der Auflehnung, die Chancen des Widerstands und die Existenz winziger oppositioneller Zentren.

Das Buch wurde weltweit gelesen, weil seine atemberaubende Spannung auch jene in ihren Bann zog, die an den politischen Inhalten weniger Anteil genommen hätten, und es zeigte in zahlreichen genialen Kurzdarstellungen aus dem der Welt verhaßten Deutschland Adolf Hitlers, daß es unter der gleißenden Rüstung des damals noch siegreichen Giganten ein zweites, menschlich gebliebenes Deutschland gebe.

Seit 1952 beschäftigte sich Anna Seghers vorwiegend mit Themen und Stoffen aus ihrer neuen Umwelt, aus dem politischen, gesellschaftlichen und wirtschaftlichen Leben in der DDR und aus ihrem Umkreis der Begegnungen, die Anna Seghers als Literatur-Funktionärin, Präsidialmitglied von Institutionen und geehrte Teilnehmerin an Kongressen hatte. Für die Aufnahme ihrer Werke im Westen waren diese neuen Themen weniger geeignet als die Werke, die sie noch in der Emigration entworfen oder gar vollendet hatte. Auf sie stützt sich die Rolle, die Anna Seghers und ihr Werk auch in der Bundesrepublik und im westlichen Ausland gespielt haben:
»Transit«, das Buch von 1948, konnte den Erfolg des »Siebten Kreuzes« beinahe wiederholen und fand bei der Leserschaft der Seghers besonderes Interesse wegen der offenbaren autobiographischen Elemente, die der Roman enthielt. Sein Held ist ein aus einem deutschen KZ geflüchteter Monteur, der durch die Indolenz der französischen Bürokratie zu dem falschen Namen, den er selbst sich zugelegt hat, auch noch eine falsche Identität erhält – nämlich die eines Schriftstellers. Die Seghers stellt an ihm die Schwierigkeiten dar, die sie unter anderem damit hatte, daß sie unter ihrem Autorennamen weltberühmt war und auf internationale Hilfe rechnen konnte, ihre Aus- und Einreisepapiere aber als Frau Radvanyi beantragen mußte. Das von Flüchtlingen vollgestopfte Marseille ist der Schauplatz der Handlung, das Leben auf Abruf in der ständigen Angst, von der Vichy-Regierung an die Gestapo ausgeliefert zu werden, bestimmt die Atmosphäre.

Anna Seghers

Die unter dem Schriftstellernamen Anna Seghers bekanntgewordene Netty Reiling kam am 19.11.1900 in Mainz zur Welt. Als Tochter eines begüterten Kunsthändlers konnte sie in Köln und Heidelberg Kunstgeschichte, Geschichte und Sinologie studieren. 1924 Promotion. Kurz darauf heiratete sie den ungarischen Schriftsteller und Soziologen Laszlo Radvanyi. 1928, im Jahr ihres Beitritts zur KPD, erschien ihr erstes Buch »Der Aufstand der Fischer von St. Barbara«. 1933 gelang die Flucht nach Frankreich. 1940 Emigration nach Mexiko. Hier vollendete sie ihren Welterfolg »Das siebte Kreuz«. Anna Seghers lebt und arbeitet heute in der DDR. Seit 1953 erscheinen im Aufbau-Verlag ihre »Gesammelten Werke«.

Der umfangreichste und stofflich auch umfassendste Roman von Anna Seghers wurde erst 1949 veröffentlicht, doch entstand er im Wesentlichen noch in der Emigration und wurde später nur überarbeitet. Unter dem Titel »Die Toten bleiben jung« stellt die Dichterin, nach ihrer Art verschiedene Schicksale nebeneinander führend, die innerdeutschen Entwicklungen zwischen 1918 und 1945 dar, die Zeit, in der die Arbeiterschaft, in verschiedene politische Lager gespalten, die großen politischen Aufgaben noch nicht zu lösen vermochte, die auf sie zukamen.

Neben den großen Romanwerken, an denen Anna Seghers mit bewundernswerter Energie trotz Krankheiten und vielseitiger Inanspruchnahme Jahr für Jahr weiterarbeitete, schuf sie immer wieder Erzählungen sehr unterschiedlichen Umfangs, von der anekdotischen Skizze bis zum Miniaturroman. Das am meisten bewunderte dieser kleineren Kunstwerke ist die in Mexiko geschriebene Novelle »Der Ausflug der toten Mädchen« (heute in der Sammlung »Der Bienenstock«). In einem Fiebertraum, der vielleicht mit einem schweren Unfall zusammenhing, den Anna Seghers in Mexiko hatte, erscheinen ihr einige ihrer Schulfreundinnen gleichsam in Doppelexistenz als junge Mädchen und in ihren späteren Schicksalen im Deutschland Hitlers.

So sehr man bedauern muß, daß diese hochbegabte und hochgebildete Schriftstellerin sich nach Jahren, in denen sie sich ganz der Welt öffnete, dann in eine Sphäre einschloß, aus der ihr nur monotone Anregung kommen konnte, so muß man doch sagen, daß Anna Seghers durch ihr starkes Talent vor jener Erstarrung bewahrt blieb, wie sie einige ihrer mexikanischen Gefährten – Bodo Uhse oder Alexander Abusch etwa – nicht besiegen konnten. Anna Seghers, das kluge Mädchen aus Mainz, erscheint uns unverwundbar, vielleicht gerade durch ihre frühe und niemals revidierte Entscheidung: »Ein großer Teil Entwicklung hat hinter mir gelegen, als ich nach der Emigration nach Deutschland zurückkam«, schreibt sie 1965 an einen Studenten. »Da ich als ziemlich junger Mensch ... zu meiner Weltanschauung gekommen bin und das Leben mir diese Weltanschauung bestätigt hat, sind mir wahrscheinlich Konflikte der Art, an die Sie denken, nicht begegnet. Das bedeutet nicht, daß ich es nicht mein ganzes Leben lang mit schwierigen Fragen zu tun hatte und zu tun habe ...«

Marie Luise Kaschnitz
Geh ein Wort weiter!

von Hans Mayer

In der Schriftstellerin Marie Luise Kaschnitz treffen wir eine Frau des Aufbruchs, nicht aber des Ausbruchs. Sie verstand sich als Ehefrau und Mutter, die in den vorgegebenen Rollen und üblichen Bahnen ihr Talent als Dichterin entfaltete und betätigte. Eingebettet in ihre Umgebung, in Prägungen der Zeit und der Mitmenschen hat sie geschrieben.

Unauffällig, geradezu selbstverständlich nahm sie teil am Leben, wo und wie es ihr zugängig wurde. Und dabei erfaßte sie die Botschaften der Zeit in Gedichten und Erzählungen. Ihr Werk kann und will Einblick geben in dichterisches Erleben der letztvergangenen Jahrzehnte unseres Jahrhunderts. Es macht Marie Luise Kaschnitz zur Gesprächspartnerin in der Frage nach dem Weg der Deutschen im 20. Jahrhundert.

Die Schriftstellerin gehört zu einer Generation, die zwei Weltkriege miterlebt hat. Den Ersten Weltkrieg im Jugendalter und den Zweiten in der Mitte des Lebens. Als junger Mensch erlebte sie die Erschütterung der Werte, die im Deutschen Kaiserreich des 19. Jahrhunderts herrschend geworden waren. Und alsbald folgte die ruinöse Entstellung und schließlich der katastrophale Zusammenbruch der deutschen Tradition. War sie 1918 gerade siebzehn Jahre alt, ein Mädchen, dem das Leben weit und ungewiß offenstand, so stellte sie sich 1945 die Aufgabe, das Schreckensgeschehen schriftstellerisch zu bearbeiten und damit auf die Lebensgestaltung einzuwirken.

Die Frage nach gültiger Orientierung rückte für sie ins Zentrum. Kultur und Kunst, Dichtung und Schriftstellerei verloren die unproblematisierte Beziehung zum zeitlos Wahren, Schönen und Guten. In ihrem künstlerischen Schaffen, in ihren Gedichten, Kurzgeschichten und Erzählungen ist Marie Luise Kaschnitz auf einem Weg vorangeschritten: Er führte von der Behandlung bleibender menschlicher Lebenserfahrung, von Liebe und Leid, Glück und Elend weiter zu

umfassenderen Horizonten. Sie stellte die menschliche Lebenserfahrung hinein in die Frage nach dem rechten Tun, löste sie aus privatbeschaulicher Sphäre und verband sie mit der Aufgabe, an einer besseren, gerechteren, menschlicheren Gestaltung der Welt zu wirken.
»Das Haus der Kindheit« nannte sie ein erzählerisches Werk aus dem Jahr 1956. Ihre eigene Kindheit gibt deutlich den tragenden Rahmen dafür ab. Mit zwei Schwestern und einem Bruder ist sie aufgewachsen. Die Familie von Holzing-Berstett entstammte einem badisch-elsässischen Adelsgeschlecht. Der gesellschaftliche Rang, die äußeren Lebensverhältnisse gaben ihrer Kindheit ein gesichertes, behütetes Gepräge. Spannungen lagen im Verhältnis der ungleichen Eltern, der weltoffenen, lebenslustigen Mutter und dem tonangebenden, strengen Vater. In dem empfindsamen Kind Marie Luise setzten sich nachhaltig Angsterfahrungen fest. In der Familie hatte sie hinter der zweitältesten Schwester zurückzustehen. Nachdem sie in Weimar eine Buchhändlerlehre hinter sich brachte und seit 1924 in Rom tätig war, heiratete sie 1925 den Archäologen Guido von Kaschnitz-Weinberg. An seiner Seite lebte sie in Rom, Königsberg, Marburg und Frankfurt. Durch die Ehe war ihr Leben in akademische Kreise, in die klassische Bildung und die humanistische Tradition eingebettet. In dieser Welt begann sie zu schreiben.
Ihr erster Roman erschien 1933: »Liebe beginnt«. Während in Deutschland eine menschenverachtende Tyrannei aufgerichtet wurde, blieb Marie Luise Kaschnitz einer unpolitischen Sprachkunst verhaftet. Der Mensch mit seinen Lebenserfahrungen, Liebe und Leid, Hoffnung und Enttäuschung, Harmonie und Zwietracht, das war eines ihrer Hauptthemen. Daneben die Natur und Stoffe aus dem antiken Mythos, Gestalten zeitloser Gültigkeit.
In »Liebe beginnt« behandelt sie die Beziehung von Mann und Frau. Deutlich spiegelt sich das eigene Erleben. Marie Luise Kaschnitz sieht die Rollen von Mann und Frau recht traditionell. Der Mann ist der Aktive, der Handelnde, der Überlegene. Die Frau ist ganz auf ihn bezogen, seine Lebensgefährtin. Auch wenn die Schriftstellerin später die Eigenständigkeit der Frau stärker hervorhob, das Miteinander von einseitiger Abhängigkeit befreite, so hat sie doch nie den kämpferischen Weg der Frauenrechtlerinnen beschritten. Sie blieb dabei, die Frau als weibliches Wesen im Miteinander und der Zuordnung zum Mann zu sehen. Traditionelle Rollenbilder hat sie zwar nicht verherrlicht oder gar hochstilisiert, in Grundzügen aber doch respektiert.

Das dichterische Schaffen von Marie Luise Kaschnitz blieb während der Zeit des »Dritten Reiches« ohne direkten politischen Bezug. Jenseits aktueller Fragen wandte sie sich der künstlerischen Gestaltung als einer Welt des Bleibenden zu. Vor allem durch ihren Mann war sie aber zu einer kritischen Einstellung gegenüber dem Nationalsozialismus befähigt. Gerade ihre unpolitische Kunst hatte damit den Charakter einer indirekten Ablehnung. Sie vermittelte das Wissen um weitreichendere gültige Horizonte in einer Umgebung, die alles ideologisierend in ihren Bann zu ziehen suchte. So tastend und unausgereift viele ihrer Zeilen erscheinen mögen – die Dichterin selbst hat zu ihrem Frühwerk kritisch Distanz bezogen –, es fanden doch zahlreiche Leser in ihren Worten hilfreichen Hinweis auf das Wesentliche, und das je mehr der trügerische Schein des Nationalsozialismus unübersehbar wurde und die Katastrophe dem Höhepunkt zutrieb. Marie Luise Kaschnitz konnte appellieren:

»Sei fest im Hoffen, stark in der Beschwörung,
An Liebe reich. So wirst du überdauern.«

Oder sie konnte den Blick in die Zukunft lenken:

»Wir wollen von innen
Wieder beginnen
Das Licht zu wecken.«

Das Jahr 1945 war für Marie Luise Kaschnitz nicht die Stunde Null. Das Geschehen der vorangegangenen Jahre konnte und durfte nicht einfach übergangen werden. Wenn das Leben anders und unter neuem Vorzeichen weitergehen sollte, dann war es notwendig, ohne Scheu Rückschau zu halten. Frau Kaschnitz stellte sich dieser Aufgabe. Ihre eigene Person nahm sie bei der Frage nach der Schuld nicht aus. Gerade im mangelnden Mut zum offenen Widerstand, in unpolitischer Gleichgültigkeit, im Rückzug ins Private und ins Verschweigen und erst recht in unterlassener Hilfeleistung für Verfolgte erkannte sie uneingeschränkt schuldhaftes Verhalten.
Ihre Darstellungen dieser Problematik wurden für viele Mitmenschen zu einem überzeugenden Sprachrohr eigener Vergangenheitsbearbeitung. Wenn sie beispielsweise erzählte, wie in der Wohnung einer jüdischen Familie, nachdem diese sich vor dem Abtransport ins KZ umgebracht hatte, ein Kanarienvogel jämmerlich schrie, weil er kein Futter mehr bekam, wie das Vogelgeschrei das Mitleid der Nachbarn

weckte, und der arme Vogel schließlich von der Feuerwehr gerettet wurde, dann leuchtete schlaglichtartig auf, welche barbarische, menschenverachtende Verdrehung von Wertmaßstäben im »Dritten Reich« herrschte, und in welch ohnmächtig-hilfloser Einstellung demgegenüber weite Kreise befangen waren.

Marie Luise Kaschnitz setzte ihre Hoffnung auf den Menschen. Sie wollte den einzelnen rufen, durch Einsicht dazu befähigt, das Gute zu tun. Gegen alle kollektivistischen Bestrebungen, die auf die Nation, auf Klassenverbundenheit oder Gruppengeist schworen, ging es ihr um eine Aufwertung des persönlich gestalteten Menschseins. Grund und Ziel der Hoffnung sah sie nicht in einem Jenseits liegen, das dem Menschen Halt und Orientierung geben könnte. Die Wahrnehmung jedes einzelnen, die Verpflichtung gegenüber der Wirklichkeit und die notwendige Umsetzung in die Tat, das waren die leitenden Bestimmungen, denen sie auf der Suche nach der rechten Lebensgestaltung das Wort redete.

»Totentanz und Gedichte zur Zeit« war ein 1947 erschienener Band von Marie Luise Kaschnitz betitelt. Der Titel trug programmatischen Charakter. Die Dichterin erkannte im Zusammenbruch von 1945 eine Chance, verstand die Nachkriegszeit unter dem Zeichen der Hoffnung zum Neubeginn. Aus eigenem Erleben in Frankfurt hielt sie, die »Trümmerdichterin«, die notgezeichnete Lage der Menschen in jenen Jahren fest. Alles trug den Zug des Provisorischen. Keine eingefahrenen Gleise, auf denen das Leben stetig fortlief. Keine verkrusteten Ordnungen, die dem einzelnen den Rückzug aus der alltäglichen Lebenssorge ermöglichten. Die Not forderte den Menschen heraus. Sie provozierte das Entdecken und Experimentieren. Tag für Tag stand das Leben im Zeichen des Aufbruchs und Übergangs.

Im Laufe der fünfziger Jahre allerdings bahnte sich, verbunden mit dem Aufbau materiellen Wohlstands, eine Verfestigung der gesellschaftlichen Verhältnisse an. Marie Luise Kaschnitz zeigte sich besorgt, daß die Chance der Nachkriegszeit, die Offenheit des Lebens und die Beweglichkeit der Verhältnisse, ausgeschlagen wurde. Die Fragen und Probleme, die aus der schuldbewußten Bewältigung der Zeit des »Dritten Reiches« im Vordergrund gestanden hatten, drohten weithin zu verschwinden. Die Dichterin beklagte, daß damit auch die Bereitschaft zum Tun des Guten und Gerechten bei vielen Menschen zurücktrat. Der Fortschritt drängte sich dagegen faszinierend in den Vordergrund, zog aber zugleich eine innere Leere mit sich. Darin

konnte das hoffnungsvolle Ziel der »humanen Mitte« nicht mehr Fuß fassen. Aus dieser Situation heraus stellten bedeutende deutsche Schriftsteller im Übergang zu den sechziger Jahren ihr Schaffen ganz nachhaltig in den Dienst gesellschaftskritischer und politischer Zielsetzung. Marie Luise Kaschnitz hatte das tiefgreifende Problem ebenfalls aufgegriffen. Aber ihr Tun erhielt einen ganz anderen Impuls.
Im Jahr 1958 starb ihr Mann. Nun machte sich die Erfahrung des Todes, die Perspektive der Vergänglichkeit ganz neu geltend. Nicht mehr, wie unter dem Eindruck des Krieges, als von Menschen schuldhaft herbeigeführte Katastrophe, sondern als unabwendbares Element des Daseins. Der Verlust des Lebensgefährten stellte Marie Luise Kaschnitz vor die Frage nach dem eigenen Leben im Angesicht des Todes, vor die Frage nach dem Jenseits des Todes, nach dem, was auf Zukunft hin bleibt. »Dein Schweigen – meine Stimme« und »Wohin denn ich?« nannte sie ihre gesammelten Gedichte und Aufzeichnungen, in denen sie dieser Frage nachging. Ihre Antwort auf die Frage von Tod und Vergänglichkeit hieß: Liebe.

»Und doch auch diese uns
Überlebende Welt ist schön
Auch an den Wegen von denen
Unsere Spuren gelöscht sind
Erblüht der Weißdorn
Auch die Gespräche
Die von uns nichts mehr wissen
Sie sind voll von Liebe.«

Tod und Trauer drängten Marie Luise Kaschnitz nicht in die Passivität. In der Erkenntnis dessen, was jenseits des Todes bleibt, wandte sie sich hingebungsvoll ihrer Zeit zu, übte ihre Zeitgenossenschaft. Wohnend in Frankfurt und Rom, unterwegs auf Reisen, auch nach Süd- und Nordamerika, Vorträge haltend, mit zahlreichen Preisen für ihr literarisches Werk ausgezeichnet, dadurch wurden die Tage und Jahre der Schriftstellerin äußerlich geprägt. Und im unablässigen Schreiben schlug sie die Brücke zur inneren Wahrnehmung und Erfassung der Welt. Aus persönlich betroffener Beschäftigung mit Tod und Vergänglichkeit heraus spürte sie immer mehr der Lebensbedrohung in der Weite nach. Zeitnahes Aufmerken war dabei selbstverständlich leitend.
In einem kurzen Text erhob sie in der Rolle des Patienten beim

Ohrenarzt Klage, daß sie zu gut höre. Und sie stellte fest: »Es ist aber, sage ich, das Zuwenighören längst nicht so schlimm wie das Zuvielhören, so fängt es an, im eigenen Hause, aber dabei bleibt es wahrscheinlich nicht, Gespräche aus allen Häusern der Straße und dann aus der Parallelstraße, zum Verrücktwerden, und der Arzt horcht auf und sieht mich mißtrauisch an. Nein, nein, sage ich rasch, das sind nicht etwa Stimmen, die ich mir einbilde und die es gar nicht gibt. Es muß mit dem Alter zusammenhängen, ältere Leute sagt man, hören Entferntes besser als Nahes, es gibt da Zonen, die ausgelassen werden, und ich wünschte, es würde noch mehr ausgelassen und ich hörte mitten in der Stadt die Waldbäume rauschen oder das Meer.«

Als alter Mensch zur gesteigerten Wahrnehmung befähigt, zu einer Wahrnehmung, prallgefüllt und vor weitreichenden Horizonten, quälend beunruhigend, aber ebenso getragen vom beglückenden Wunsch zum Überhören des Vordergründigen, ausgerichtet auf entfernte Wohlklänge – so sah sich Marie Luise Kaschnitz in ihren letzten Jahren.

Eines der wahrgenommenen Themen war das problematische vorwärtsdrängende Handeln des Menschen in der Geschichte. Der urzeitliche Kampf mit der Natur, die fortlaufende Kette von Kriegen und Verwüstungen, erwachsen aus rücksichtslosem Vorwärtsstürmen, der gigantische Sprung zum technischen Fortschritt – und am Ende die bedrohliche Frage, ob der Mensch zum Opfer seiner eigenen Geschichte wird, tröstend dabei allein die Vision einer ungestört in sich selbst ruhenden Natur. Sozusagen auf kleinstem Raum, in der »Beschreibung eines Dorfes«, einem skizzenhaft-planerischen Arbeitsbuch, hat Marie Luise Kaschnitz die Wahrnehmung dieses weitgespannten Problemfeldes angesiedelt.

Die Abfassung großer, ausgefeilter und abgerundeter literarischer Werke, zu denen sie, die Meisterin der Kurzgeschichte, ohnehin keinen rechten Zugang gefunden hatte, war mit der aufmerksamen Zeit-Wahrnehmung nicht vereinbar. In den Texten, die Marie Luise Kaschnitz in ihren letzten Jahren schuf, ging sie immer mehr zu kleinen gedrängten Einheiten über – in die Form des Tagebuchs, in Skizzen und kurze Notizen, in eigenwillig geformte, prosahafte Gedichte. So kam schon in der Form ihrer Botschaft zum Ausdruck, daß die allumfassende planerische Rationalität, die gigantische Weltgestaltung der Vernunft nicht der gebotene Weg sein konnte.

In ihrer zeitnahen Lebenserfassung bewegte sich Marie Luise

Kaschnitz in einem Ineinander von Erinnertem, gegenwärtig Erlebtem und vorwärtsweisender träumerischer Vorstellung. Durch diese breitgefächerte Wirklichkeitsschau wollte sie ihre Leser anregen, selbst nach dem Weiterführenden Ausschau zu halten. Sie verstand sich nicht als Autorin, die eine Position abschließender, letztgültiger Sicherheit vorträgt. Sie war bemüht, Probleme anzuzeigen und auf Mitteilungen hinzuweisen, die im gesellschaftlichen und politischen Geschehen der ausgehenden sechziger und frühen siebziger Jahre enthalten waren: im ausufernden Wirtschaftswachstum, im Vietnamkrieg, den Studentenunruhen, dem Sechstagekrieg und im Terrorismus.
In einem ihrer letzten Texte hat sie, die alte Frau, die aus einer traditionsgebundenen Welt heraus den Weg der literarischen Zeitgenossin beschritten hatte, noch den neu aufbrechenden Generationenkonflikt markiert. Einer Jugend, die sie bedrohlich von Gleichgültig-

Marie Luise Kaschnitz

wurde am 31. Januar 1901 in Karlsruhe geboren. Sie war die dritte Tochter des Offiziers Max Freiherr von Holzing-Berstett und seiner Frau Elsa von Seldeneck. In Potsdam und Berlin wuchs sie auf. Nach Ende der Schulzeit absolvierte sie eine Buchhändlerlehre in Weimar. 1925 heiratete sie in Rom, wo sie seit 1924 tätig war, den Archäologen Guido von Kaschnitz-Weinberg. 1928 wurde die Tochter Iris Costanza geboren. Die akademische Tätigkeit des Ehemannes führte die Künstlerin und ihre Familie nach Freiburg (1932), Königsberg (1933), Marburg (1937), Frankfurt/M. (1941) und wieder nach Rom (1953). Seit 1956 lebte das Ehepaar Kaschnitz in Frankfurt, wo Guido von Kaschnitz 1958 starb.

Ihren Gedichten, Erzählungen und Romanen aus dem Frühwerk vor dem Zweiten Weltkrieg stand M. L. Kaschnitz kritisch gegenüber. Nach 1945 trat die Schriftstellerin und Dichterin beständig an die Öffentlichkeit – mahnend, klagend und zu verantwortlichem Leben rufend. Für ihre Erzählungen, Essays und Gedichte erfuhr sie hohe Anerkennung. Zahlreiche Preise und Auszeichnungen wurden ihr verliehen (Georg-Büchner-Preis 1955, Goethe-Plakette der Stadt Frankfurt 1966 u.a.). Sie starb am 10. Oktober 1974 in Rom und wurde in Bollschweil/Breisgau, dem Dorf des Familiensitzes, begraben. M. L. Kaschnitz war bestrebt, vor allem aus den Erfahrungen des Dritten Reiches heraus, ihre Mitmenschen auf die Forderungen der Humanität und Gerechtigkeit hinzuweisen.

keit erfaßt sah, hielt sie einen Appell entgegen, der im Wissen um eigene Schuld durch gleichgültige Zurückhaltung begründet war: »Herrgott, lest doch etwas, den alten Marx oder den revolutionären Hölderlin, laßt euch von etwas begeistern, und sie lächeln sibyllisch und wiegen den Kopf.« Solche Gleichgültigkeit konnte sie nicht wortlos hinnehmen.

Gladys Aylward
Mutter Ai-weh-deh

von Paul Handschin

Wäre nicht der Schriftsteller und Mitarbeiter bei BBC London Alan Burgess bei seiner Suche nach einem Beitrag für seine Sendereihe »Die Unbesiegten« auf eine Notiz über die Heimkehr der China-Missionarin Gladys Aylward gestoßen und hätte er nicht im Anschluß daran ihre Lebensbeschreibung zu Papier gebracht, so wüßten wir heute wohl kaum etwas über das Leben dieser Frau, die mit eisernem Willen alle Hindernisse, die sich ihr in den Weg stellten, zu überwinden wußte.
Geboren im Jahre 1902 als Tochter eines Briefträgers in Edmonton in England, hat Gladys Aylward dort die Schule besucht und anschließend als Verkäuferin, Kindermädchen und Zimmermädchen gearbeitet. Eine Wende in ihrem Leben dürfte sich an jenem Abend ereignet haben, als sie sich langweilte und eher zufällig einer Einladung folgte, die zum Besuch einer Evangelisationswoche in einer benachbarten Kirche aufrief. In seiner Ansprache hat ein junger Prediger seine kleine Zuhörerschaft ermahnt, von ganzem Herzen Gott zu dienen. Die Hinwendung des jungen Mädchens zu Gott wurde gleichzeitig auch zu seiner Berufung.

Im Jahre 1929 wurde Gladys Aylward in eine Missionsschule aufgenommen, aber am Ende der Probezeit mußte ihr der Rektor mitteilen, daß ihre Leistungen ungenügend seien und sie die Schule zu verlassen habe. Gleichzeitig fragte er sie, ob sie nicht Lust hätte, bei zwei Missionarinnen, die soeben aus China zurückgekehrt seien, den Haushalt zu besorgen.
Dieser Bescheid war ein harter Schlag für Gladys Aylward, aber ihrer Berufungsgewißheit vermochte er keinen Abbruch zu tun. Auf Umwegen hörte sie von Frau Johanna Lawson, die, ganz unabhängig, in den chinesischen Bergen ein kleines Missionswerk begonnen hatte und nun nach jemandem Ausschau hielt, der zu ihr kommen, ihr helfen

und die Arbeit allenfalls weiterführen könnte. Einzige Bedingung war, die Reise dorthin aus der eigenen Tasche zu bezahlen.
Um zum nötigen Geld zu kommen, arbeitete Gladys bei Sir Francis Younghusband in London als Zimmermädchen und war eifrig auf jede Gelegenheit erpicht, um zu Nebeneinnahmen zu kommen. Damit sie Erfahrungen sammeln konnte in der Verkündigung des Evangeliums, stellte sie sich an freien Nachmittagen im Hyde Park auf eine Seifenkiste und ermahnte müde Londoner auf dem Weg zur Untergrundbahn, nicht heimwärts, sondern nach dem Reich Gottes zu streben.
Regelmäßig trug Gladys ihre Ersparnisse ins Reisebüro Miller, wo sie eine Fahrkarte mit der transsibirischen Eisenbahn nach Tientsin bestellt hatte. Weil am östlichen Ende dieser Eisenbahnstrecke ein Krieg im Gange sei, wollte der Angestellte des Reisebüros die Bestellung nicht entgegennehmen, aber Gladys Aylward meinte, bis sie das Geld endlich zusammengespart habe, dürften diese kriegerischen Auseinandersetzungen längst beendigt sein.
Sie waren aber nicht beendigt, als Gladys Aylward am 15. Oktober 1930 nach Osten aufbrach. Sie geriet in allerlei Schwierigkeiten, und nur auf einem Umweg über Japan erreichte sie schließlich die Stadt Tientsin, wo sie von einem Boten abgeholt und zu Frau Lawson nach Yang Cheng gebracht wurde.
Vor den Toren des chinesischen Bergstädtchens Yang Cheng bewohnte Frau Lawson zusammen mit ihrem einheimischen Koch Chang ein weitläufiges Haus. Die Miete war niedrig, weil das Gerücht umging, es gebe in diesem Hause Spukerscheinungen. Um aber den Lebensunterhalt der kleinen Missionsequipe sicherzustellen, mußte noch irgendeine Lösung gefunden werden. »Wir könnten doch eine Herberge für die regelmäßig durchziehenden Maultierkarawanen einrichten«, schlug der Koch vor. Die andern stimmten zu, und bald hing über dem Tor, das zum Innenhof des Anwesens führte, ein Schild »Herberge zu den acht Glückseligkeiten«. Gladys ist bei diesem Unternehmen die Aufgabe der Kundenwerbung zugefallen. Dabei ging es oft recht handgreiflich zu. Sie packte das erste Maultier einer Säumergruppe am Halfter und zog es durch den Torweg in den Innenhof. Waren die Maultiere einmal dort angelangt, so bedeutete das für sie das Ende der Tagesstrapazen, und durch nichts ließen sie sich bewegen, diesen Platz vor dem nächsten Morgen zu verlassen.
Verköstigung und Unterkunft waren gleich wie in allen andern Herbergen entlang der Karawanenstraße, aber bei Frau Lawson wurden

darüber hinaus nach getaner Arbeit noch Geschichten erzählt. Abend für Abend hieß es beim flackernden Schein des Öllämpchens: »Meine Geschichte handelt von einem Mann namens Jesus Christus. Er lebte vor langer, langer Zeit im Lande Palästina...« So wuchs auch Gladys in die Missionsarbeit hinein und eignete sich gleichzeitig die Kenntnisse der chinesischen Sprache an.

Das Alter und die Einsamkeit hatten Frau Lawson zu einer, gelinde gesagt, resoluten Frau werden lassen. Oft gab es wegen irgendeiner Kleinigkeit einen heftigen, unvorhersehbaren Streit, und schließlich wußte sich Gladys eines Tages nicht mehr anders zu helfen, als für einige Tage wegzugehen auf eine befreundete Missionsstation. Aber kaum war sie dort angelangt, so erreichte sie die Nachricht, Frau Lawson habe sich irgendwo unterwegs durch einen Sturz lebensgefährlich verletzt. Was blieb ihr anderes übrig, als nach ihr zu suchen und sie heimzuschaffen in die Herberge der acht Glückseligkeiten. Dort ist die betagte Frau nach kurzer Leidenszeit gestorben, und damit sah sich Gladys Aylward im fernen China auf sich selber gestellt.

Einige Wochen später meinte der Koch: »Gladys, nun sind die Trauertage vorbei. Du mußt dem Mandarin, dem Repräsentanten der Obrigkeit, deine Aufwartung machen!« – Noch bevor man sich einig werden konnte über das bei dieser Gelegenheit angebrachte Zeremoniell, machte sich der Mandarin auf den Weg zu ihr. In einer prächtigen Sänfte wurde er zur Herberge der acht Glückseligkeiten getragen. Der Grund zu diesem Besuch lag darin, daß die Zentralregierung angeordnet hatte, die Füße der Mädchen dürften nicht mehr eingebunden werden. Der Vertreter der Obrigkeit in Yang Cheng mußte also nach jemandem Ausschau halten, der diesem Befehl Achtung verschaffen könnte. Die Aufgabe blieb an ihr hängen. Als Fußinspektorin besuchte sie die Dörfer in weitem Umkreis und merkte bald, daß das zu einer wunderbaren Gelegenheit wurde, das Evangelium weiterzusagen. Waren ihre Pflichten erledigt, so setzte sie sich zu den Leuten, lehrte sie Kirchenlieder und erzählte ihnen von Jesus Christus, dessen »ehrwürdiger Ahne« als Gott über den Wolken thront.

Hatten die Kinder anfänglich den »fremden Teufel« mit Lehmkugeln beworfen, so wurde Gladys Aylward jetzt immer mehr zu einer Respektsperson. Als im Gefängnis eine Revolte ausbrach, wußte der Kerkermeister keinen andern Rat, als die Fremde kommen zu lassen und zu den tobenden Gefangenen, die sich gegenseitig umbrachten, hineinzuschicken. Man hielt ihr vor, sie habe immer wieder darauf

hingewiesen, sie stehe unter Gottes Obhut. Nun sollte sie diese Behauptung auf die Probe stellen.
Wenige Augenblicke später stand sie im Innenhof des Gefängnisses, 152 Zentimeter klein, vor einem Gefangenen, der mit einer blutigen Axt zum Schlag ausholte. »Gib mir das Ding!« bat sie und stellte das Mordinstrument neben sich auf den Boden. Dann ließ sie sich durch einen Sprecher der Gefangenen über die Hintergründe der Revolte orientieren. Beim Kerkermeister erwirkte sie eine Amnestie, und in der Folge setzte sie sich dafür ein, daß die Gefangenen mit einer sinnvollen Arbeit beschäftigt wurden. Es war einer dieser Gefangenen, der für Gladys Aylward erstmals den chinesischen Namen »Ai-weh-deh = Schale der Tugend« verwendete.
Aus Fräulein Aylward wurde Mutter Ai-weh-deh. Ihr erstes Kind war Ninepence; für den Wert von umgerechnet neun englischen Pennies hat sie es von einer Kinderhändlerin erstanden. Seine dünnen Glieder und der aufgedunsene Bauch zeigten an, daß es aufs schwerste unterernährt war, aber unter der Obhut von Mutter Ai-weh-deh entwickelte es sich zu einem fröhlichen und gesunden Menschenkind.
Zu Ninepence kamen noch einige weitere Kinder hinzu. Sie bildeten den Grundstock der kleinen christlichen Gemeinde, die sich in der ehemaligen Ahnenhalle der Herberge zu ihren Gottesdiensten versammelte. Auch der Koch war dabei, Maultiertreiber kamen dazu, und schließlich wurde auch das Herz des Mandarins für den christlichen Glauben gewonnen.
Immer mehr lebte sich Gladys Aylward ein in das einfache Leben ihrer chinesischen Umgebung. Weil sie den Chinesen wirklich eine Chinesin werden wollte, erwarb sie 1936 die chinesische Staatsangehörigkeit. Ein Jahr später aber brachen über diese sozusagen heile Welt die Schrecken des chinesisch-japanischen Krieges herein mit Bombardements, Beschießungen und Plünderungen durch fremde Truppen. An ihre besorgten Eltern in England schrieb sie damals: »Wünscht mich nicht aus all diesem heraus und versucht nicht, auf irgendeine Weise mich von meinem Werk abzuhalten, wie lange auch die Prüfung dauern möge, denn ich will nicht fliehen vor dieser Heimsuchung. Diese Menschen sind mir von Gott anvertraut, und ich will mit ihnen leben oder sterben für meinen himmlischen Meister und seinen Ruhm.«
Die Sorgen der Eltern waren nicht unbegründet, und weil Gladys Aylward immer wieder allerlei Nachrichten über die japanischen

Truppen an die chinesischen Widerstandskämpfer weiterleitete, geriet sie auf die schwarze Liste. Als sie vernahm, die Japaner hätten auf ihre Ergreifung eine Prämie von 100 chinesischen Dollars – damals ein kleines Vermögen – ausgesetzt, wurde ihr der Boden unter den Füßen zu heiß, und mit einer Schar von 100 Kindern zog sie als Mutter Ai-weh-deh in einer mehrwöchigen, entbehrungsreichen Wanderung über die Berge und den Gelben Fluß nach der Stadt Sian, wo sich ein Auffanglager für Flüchtlinge befand. Diese Anstrengungen waren zuviel für ihre angeschlagene Gesundheit. Es folgte ein langes Krankenlager, und es grenzt an ein Wunder, daß sie wieder gesund werden durfte.

Nach ihrer Genesung fand Mutter Ai-weh-deh unter Aussätzigen ein neues Arbeitsfeld, und im Jahre 1949 konnte sie in ihre Heimat zurückkehren. In England hat Gladys Aylward in Schulen, Kirchen und Kapellen Vorträge und Predigten gehalten. Einer großen Zahl chinesischer Studenten aus Singapur und Hongkong, die zum Studium nach England gekommen waren, wurde sie zu einer zweiten Mutter, und die Gründung des chinesischen Wohnheims in Liverpool ist eine ihrer Anregungen. Auch in England lebte sie sehr bescheiden von der Hand in den Mund und hatte immer ein offenes Herz für die andern. Das Heimweh nach China aber ist ihr geblieben. Als sich im Jahre 1958 eine Gelegenheit bot, reiste Gladys Aylward nach Taiwan. 12 Jahre später ist sie in Taipei gestorben.

Gladys Aylward

wurde 1902 in Edmonton, England, geboren, besuchte dort die Schule und arbeitete zunächst als Verkäuferin und Zimmermädchen. Aus einer Missionsschule wurde sie 1929 am Ende ihrer Probezeit wieder entlassen. Ein Jahr später reiste sie nach Yang Cheng in China, war zunächst Mitarbeiterin von Frau Johanna Lawson und führte nach deren Tod die Missionsarbeit allein weiter. 1936 nahm sie die chinesische Staatsangehörigkeit an. 1940 führte sie 100 Kinder über die Berge und den Gelben Fluß nach der Stadt Sian. Dann wurde sie Bibelfrau unter Aussätzigen und kehrte 1949 nach England zurück. Ihre letzten Lebensjahre von 1958 – 1970 verbrachte sie in Taiwan. 1970 ist sie in Taipei gestorben.

Marguerite Yourcenar
Zwischen Klassik und Mystik

von Ursula Carl

Unbestritten ist Marguerite Yourcenar heute eine der größten Schriftstellerinnen französischer Sprache. Am 6. März 1980 wurde sie in die berühmte »Académie française« gewählt, die 1635 von Richelieu gegründete Institution, die über den guten Gebrauch der französischen Sprache entscheidet. Ihr Sitz ist in Paris, ihre Mitglieder werden die »Unsterblichen« genannt. Diese Auszeichnung ist um so bedeutsamer, als es lange Zeit Tradition war, nur Männer in die Académie aufzunehmen.

Marguerite Yourcenar, eigentlich Marguerite de Chayencour, wurde 1903 in Brüssel geboren. Der Vater war Franzose, die Mutter Belgierin. Ihre Kindheit verbrachte sie in Frankreich, später hielt sie sich die meiste Zeit ihres Lebens im Ausland auf: in Italien, der Schweiz, in Griechenland, in den USA. Da sie einem wohlhabenden Elternhaus entstammt, hatte sie das für einen Schriftsteller große Glück, ihren Lebensunterhalt nur zeitweise verdienen zu müssen: während des Zweiten Weltkrieges in den USA.

So konnte sie, ohne Kompromisse an den Zeitgeschmack, bis 1951 warten, ehe sie einen relativen Ruhm erlangte. Denn erst zu diesem Zeitpunkt, mit dem Erscheinen ihres Romanes »Memoires d'Hadrien (Ich zähmte die Wölfin)« wurde sie von der großen Öffentlichkeit überhaupt bemerkt und fand Eingang in die Gazetten und literarischen Magazine. Woran liegt es nun, daß – wie eingangs gesagt – eine Frau, die zu den größten modernen Schriftstellerinnen französischer Sprache gehört, dennoch nicht in aller Munde ist? Einmal sicher daran, daß sie nicht in Frankreich lebt. Seit über dreißig Jahren wohnt sie in einem Holzhaus mit dem hübschen Namen »Petite Plaisance« (Lustschlößchen) auf der Desert-Insel im Bundesstaate Maine in den USA. Wenn man Photos von ihr sieht, so meistens in malerischen, orientalisch inspirierten Gewändern, erd- und naturverbunden.

Sie gehört nicht zu den Modeautoren, die man gelesen haben muß.

Niemals hat sie sich irgendeiner literarischen Richtung verschrieben, im mondänen Leben, in Künstlerkreisen wird man sie wohl kaum antreffen. Wahrhaftig inspiriert, steht sie den Strömungen, Tendenzen und Modetrends gleichgültig gegenüber, was nicht heißt, daß die Geschehnisse unserer Zeit sie nicht berühren. Sie ist jederzeit bereit, sich für Umweltprobleme einzusetzen, sie nimmt in den USA an Kampagnen zur Verteidigung von Walen, Robben, Landschaften, Küsten und Meeren, an Demonstrationen gegen die Atomkraft teil, doch aus einem tiefen Gefühl der universellen Verantwortung heraus und nicht, weil es gerade Mode ist.
Bei Marguerite Yourcenar steht alles in einem universellen Ordnungsprinzip, beispielsweise stellt für sie der Holzlöffel, mit dem sie kocht, über den Arbeiter, der ihn schnitzte, und den Baum, der das Holz lieferte, die Verbindung zur Natur und dem Eingebettetsein in diese Natur her.
Ordnung und Geduld üben, die Welt zu ertragen, ohne die größere Ordnung und Perfektion zu vergessen, in die sich alle Dinge einordnen, diese Weisheit teilt sich dem Leser im Werk der Yourcenar mit.
Ein zweiter Grund für die geringe Popularität von Marguerite Yourcenar liegt sicher auch in ihren Themen. Die aktuelle Zeitgeschichte ist, als zu flüchtig und vergänglich, nicht das Thema ihres Werkes. Sie ist ganz auf die Vergangenheit, auf die klassische Geschichte ausgerichtet. Doch wäre es falsch, sie als Philosophin oder Historikerin zu sehen, die Romane schreibt.
Begonnen hat sie mit Gedichten, in denen »Les Songes et les Sorts – Träume und Schicksale« eine große Rolle spielen. Die Gedichte sind in Satzbau und Versmaß klassisch, und schon jetzt darf man die Autorin getrost zu den Klassikern zählen. Moderne Gedichte ohne Versmaß und Reim sind nicht ihre Sache, Poesie soll den Leser ins Unterbewußte führen, soll Magie, Zauber sein, muß letzten Endes geheimnisvoll bleiben wie die Riten und Gesänge der Religionen. In der Religion sieht sie, die ansonsten Herkunft und Heimat kein Gewicht beimißt, die Basis ihrer Kultur. Ihre Sprache ist nüchtern, korrekt, klassisch. Mit fester, unumstößlicher Gewißheit und Überzeugung gibt Marguerite Yourcenar einfachen, in der Hektik unserer Zeit oft längst vergessenen Gefühlen Ausdruck, mit Worten, die aus einer anderen Welt zu kommen scheinen.
Die Gedichte entstanden nicht am Schreibtisch, sondern zufällig: in einem Nachtzug, einem Wartesaal, einem Hotelzimmer, einer Kirche,

während eines Spazierganges. Diese Frau, von der man sagt, daß sie das Vorurteil von männlicher und weiblicher Literatur widerlege, die in keiner Weise sich den »weiblichen Sentimentalitäten« hingebe, ist doch anfällig für das Irrationale, das Mystische, das sie auch in der Selbstversenkung nach orientalischem Vorbild zu begreifen versucht.

Bei einem Aufenthalt in den Vereinigten Staaten 1937 und später, während des Zweiten Weltkrieges, war sie von den Gesängen der Schwarzen so fasziniert, daß sie unter dem Titel »Fleuve profond, sombre Rivière (Tiefer Strom, dunkler Fluß)« eine Übersetzung dieser Poesien veröffentlichte. Ihr Ziel war es auch, einen wichtigen Teil des kulturellen Erbes der Schwarzen aus der Zeit der Sklaverei und Unterdrückung zu bewahren. Für den Roman »L'oeuvre au Noir (Die schwarze Flamme)« bekam sie in Frankreich den »Prix Fémina«; trotzdem blieb sie, wie schon nach den Büchern »Alexis« und »Le Coup de Grace (Der Fangschuß)«, in Deutschland verfilmt von Margarete von Trotta, weiterhin nur der Geheimtip für eine kleine Minderheit. Erst 1951 nach dem Roman über den römischen Kaiser Hadrian, nahm die Presse und damit die große Öffentlichkeit von ihr Notiz.

Schon seit ihrer Kindheit war Marguerite Yourcenar mit humanistischer Bildung und griechischer Kultur und Sprache vertraut; ihre zahlreichen Reisen führten sie häufig nach Griechenland. Ihre Feststellung: »Es ist ein Schicksal, Grieche zu sein oder es sein zu wollen« entspringt nicht der Begeisterung einer Touristin. Es ist die ernstzunehmende Aussage einer Frau, die nicht nur zahlreiche Übersetzungen alter griechischer Autoren unter dem Titel »La Couronne et la Lyre« veröffentlichte, sondern die auch einen der größten griechischen

Marguerite Yourcenar

wurde am 7.6.1903 in Brüssel geboren. Der Vater war Franzose, die Mutter Belgierin. Ihre Kindheit verbrachte sie in Frankreich, danach lebte sie vor allem im Ausland: Italien, Schweiz, Griechenland, dann in den USA, wo sie seit über dreißig Jahren auf der Desert-Insel, an der Nord-Ost Küste lebt. Mit ihrem Roman »Erinnerungen des Kaisers Hadrian« hatte sie weltweiten Erfolg. 1968 erhielt sie für »Die schwarze Flamme« den französischen Literaturpreis »Prix Fémina«. Am 6. März 1980 wurde sie gegen starke Opposition in die »Académie Française« gewählt.

Dichter des 20. Jahrhunderts, Constantin Cavafy (1863 – 1933), durch ihre Übersetzung in Frankreich bekannt machte. Mit ihm verbindet sie die gemeinsame Ablehnung von jeglichem Dogmatismus, jeglichem Fanatismus und die gemeinsame Idee der Toleranz, sowie eine Lebensauffassung, die zwischen dem Streben nach Glück und der Enthaltsamkeit ein Gleichgewicht sucht.
Marguerite Yourcenar ist nicht die erste und gewiß nicht die einzige Autorin, die die Geschichte zum Gegenstand der Literatur macht. Doch sie bedient sich ihrer nicht, um den Leser in eine schönere, längst vergangene Welt zu führen, sondern weil sie der Ort ist, in dem die grundlegenden und ewig gleichbleibenden Probleme des Menschen aufgezeigt werden können. Marguerite Yourcenar, die sich für griechische Poesie, Spirituals, für das antike Rom und für die Alchimie interessiert, hat sich niemals damit zufriedengegeben, Gefühle, Worte oder Gedanken im luftleeren philosophischen Raum anzusiedeln; sie datiert sie, situiert sie vom Mittelmeer bis zum Baltikum, von China und dem Orient bis zum Italien Mussolinis. Aber die oft minuziösen geschichtlichen und geographischen Daten sind ihr nur der Rahmen für die ewige Tragödie des Menschseins.

Greta Garbo
»Die Göttliche«

von Margarete von Schwarzkopf

Schon zu Lebzeiten ist sie eine Legende geworden, wurde als »die Göttliche« tituliert und zum Mythos des Kinos. Um keinen anderen Star der Filmgeschichte ranken sich so viele Legenden und auch Rätsel wie um Greta Garbo, deren Gesicht der amerikanische Schriftsteller Truman Capote als »lebendig gewordene Imagination« beschreibt. Ihr Ruhm, der selbst dann noch wuchs, als sie jahrzehntelang keinen Film mehr gedreht hatte, mag uns heute fast ebenso geheimnisvoll erscheinen wie es diese Frau selbst ist, deren Biografen zum Thema Privatleben der Garbo nichts zu sagen wissen.

Denn als Privatmensch hat sich die Garbo, im Gegensatz zu den meisten anderen Berühmtheiten der glitzernden Kinowelt, schon bald nach Beginn ihrer Hollywood-Karriere geradezu unsichtbar gemacht. Sie lief mit Schals und Sonnenbrille vermummt spazieren, anstatt sich mit Prominenten den Kameras zu präsentieren oder auf Partys aufzufallen. Journalisten mied sie, und ihre Schüchternheit, die man zunächst für aufgesetzt, für einen Teil ihres Images als die unnahbar kühle Göttin aus dem Kino-Olymp hielt, erwies sich als einer der stärksten Charakterzüge der Garbo.

Als sie schließlich nach New York übersiedelte, tat sie dies auch, um ihrer Vergangenheit zu entkommen, anonym im Großstadtstrudel unterzutauchen. Immer wieder versuchten Reporter und Fotografen vergebens, einen Blick auf die Garbo zu erhaschen, ein Foto von ihr zu machen oder das Wort an sie zu richten. Die wenigen Aufnahmen aus ihren späten Jahren zeigen eine noch immer schöne Frau, die versucht, sich vor der Welt zu verstecken, ihre Figur und ihr Gesicht unter Tüchern und Hüten zu verbergen.

Wer aber war Greta Garbo? Ihr Leben gleicht ein bißchen jenen Märchen, die angeblich der Stoff für die besten Kinofilme sind. Geboren wurde sie am 18. September 1905 als Greta Lovisa Gustaffson in Stockholm. Ihr Vater verdiente als Müllmann und Straßenkehrer – manche Biografien nennen ihn einen Seemann – für seine große Familie den kargen Unterhalt. Als Greta 14 Jahre alt ist, stirbt der Vater, und das junge Mädchen bemüht sich, der Mutter finanziell zu helfen. Es tritt eine Stelle bei einem Herrenfriseur an. Hier muß Greta die Männer vor der Rasur einseifen. Jahre später erzählte sie noch oft und gerne, wie stolz sie auf ihr erstes verdientes Geld gewesen sei. Einer der Kunden sah das hübsche Mädchen und gab ihr eine Stelle in einem Kaufhaus. Zunächst mußte Greta hier Hüte aus- und einpakken, später dann durfte sie die Hüte als Modell vorführen. Die Wirkung war verblüffend. Greta Garbo besaß ohnehin, wie Filme immer wieder beweisen, ein ideales »Hutgesicht« – ein Gesicht mit großen Augen, einem breiten Mund, der je nach Mode der Zeit dünn oder voll geschminkt, Zurückhaltung oder Sinnlichkeit demonstrieren sollte.

Man sagt berühmten Schauspielerinnen oft nach, daß sie ihre Karriere vor allem »Freundschaften« verdankten. Gewiß wurde auch Greta Garbos weitere Laufbahn, die sie bald vom Kaufhaus fort in die Filmstudios führen sollte, durch die Fürsprache einflußreicher Herren gefördert. Aber verschenkt hat sie sich nie dafür. Sie hatte es nicht nötig. Ihre Schönheit, ihre unterkühlt wirkende Würde – die ihrer Schüchternheit entsprang, die sie nur schwer unterdrücken konnte – und ihr klarer Charakter halfen ihr, Männer zu bezaubern, ohne deren Geliebte werden zu müssen.

Zunächst tritt Greta Garbo in zwei Werbefilmen vor die Kamera. Noch arbeitet sie zu jener Zeit in dem Modehaus. Aber als man ihr für einen weiteren Werbefilm keinen Urlaub zubilligen möchte, kündigt sie und nimmt Schauspielunterricht. Über jene Anfänge ihrer Karriere schreibt sie später: »Ich war nun ein bezahlter Schüler ohne Vertrag. Das war die formelle Versicherung, daß ich eines Tages im Königlichen Theater von Stockholm engagiert werden würde. Und das geschah auch zwei Jahre später... Damals vertauschte ich auf Anraten meiner Freunde meinen Namen Gustaffson, der in Schweden allzu häufig ist, mit Garbo.«

Gustav Molander, der ehemalige Direktor der Stockholmer Schauspielschule, empfiehlt die 19jährige Schauspielerin seinem Freund Moritz Stiller, damals der berühmteste Filmregisseur Europas neben den Deutschen Georg Wilhelm Pabst und Friedrich Wilhelm Murnau. Über ihre Begegnung mit dem großen Regisseur berichtet Greta Garbo: »Er betrachtete mich vom Scheitel bis zur Sohle mit seinem schrecklichen Kritikerblick, sprach mit mir über belanglose Dinge, vom Wetter, und schickte mich weg mit der Zusage, mich am nächsten Tag anzurufen.« Der Anruf kam vier Tage darauf, und Stiller engagierte die Schauspielerin für eine Rolle in »Gösta Berling«, einer Verfilmung des Romans von Selma Lagerlöf.

Ein Jahr später, 1925, wirkte Greta Garbo in Berlin in Pabsts Film »Die freudlose Gasse« mit, einem Melodrama, das im Wien der Nachkriegszeit spielt. Im selben Jahr kommt Louis B. Mayer, einer der mächtigen Filmmagnaten Hollywoods, auf Talentsuche nach Europa. Die aufstrebende Kino-Industrie Amerikas brauchte Begabungen – Regisseure, Kameramänner und Schauspieler, die damals vor allem in Europa zu finden waren. Mayer bittet Stiller, nach Amerika zu kommen. Der aber will nur gehen, wenn seine Entdeckung, die junge Greta Garbo, mitkann.

In Hollywood, wo Stiller monatelang die Garbo als sein »Geschöpf« ausgibt, sie tyrannisiert und gängelt, beginnt der steile Aufstieg des Mädchens aus dem Armenviertel von Stockholm zu den Sternen – ein schöneres Märchen noch, als alles, was die Garbo später in ihren Filmen erlebte. Der Preis aber dafür erinnert an Hans Christian Andersens Geschichte von der »Kleinen Meerjungfrau«: Diese bekam Beine und durfte in der Nähe ihres geliebten Prinzen leben, verlor aber die Sprache und mußte mitansehen, wie der Prinz eine andere Frau heiratete. Die Garbo wurde innerhalb weniger Jahre zum vergötterten, umworbenen Star, opferte aber dafür ihr Privatleben. Freunde habe sie, ja, schreibt sie einmal in einem Aufsatz über ihre Karriere. Aber keine Zeit, wahre Beziehungen aufzubauen. Und je erfolgreicher sie wurde, desto stärker wurde ihre Menschenscheu, ihre Angst, »man könne ihr Leben stehlen, das heißt ihre Privatsphäre«, wie es Ingrid Bergman, Schauspielerin und Landsmännin der Garbo, in ihrer Autobiografie beschreibt.

Während ihr Freund und Förderer Moritz Stiller in Hollywood nicht den erhofften Lorbeer erntet, löst sich Greta Garbo dank der triumphalen Erfolge ihrer ersten Filme rasch von ihm. »The Torrent«, »Totentanz der Liebe« und »Das Fleisch und der Teufel« nach Hermann Sudermanns Roman »Es war«, gedreht 1925 und 1926, machen die junge Schauspielerin aus Schweden fast über Nacht berühmt. Die Kritiker sind außer sich vor Begeisterung, das Publikum strömt herbei, um diese Frau mit den faszinierenden Augen und dem geheimnisvollen Lächeln zu sehen. Stiller reist verbittert und alleine nach Europa zurück. Er stirbt 1928, in dem Jahr, in dem Greta Garbo drei Filme hintereinander drehte, darunter »Herrin der Liebe« unter der Regie von Clarence Brown. Im Jahr davor hatte sie als »Anna Karenina« vor der Kamera gestanden. 1935 spielt sie diese Rolle noch einmal in einem Tonfilm.

Die Zeit des Stummfilms ging in den späten zwanziger Jahren allmählich ihrem Ende entgegen. Für viele Schauspieler bedeutete das den Schlußstrich unter ihrer Laufbahn, da ihre Stimmen sich für das neue Medium nicht eigneten. Greta Garbo aber brauchte den Tonfilm nicht zu fürchten. Sie sagt über jene Anfänge der »sprechenden Bilder«:

»Ich haßte die Tonfilme, als sie anfangs herauskamen. Sie waren nichts als Knirschen und Knacken. Sie gehörten weder zum Kino noch zum Theater. Sie waren monströse Alpträume... Und jetzt, jetzt bin ich den Talkies verfallen...« Das war 1930, als die Garbo gerade die ersten Filme in zwei Fassungen, einmal stumm, einmal mit Ton, gedreht hatte. Natürlich bedeutete der Tonfilm eine enorme Umstellung für jeden Darsteller, da nun die Gestik und Mimik, die uns heute als typische Kennzeichen für Stummfilme oft übertrieben hektisch und aufgesetzt vorkommen, verhaltener eingesetzt werden mußten. Der Ton, das gesprochene Wort, konnte ja jetzt wilde Gesten und überdrehte Ausdrucksweisen ersetzen.

1930 drehte Greta Garbo ihren ersten »reinen« Tonfilm – gleich zweimal stand sie für »Anna Christie« vor den Kameras. Clarence Brown, mit dem sie immer wieder zusammengearbeitet hatte, schuf die amerikanische Version des Theaterstücks von Eugene O'Neill. Jaques Feyder führte Regie bei einer deutschen Fassung. Wie die Garbo später gestand, habe ihr die deutsche Fassung des Films, die auf allzu große Theatralik verzichtete, besser gefallen als die amerikanische.

Es ist erstaunlich, daß Greta Garbo, die insgesamt 28 Spielfilme zwischen 1924 und 1941 gedreht hat, eigentlich nie mit den größten Regie-Talenten ihrer Zeit zusammengearbeitet hat. Ausnahmen sind Stiller, Pabst, George Cukor und Ernst Lubitsch, mit dem sie 1939 in ihrem vorletzten Film, »Ninotschka«, zusammenwirkte. Lubitsch war es auch, der Greta Garbo endlich die Chance gab, in eine völlig andere Rolle zu schlüpfen, als sie es zuvor gedurft hatte. Meist trat sie als große Tragödin auf, spielte dramatische Frauengestalten wie die schwedische »Königin Christina« oder die unglückselige Spionin »Mata Hari«, die im Ersten Weltkrieg für die Deutschen in Frankreich

Militärs ausspionierte. Lubitsch aber ließ sie in »Ninotschka« eine russische Kommissarin verkörpern, die unfreiwillig in komische Abenteuer hineinschliddert und die Freuden des Kapitalismus (und die Liebe) kennenlernt.
Hier durfte Greta Garbo einmal Charme versprühen, Lebensfreude zeigen und die eher statische Distanziertheit früherer Rollen hinter sich lassen. So groß der Erfolg dieses Filmes war, so wurde der zweite Versuch der Garbo, im komödiantischen Fach Fuß zu fassen, ein glatter Mißerfolg, eigentlich der einzige große Mißerfolg ihrer fast zwanzigjährigen Kino-Karriere. George Cukors »Die Frau mit den zwei Gesichtern«, 1941 entstanden, kam weder bei der Kritik noch bei den vielen Garbo-Verehrern an. Greta Garbo zog daraus die für sie einzig mögliche Konsequenz: Sie nahm ihren Abschied von der Leinwand. Ein Grund für ihre Entscheidung mag auch gewesen sein, daß der Krieg sie von ihrem eigentlichen Publikum in Europa trennte. In Europa nämlich waren ihre Filme ein noch größerer Erfolg gewesen als in den USA.
In den Jahren darauf ist Greta Garbo oft gefragt worden, weshalb sie so oft mit unbekannten Regisseuren zusammengearbeitet habe und nicht mit der Elite Hollywoods. Sie meinte dazu nur, immerhin hätten sie diese »unbekannten Regisseure« berühmt gemacht, und außerdem sei sie treu: Es hatte fast so etwas wie eine Garbo-Familie bei den Dreharbeiten gegeben, denn die Schauspielerin zog immer wieder dieselben Masken- und Kostümbildner, oft denselben Regisseur und Kameramann hinzu. Vielleicht war das auch eine Art von Ersatz für die fehlende Familie im Privatleben. Denn Greta Garbo hat nie

Greta Garbo

wurde am 18. September 1905 in Stockholm als Greta Lovisa Gustaffson geboren. Erste Auftritte 1921/22 in Werbefilmen. 1923/24 erster Spielfilm »Gösta Berling«, unter der Regie von Moritz Stiller. 1925 in Berlin »Die freudlose Gasse«, Regie: G. W. Pabst. 1925 nach Hollywood. Insgesamt 28 Spielfilme bis 1941, darunter »Menschen im Hotel« (1932), »Die Kameliendame« (1936) und »Maria Walewska« (1937). Zieht sich 1941 nach dem Mißerfolg von »Die Frau mit den zwei Gesichtern« vom Film zurück und lebt in großer Abgeschiedenheit in New York.

geheiratet und immer wieder betont, sie sei zur Junggesellin geboren. Manche ihrer Biografen sehen darin die Wurzeln ihrer kühl schönen Ausstrahlung, die keine Nähe, keine Intimität zuließ, die ihren Anblick immer einen »Genuß für die Seele und den Verstand, selten aber für die Sinne und das Herz« werden ließ.
Das Interesse an Greta Garbo blieb auch nach ihrem Abschied vom Kino lebendig, ja, steigerte sich Jahr um Jahr. Immer wieder boten ihr Regisseure Rollen an und versuchten sie aus ihrer freiwilligen Abgeschiedenheit herauszulocken. Aber sie lehnte alle Filmangebote kategorisch ab, weigerte sich, im Fernsehen aufzutreten, und gab, wenn überhaupt Interviews, dann nur kurze Statements ab, in denen sich ihre Einsamkeit widerspiegelte wie in einer Bemerkung, die sie anläßlich ihres 70. Geburtstags gegenüber einem Journalisten von sich gab: Alles sei verwahrlost, alles, vor allem aber die Politik.
1951 erwarb sie die amerikanische Staatsbürgerschaft und blieb endgültig in den USA. 1955 bekam sie dann für ihre Verdienste um das Kino den »Oscar«, jene heiß begehrte Auszeichnung, die man ihr während ihrer aktiven Zeit stets verweigert hatte. Vielleicht ist Greta Garbo vielen von uns heute als Idealtyp sehr fremd. Vielleicht verstehen die neuen Generationen, die für Marilyn Monroe schwärmen oder für andere Schauspielerinnen, deren Aufleuchten am Kino-Himmel kurz und kometenhaft ist, nicht einmal mehr, weshalb diese Frau zur Legende, zum Mythos werden konnte. Vielleicht wirken ihre Filme auf uns heute gestelzt und ihre Bewegungen theatralisch, fast schon albern. Doch muß man das Phänomen Greta Garbo auch als Teil der noch jungen Geschichte des Kinos verstehen. Das Kino hat immer schon seine »Stars« und »Götter« gebraucht, um die eigene Existenz zu rechtfertigen, die ja weltfremd und phantastischer ist als jedes Märchen. Für das noch junge Kino der zwanziger Jahre war diese schöne, äußerlich zarte und innerlich zugleich starke Frau, die die Phantasie der Zuschauer – und davon lebt das Kino – anzuregen verstand, eine Offenbarung. Ähnliches hat es nie wieder im Kino gegeben, wo die Zeit der Leinwand-Götter ohnehin vorüber ist.

Simone de Beauvoir
Rebellin aus gutem Hause

von Ursula Carl

»Das Wunderbare an Simone de Beauvoir ist, daß sie die Intelligenz eines Mannes ... und die Sensibilität einer Frau hat.« Dieser Ausspruch ihres Lebensgefährten Jean-Paul Sartre nimmt auf, was in Kindheit und Erziehung Simone de Beauvoirs entscheidend gewesen ist und ihre spätere Haltung wesentlich geprägt hat: die Dualität einer männlichen und weiblichen Welt. Auf der einen Seite die streng katholische Erziehung durch die fromme Mutter, auf der anderen Seite das Vorbild des ungläubigen, brillianten, geistigen und weltlichen Interessen verbundenen Vaters – diesen Gegensatz, der für ihre Zeit und Gesellschaft typisch ist, macht sie in »Memoiren einer Tochter aus gutem Hause« dafür verantwortlich, »daß eine Intellektuelle aus mir geworden ist«; er sollte für Simone de Beauvoirs Einstellung in allen Fragen der Frau entscheidend sein. Diese Haltung machte sie für den kollektiven Frauenkampf zu einem Idol, zur Verkörperung ihrer Revolte.
Simone de Beauvoir wurde am 9. Januar 1908 in Paris geboren. Ihre Eltern, George und Françoise de Beauvoir, waren gut situiert, der Vater war Jurist, die Familie gehörte dem französischen Bürgertum an. Das Gefühl der liebevollen Geborgenheit im Elternhaus wurde auch nach dem Ersten Weltkrieg, als die Familie nach finanziellen Spekulationen des Vaters zu den neuen Armen gehörte, in sehr viel bescheideneren Lebensverhältnissen bei der nunmehr elf Jahre alten Simone nicht erschüttert. Durch die Geldknappheit bedingt, legte man mehr Wert auf kulturellen als auf luxuriösen Aufwand. So wurde hier die Liebe Simone de Beauvoirs für Bücher, für Ideen, für Philosophien und Kultur geprägt. Ihr ganzes Leben lang hegte sie für den Konsum- und Repräsentationszwang des wohlhabenden Bürgertums nur Verachtung. Im übrigen aber blieb sie in den mittlerweile als Künstler- und Intellektuellenviertel berühmten Pariser Stadtteilen Montparnasse und Saint Germain-des-Prés, dem besonderen Milieu ihrer Kindheit, immer verwurzelt.

Der Versuch, die Fesseln dieser Gesellschaftsklasse, in die sie hineingeboren wurde, abzulegen, begann im Alter von vierzehn Jahren, als sie, die gläubige, fromme und brave Tochter, nach der Lektüre eines Balzac-Bandes plötzlich erkannte, daß nichts sie zum Verzicht auf die irdischen Freuden bringen könnte. Da es für sie nur die Möglichkeit gab, sich eher eine Welt ohne Schöpfer zu denken, als einen Schöpfer, der mit allen Widersprüchen der Welt beladen war, wurde sie in dem Bekenntnis »ich glaube nicht mehr an Gott« niemals mehr schwankend. Diese für ihr ganzes Leben und Werk einschneidende Feststellung änderte nichts an ihren moralischen Wertvorstellungen, die die eines Christen blieben, wenn auch ihre Werke auf den Index der Kirche kamen und von dieser scharf angegriffen wurden.
Als die Musterschülerin 1925 das französische Abitur am Cours-Désir, einem katholischen Mädcheninstitut, ablegte, wurde die Entfremdung zwischen Eltern und Tochter, die die Pflichten einer »Tochter aus gutem Hause« schon seit Jahren nicht mehr kritiklos akzeptierte, endgültig. Simone gestand den bislang vor Eltern, Lehrern und Mitschülern verborgenen Verlust ihres Glaubens ein, die Entfremdung zwischen Mutter und Tochter wurde vollständig, da Simone sich nicht nur gegen den Glauben, sondern gegen die ganze Form der Existenz der Mutter und die traditionelle Rolle der Frau in der Familie auflehnte.
Schon mit fünfzehn war Simone de Beauvoir fest entschlossen, sich in der Welt der Schriftsteller und Denker einen Platz zu schaffen. Der Vater selbst hatte, für ihre gesellschaftliche Stellung damals noch ungewöhnlich, Simone nach dem Abitur für das Studium und den Lehrberuf bestimmt, da sie, wie auch ihre zwei Jahre jüngere Schwester, wegen der mangelnden Mitgift doch nicht heiraten würden, also arbeiten müßten. Die anfänglich noch andauernde Bewunderung und Zustimmung des Vaters schlug um, als Simone in jenen Jahren immer weniger Wert auf ihre äußere Erscheinung legte und die gesellschaftlichen Pflichten eines jungen Mädchens immer mehr vernachlässigte. Zwar wohnte Simone, von ihnen streng be- und überwacht, bis zum Abschluß ihrer Studien bei ihren Eltern, sie bestimmten sogar die Wahl ihrer Studienfächer – Philologie und Philosophie – mit, doch die Kluft zwischen ihnen wurde immer größer. Sie leugnete die ihr in der Kindheit vermittelten Werte niemals ab, doch die »hohlen Worte, die heuchlerische Moral, die Hierarchien, Zeremonien und eitlen Überheblichkeiten« des Bürgertums waren es, wogegen sie sich

wirklich und eigentlich auflehnte. Sie identifizierte sich mit den jungen Autoren ihrer Zeit, mit denen sie das Unbehagen und die Kritik am Bürgertum, dem sie alle entstammten, verband.
1928/29 schrieb Simone de Beauvoir ihre Diplomarbeit über Leibniz, legte ihre Probezeit als Lehrerin am Lycée Janson-de Sailly ab und bereitete sich an der Sorbonne auf die »agrégation« in Philosophie vor (eine sehr anspruchsvolle Prüfung, durch welche die besten Lehramtskandidaten Frankreichs für die wichtigsten Stellen an den Gymnasien des Landes ausgewählt werden).
In das Jahr 1929 fällt auch die Bekanntschaft mit Jean-Paul Sartre, der bis zu seinem Tode ihr Freund, Gefährte und Geliebter bleiben wird; eine Beziehung, die auf einem Pakt beruhte, der beiden gleichermaßen absolute Freiheit und Gleichberechtigung zugestand. Durch diesen genialen Philosophen und Schriftsteller fand und behauptete Simone de Beauvoir ihren Platz in einer Art geistigen Elite, die sich zu den Privilegierten zählte – zu denen, welche die Wahrheit besaßen. Mittelmäßige und Andersdenkende fanden vor ihren Augen wenig Gnade. 1929 bestand sie, als Zweitbeste hinter Sartre, die »agrégation«. Der Wunsch, Bücher, Romane zu schreiben, war in ihrem Kopf noch undeutlich, ungeordnet, aber klar war für sie das Ziel: »... den Irrtum bekämpfen, die Wahrheit finden und künden, die Welt aufklären, vielleicht sogar ihr zu einer Wandlung verhelfen«.
Die Befreiung vom Elternhaus, vom sozialen Umfeld, war nun vollzogen. Freiheit – ein Grundbegriff existentialistischer Philosophie – dieses Gefühl wurde für sie zunächst vorherrschend und bedeutete finanzielle Unabhängigkeit von den Eltern, ein eigenes Zimmer, zunächst ein Mietzimmer bei der Großmutter, später verschiedene Hotelzimmer. Erst 1954 hatte sie Lust und die finanziellen Mittel, sich ein Studioappartement gegenüber dem Friedhof Montparnasse in Paris zu kaufen. Nur während des Krieges kochte sie für Sartre und sich, sonst ging sie in Restaurants essen und vermied jede Hausfrauentätigkeit.
Im Glück sah sie die Wahrheit und den Sinn ihrer Existenz und der Welt, und sie fand es sowohl in der endlich erreichten Selbständigkeit wie auch in der das ganze Leben dauernden Bindung an Sartre, von dem sie sich geistig beherrscht fühlte und der ihr durch seine Klugheit, seine Kultur, seine Autorität unbegrenzt imponierte. Das Anlehnungsbedürfnis, das hier deutlich wird, widerspricht nach Meinung vieler Kritiker den Forderungen, die sie in dem Buch »Das andere Ge-

schlecht« vertrat. Auch sie selbst fühlte so etwas wie Unbehagen in dieser Abhängigkeit, weshalb sie die von 1929 bis 1936 beruflich bedingte räumliche Distanz zu Sartre (sie unterrichtete zuerst in Marseille, dann in Rouen) als Möglichkeit zur Selbstfindung nutzte. Die Probleme zwischenmenschlicher Beziehungen, die auch in der Idealverbindung Sartre/Beauvoir auftraten, beschäftigten sie ein Leben lang und nahmen in ihrem schriftstellerischen Werk einen festen Platz ein, eine Problematik, die sie in ihrem ersten, den Durchbruch bringenden Roman »Sie kam und blieb« behandelt.

War sie damals noch fasziniert von allem, was außerhalb der bürgerlichen Norm stand, von allen, die »auf die eine oder andere Art ihre Zugehörigkeit zur zivilisierten Menschheit verleugneten«, wie Kriminelle, Narren, Prostituierte, Bettler, die Helden von Kriminalromanen und Wildwestfilmen aus Amerika, so machten die Geschehnisse des Zweiten Weltkrieges aus der politisch kaum interessierten Individualistin eine politisch und geistig engagierte Frau. Verantwortung und Solidarität wurden fortan zum obersten Lebensprinzip. Im geistigen Widerstand und in der schriftstellerischen Auseinandersetzung mit der Besetzung Frankreichs sah sie ihre Aufgabe in jener Zeit.

Die Solidarität mit einer ihrer Schülerinnen und einem spanischen Juden brachte ihr 1943 die Entlassung aus dem Schuldienst ein, doch fand sie bald eine wenn auch schlecht dotierte Verwendung als Programmgestalterin bei Radio Nationale. Die Entbehrungen der Kriegsjahre ertrug sie lächelnd, da sie die Dinge auf das Wesentliche konzentrierten, wie sie sagte. Schwerer traf sie die Auseinandersetzung mit dem täglich zu befürchtenden Verschwinden oder dem Tod von Freunden und Bekannten, die im Widerstand engagiert waren. Diese Situation führte damals bei ihr zu einem Gefühl der Sinnlosigkeit menschlicher Existenz. Doch festigte sich gerade auch in dieser Zeit in ihr wie auch ihren Freunden der Plan, für die Nachkriegszeit eine Ideologie, eine neue Möglichkeit des Weiterlebens anzubieten. Sie sollte auf der Idee der Freiheit und des selbstverantwortlichen Handelns des Menschen beruhen, in einer Welt, die nicht von einem göttlichen Willen, sondern vom Willen und der Verantwortung des Menschen getragen wird. Bei Simone de Beauvoir kann man diese Philosophie auch auf die Worte »Freude, Ziel, Tätigkeit, Bemühen« bringen und damit ihren positiven Charakter unterstreichen.

In dieser Zeit entstand der Roman »Das Blut der Anderen«, der jedoch, da er direkt das Thema von Besetzung und Widerstand behandelt, erst

1945 veröffentlicht werden konnte. Auch der historische Roman »Alle Menschen sind sterblich« kann im weiteren Sinne als von dieser Zeit inspiriert angesehen werden. Sie selbst hielt ihn für ihren besten, die Kritiker waren und sind anderer Meinung. In den folgenden Jahren konzentrierte sie sich daher hauptsächlich auf Essays und Reportagen; mit Sartre und einigen anderen war sie Herausgeberin der Zeitschrift »Les Temps Modernes (Moderne Zeiten)«.

Ihre Artikel, die berüchtigte Bezeichnung »Existentialistin«, die Verbindung ihres Namens mit dem berühmteren Sartres, dies alles rückte beide ins Rampenlicht der Öffentlichkeit, was Simone de Beauvoir zumindest einige Zeit lang durchaus genoß.

Ihrem Ruhm war es auch zu verdanken, daß sie schon bald nach Kriegsende, durch keine beruflichen Verpflichtungen gehemmt (sie war wieder in den Schuldienst aufgenommen worden, hatte sich jedoch beurlauben lassen), Reisen ins Ausland unternehmen konnte. Glücklich darüber und zugleich zutiefst betroffen, verarbeitete sie das Gesehene mit sozialem Bewußtsein in zwei Reisebüchern, in ihren umfangreichen Memoirenbänden und in den »Mandarins von Paris«. Länder kennenlernen, ihre sozialen Verhältnisse schreibend einer größeren Öffentlichkeit bekanntmachen und damit die Verhältnisse vielleicht ein wenig verbessern, dies sah sie als ihre Aufgabe an. Politisch standen sie und Sartre seit Kriegsende der Kommunistischen Partei nahe; der Glaube an die Idee des Kommunismus geriet jedoch auf den Reisen ins kommunistische Ausland immer wieder ins Wanken und wurde schließlich gänzlich erschüttert.

Simone de Beauvoir

wurde am 9.1.1908 in Paris als erstes Kind wohlhabender Eltern geboren. Nach einem Studium der Philologie, Mathematik und Philosophie arbeitete sie zunächst im Lehrberuf. Die Bekanntschaft mit dem Philosophen und Schriftsteller Jean-Paul Sartre (1929) bestärkte ihren Wunsch, als Schriftstellerin ihren Ideen und Zielen von einer neuen Gesellschaft in Freiheit und Verantwortung Ausdruck zu verleihen. Unter dem Einfluß der existentialistischen Philosophie entstanden eine Reihe von Romanen, Essays und theoretischen Abhandlungen. Ihr berühmtestes Buch »Das andere Geschlecht« ordnet sie in die Reihe der modernen Frauenbewegung ein. Tod am 14.4.1986.

Da Unterdrückung, Gewalt und Ungerechtigkeit die großen Themen Simone de Beauvoirs waren, konnte sie kaum an der Unfreiheit der Frau in einer von Männern beherrschten Welt vorbeigehen. Das Ergebnis dieser Auseinandersetzung wurde ihr berühmtestes Buch: »Das andere Geschlecht«, 1949 erschienen, das mit der Verneinung einer naturgegebenen Unterlegenheit der Frau gegenüber dem Mann und der Ablehnung aller herkömmlichen weiblichen Rollenzuweisung, auch der Mutterschaft, zum Grundlagentext für die emanzipatorische Frauenbewegung wurde.
Immer mehr war sie auch dazu bereit, in tagespolitischen Arbeiten, Wahlversammlungen, bei Kongressen, Demonstrationen und Aufrufen mit ihrem Namen und persönlichem Einsatz für Gerechtigkeit und Freiheit einzutreten. So finden auch die Werke Simone de Beauvoirs, die sich mit ihrem eigenen und dem allgemeinen Problem des Altwerdens auseinandersetzen, eine Art Lösung im Tätigsein für einzelne, für Gruppen oder für eine Sache.

Simone Weil
Die Kompromißlose

von Volkmar Zühlsdorff

Dieses Buch handelt von großen Frauen unserer Zeit. Wer darunter Persönlichkeiten versteht, die in diesem Leben Erfolg hatten, der mag das Kapitel über Simone Weil getrost überschlagen. Erfolg hat diese ungewöhnliche Frau in den kurzen vierunddreißig Jahren ihres Lebens nie gesucht. Und Ruhm gewann sie erst nach ihrem Tode.

Das Große an Simone Weil war, daß sie die Wahrheit über alles liebte und entschlossen war, bedingungslos gemäß dem, was sie als wahr erkannt hatte, zu leben. Dabei war Wahrheit für sie etwas anderes als das, was die moderne Wissenschaft mit ihren Zahlen, Maßen, Fakten darunter versteht – unlöslich verbunden nämlich mit Gerechtigkeit und Schönheit. Sie erkannte diese drei als Erscheinungsformen des Guten, ihrem Ursprung nach nicht von dieser Welt. Für Simone Weil, die ohne Glauben aufwuchs und doch in der Tiefe ihrer Seele immer von Gott wußte, war Wahrheit ein Teil dessen, was sie die »andere Wirklichkeit« nannte, Teil des Jenseitigen also.

Die Atmosphäre ihres Elternhauses in Paris, wo sie am 3. Februar 1909 geboren wurde, war die des liberalen jüdischen Bürgertums. Ihr Vater, der Arzt Bernard Weil, war Elsässer. Seine Eltern hatten in Straßburg noch die Synagoge besucht, die Eltern seiner Frau Salomea Reinherz aus Rostow am Don waren bereits Freidenker gewesen. Simone und ihr drei Jahre älterer Bruder André wuchsen mit den griechischen Sagen und Grimms Märchen auf, vom Alten und Neuen Testament wußten sie nichts.

Als 1914 der Krieg ausbrach, war Simone erst fünf Jahre alt, und doch begriff sie bereits, daß Krieg Leid bedeutet. In einem heißen Mitgefühl, das später die ganze Menschheit umfassen würde, versuchte sie, das Leid zu lindern. Sie sparte sich Zucker und Schokolade vom Munde ab, um sie den Soldaten an der Front zu schicken.

Man mag dies vielleicht noch damit erklären, daß Simone, weil der Vater als Arzt sogleich eingezogen wurde und die Familie mitnahm, mehr als andere Kinder von den Leiden der Verwundeten erfuhr. Doch was bei Sieg und Friedensschluß fünf Jahre später in ihr vorging, war in höchstem Maße erstaunlich. Sie spürte, daß in Frankreich »der Wille, den geschlagenen Feind zu demütigen, überall zutage trat«. Sie fand dies abscheulich. »Es hat genügt, mich ein für alle Mal von jeder Art von naivem Patriotismus zu heilen.« Und dann fügt sie hinzu: »Unter den Demütigungen, die mein Land anderen antut, leide ich mehr als unter denen, die ihm selber zugefügt werden.«

Daß ein junger Mensch im Alter von zehn Jahren inmitten allgemeinen Siegestaumels die innere Kraft aufbrachte, sich davon abzusetzen und mitzuempfinden, was der Friedensvertrag von Versailles 1919 den Unterlegenen antat, das war nicht nur ein Zeichen für die ungemeine Unabhängigkeit des Fühlens und Denkens, die Simone ihr ganzes Leben hindurch auszeichnete. Es ist auch die Offenbarung eines leidenschaftlichen Sinnes für Gerechtigkeit, den sie seit frühester Kindheit verspürte, den sie mitbrachte in diese Welt. Und mehr noch als Gerechtigkeit – es war, wie ihr später bewußt wurde, in Wahrheit christliche Nächstenliebe, der sie, als sie von Christus noch nichts wußte, den Namen Gerechtigkeit gab.

Hochbegabt von Kind auf, lernte sie, noch ehe sie zur Schule ging, heimlich von ihrem Bruder lesen und überraschte den Vater, wie ihr Biograph Jacques Cabaud berichtet, zu Neujahr 1915 damit, daß sie ihm aus der Zeitung vorlas. Mit elf Jahren schrieb sie ihr erstes Märchen, »Die Feuergeister«, dessen Gestalten alle griechische Namen tragen – es wurde 1962, lang nach ihrem Tode, in der Zeitschrift »Figaro Littéraire« veröffentlicht. Eine Musterschülerin war sie nicht. Sie galt als exzentrisch, da sie keinerlei Wert auf ihr Äußeres legte, und sie »verhaute« 1927 auch einmal eine Semesterprüfung, weil sie, statt zu studieren, in Pariser Cafés, rauchend wie ein Schlot, nur über Philosophie diskutiert hatte. Aber daß sie wegen der Tiefe, Originalität und Spannweite ihres Denkens zur Spitzengruppe gehörte, daran war nie ein Zweifel. In der Tat errang sie bei der akademischen Aufnahmeprüfung 1928 in Paris den ersten Platz, vor Simone de Beauvoir, der später so berühmten Schriftstellerin, und vor dreißig männlichen Kandidaten; beim Abschluß wurde sie als »brillant« beurteilt.

Simone selber hatte in ihrer Jugend tiefe Selbstzweifel. Sie hielt sich für mittelmäßig, insbesondere wohl im Vergleich zu ihrem geliebten Bruder, der damals schon als mathematisches Genie galt. So verzweifelt war sie darüber, daß sie mit vierzehn ernsthaft daran dachte, sich das Leben zu nehmen. Nicht deshalb etwa, weil sie gefürchtet hätte, sie könnte keinen Erfolg haben, das war ihr gleichgültig. Sondern weil sie glaubte, nur das Genie habe Zugang zu jener »anderen Wirklichkeit«, dem jenseitigen Reich, nach dem sie sich von Jugend an sehnte. Dessen Wahrheit, und die allein, schien ihr von irgendwelchem Wert auf dieser Welt. »Ich wollte lieber sterben, als ohne sie zu leben«, schrieb sie viel später in ihrem Briefwechsel mit dem Dominikanerpater Jean-Marie Perrin, dem wir so viel der Kenntnis von ihrem geistlichen Werdegang verdanken.

Doch nach Monaten »innerer Verfinsterung« empfing sie »persönlich und für immer die Gewißheit, daß jedes menschliche Wesen, auch wenn es fast keine natürlichen Fähigkeiten besitzt, in das dem Genie vorbehaltene Reich der Wahrheit eindringt, sofern es nur die Wahrheit begehrt und sein nie nachlassendes Bemühen mit offenem Geiste darauf richtet, sie zu erkennen«. Das Wort, das sie für dieses Bemühen gebraucht, ist »Aufmerksamkeit«. Was sie aber damit meint, ist eine auf das Jenseitige gerichtete Versenkung. Diese Vierzehnjährige, die sich noch für eine Atheistin hielt, entdeckte in ihrer äußersten Not die schweigende Meditation, eine Vertiefung ins Gebet ohne Worte, bei dem ihr Geist oftmals wie außerhalb des Leibes war, so wie man es von Gläubigen, Christen wie Nichtchristen, kennt.

In ihrem vierzehnten Jahr begannen auch jene dauernden Kopfschmerzen, die sie ihr ganzes Leben lang nicht mehr verließen. Sie wurden heftiger und quälender seit dem Winter 1931, nach einem wilden Rugbyspiel, und hörten auch während des Schlafs nicht mehr auf. Die Ärzte nannten es einen chronischen Stirnhöhlenkatarrh. Simone selber sprach von einem Schmerz »im Mittelpunkt meines Nervensystems, dort, wo Seele und Körper zusammenkommen«. Für sie war diese lähmende, zuweilen unerträgliche Pein nicht bloßer Zufall. Sie nahm sie, wie alles in ihrem Leben, als vom Schicksal auferlegt hin und trug sie in vollkommenem Gehorsam. Später, nachdem Christus ihr begegnet war, wird sie sagen, daß jedes Unglück, jeder verzehrende Schmerz ebenso wie jede tiefe Freude eine Berührung durch Gott ist, vom Menschen, je nach seiner Liebe zu ihm, als Freude oder Leid empfunden.

Man begreift, wie bewundernswert stark Simone Weils Charakter war, wie spartanisch ihre Selbstdisziplin, wenn man sieht, was sie in den zehn Jahren von 1930 bis 1940, als die Schmerzen am zermür-

bendsten waren, dennoch geleistet hat. Nach ihrer akademischen Abschlußprüfung 1931 wurde sie Lehrerin. Da war zunächst der Unterricht, den sie an den Oberstufen der Schulen in Le Puy, dann Auxerre, Roanne, Bourges und St-Quentin gab. 1931 gab sie ohne Entgelt Kurse in einer Studiengemeinschaft von Arbeitern in St-Etienne und schrieb Artikel für drei oder vier Zeitschriften.

Im Sommer 1932 war sie in Berlin und verfaßte eine Serie von Aufsätzen über die Lage in Deutschland vor Hitlers Machtergreifung. 1934 und 1935 arbeitete sie in drei Fabriken und lebte von dem kärglichen Lohn – als sie arbeitslos wurde, von 3.50 Franken am Tag. Im Spanischen Bürgerkrieg ging sie 1936 zwei Monate lang auf republikanischer Seite an die Front. Immer wieder Aufsätze und Vorträge. Dazwischen Reisen nach Portugal, in die Schweiz und nach Italien.

Als Hitler im März 1938 in Prag einmarschiert, gibt sie ihren Pazifismus auf, »weil der Verlust für die Menschheit unermeßlich wäre, fiele Europa mehrere Generationen lang einer blinden Tyrannis zum Opfer«. Bei Kriegsausbruch am 3. September 1939 kehrt sie von Nizza nach Paris zurück, hilft Flüchtlingen, flieht dann nach der deutschen Besetzung über Vichy nach Marseille und arbeitet dort für die Résistance. Im Juni 1942 gelingt es ihr, mit den Eltern über Algerien New York zu erreichen. Aber schon im November schifft sie sich wieder nach England ein mit dem Ziel, von dort ins besetzte Frankreich zur Résistance zurückzukehren.

Zur gleichen Zeit verfaßte sie den größten Teil ihrer Werke, die später, fast alle nach ihrem Tode 1943, in mehr als zwanzig Bänden erschienen. Es ist ein unermeßlicher Reichtum an Gedanken, Essays, kritischen Betrachtungen, die da in diesem kurzen Leben zusammenkamen – über Gesellschaft, Staat und Politik, Glaube und Philosophie, Geschichte, Wissenschaft, Kunst, Bildung und so fort. Mit harten Urteilen oft, denn sie litt an dem Verfall von Geist und Gesellschaft in unserer Zeit, wie an einem persönlichen Unglück.

Ein Leben angestrengter Tätigkeit also, wobei fast alles, was sie unternahm, wesentlich war für ihre geistige Entwicklung und sogleich Niederschlag fand in ihren Schriften. Da war etwa ihre Liebe zu den Armen. Schon als Studentin hatte sie Fühlung zu Gewerkschaftsführern gehabt, sie schrieb in linken Blättern, nahm teil an Protestzügen und Streiks, hielt Ansprachen, wurde als Lehrerin strafversetzt. Leo Trotzki traf die »Rote Jungfrau«, wie sie sehr bald hieß, 1933 im Haus

ihrer Eltern in Paris und erklärte beim Abschied: »Sie können sagen, daß die Vierte Internationale in Ihrem Hause gegründet wurde!«
Daß sie sich nie mit bloß Gedachtem begnügte, ist bezeichnend für diese kompromißlose Frau. Sie wollte wissen, wie das in Wahrheit ist, zu leben als Fabrikarbeiter. Sie zog ins Arbeiterviertel, ging als Ungelernte. Und das war dann wirklich eine Leib und Geist zerrüttende Erfahrung – acht oder zehn Stunden täglich im Akkord, nichts mehr denken können als Erfüllung des Solls, manchmal bis zum Weinkrampf, am Ende mit dem Gefühl, zum Sklaven ihrer Maschine geworden zu sein. Aber sie hielt durch.
Und sie erkannte, daß es nicht die körperliche Anstrengung, nicht einmal die Armut ist, was die Menschen erniedrigt – sondern der Zwang zu endlos stumpfsinnigen Handgriffen ohne eine Beteiligung am Sinnzusammenhang des Ganzen durch eigenes Denken und Entscheiden. Und sie folgerte sogleich, daß also nicht »die Revolution« das Heilmittel sei. Denn an dieser Entwürdigung würde sie nichts ändern – siehe das Beispiel der Sowjetunion, die die Arbeiter in »ungezügelter Brutalität« einer noch härteren Bürokratie unterworfen und ihnen sogar die freien Gewerkschaften genommen habe.
In ihrer unerbittlichen Wahrheitsliebe veröffentlichte Simone Weil all dies am 25. August 1933 in der kommunistischen Gewerkschaftszeitung »La Révolution Prolétarienne«. Und sie fügte hinzu: »Wir wollen nicht das Kollektiv als höchsten Wert verteidigen, sondern den einzelnen Menschen ... Die wahre Demokratie ist ihrem Wesen nach nichts anderes als die Unterordnung der Gesellschaft unter den Menschen.«
Kein Wunder, daß ihr Verhältnis zu den Marxisten sich von da an abkühlte. Trotzki nannte sie hinfort kleinbürgerlich. Und Simone erklärte später in einer ihrer glänzenden Formulierungen, nicht die Religion, wie Karl Marx behaupte, sondern die Revolution sei »Opium für das Volk«.
Als Simone zu Ostern 1938 mit ihrer Mutter in der Benediktinerabtei Solesmes war und den Gregorianischen Choral hörte, den sie überaus liebte, überfiel sie wiederum der unerträgliche Kopfschmerz. »Jeder Ton traf mich wie ein Schlag.« Und doch gelang es ihr, während sie sich unter Qualen wand, »aus diesem elenden Fleisch herauszutreten« und in befreitem Geist sich ganz und voller Liebe in die unendliche Schönheit der Gesänge zu versenken.
Da plötzlich verspürte sie, »obwohl gänzlich unvorbereitet auf dergleichen (ich hatte nie die Mystiker gelesen), eine Gegenwart –

persönlicher, gewisser und wirklicher als die irgendeines menschlichen Wesens. Dies ergriff weder die Sinne noch die Phantasie, es war wie die Liebe, die einem aus dem zärtlichsten Lächeln eines geliebten Menschen entgegenstrahlt.«

Was sie nie für möglich gehalten hatte, geschah ihr – der unendliche Gott, Christus, bemächtigte sich ihrer, »in einer wirklichen Berührung, von Person zu Person, hier auf Erden, einer Berührung zwischen dem menschlichen Wesen und Gott«.

Dies war fünf Jahre vor ihrem Tod und geschah ihr von da an noch mehrmals. »Ich glaube an Gott«, bekannte sie gegen Ende ihres Lebens in ihren »Letzten Texten« in England, »an die Dreifaltigkeit, an die Menschwerdung, an die Erlösung, an die Eucharistie, an die Lehren des Evangeliums.« Daß sie glücklich wäre, für Christus ihr Leben geben zu können, hatte sie mehr als einmal bekannt.

Daß Simone Weil, diese glühende, von Natur aus christliche Seele, sich dennoch nicht taufen ließ, ist wiederum Ausdruck ihrer Entschlossenheit zu äußerster, bedingungsloser innerer Wahrhaftigkeit. Sie war überzeugt, daß Christus von Anfang an, lang vor seiner Menschwerdung, in allen Völkern der Erde gegenwärtig war und daß alle, je nach

Simone Weil,

philosophische und gesellschaftskritische Schriftstellerin, wurde am 3. Februar 1909 von jüdischen Eltern in Paris geboren. Obgleich glaubenslos erzogen, beschäftigte sie sich von Jugend an mit dem Jenseitigen, der »anderen Wirklichkeit«. Nach dem Studium von Philosophie, klassischer Philologie und Naturwissenschaften lehrte sie von 1931 bis 1938 an französischen Schulen. Zugleich engagierte sie sich leidenschaftlich durch Aufsätze in radikalen Zeitschriften, Reden, Teilnahme an Protestmärschen und Streiks für soziale Fragen. Nach persönlicher Erfahrung mit Fabrikarbeit (1934–35) kam sie jedoch zur Überzeugung, daß die Revolution kein Heilmittel sei.
1936 ging sie im Spanischen Bürgerkrieg auf republikanischer Seite nach Barcelona. 1938 hatte sie eine mystische Begegnung mit Christus, trat jedoch, obgleich vom christlichen Glauben durchdrungen, der Kirche nicht bei. Nach Hitlers Einmarsch in Frankreich (1940) engagierte sie sich in der Résistance, gelangte 1942 in die Vereinigten Staaten, kehrte aber nach wenigen Monaten um, weil sie zur Résistance zuruckwollte. Sie starb am 24. August 1943 in Ashford (England). Ihre umfangreichen Arbeiten und Aufzeichnungen wurden zum größten Teil erst nach ihrem Tode veröffentlicht.

ihrer geistigen Bereitschaft, in verschiedener Art göttliche Offenbarungen empfangen haben. Die universale christliche Kirche müsse dies anerkennen und mit in sich aufnehmen. Sie hat ein ganzes Buch von fünfunddreißig Thesen darüber geschrieben und trug in sich ein brennendes Gefühl weltweiter Mitverantwortung. Simone de Beauvoir sagte einmal von ihr, sie beneide sie um ein Herz, das für den ganzen Erdkreis zu schlagen imstande sei.
Simones zerrüttete Gesundheit verhinderte, daß man ihr erlaubte, von England aus zur Résistance nach Frankreich zurückzugehen. Aber in einer leidenschaftlichen Geste mitmenschlicher Solidarität bestand sie darauf, nur gerade so viel zu essen, wie es den Menschen im besetzten Frankreich, gemäß den amtlichen Rationen, erlaubt war. Dies hat zu ihrer Entkräftung und zu ihrem frühen Tod beigetragen. Sie starb am 24. August 1943 in Ashford in der Grafschaft Kent, nach ärztlichem Zeugnis an »Herzversagen auf Grund einer durch Hunger und Lungentuberkulose verursachten Herzmuskelschwäche«.
Für Simone Weil gilt das Wort, daß niemand größere Liebe habe, als wer sein Leben gibt für seine Freunde.

Mutter Teresa
Für die Ärmsten der Armen

von Gerda Neumann

»Es war einmal ein albanisches Bauernmädchen, das hieß Agnes. Es lebte froh und zufrieden mit seinen Eltern, mit Bruder und Schwester in der gebirgigen Umgebung von Skopje in Jugoslawien.« Unsere Geschichte beginnt wie ein Märchen und könnte eins sein, so wunderbar ist der weitere Verlauf. Als Agnes achtzehn Jahre alt war, veränderte sich ihr Leben plötzlich von Grund auf. Sie erhielt einen Ruf Gottes. Das kam so: In einer Zeitschrift der Marianischen Kongregation ihrer Heimat las Agnes von der Tätigkeit jugoslawischer Jesuiten in Indien. Da spürte sie plötzlich, daß Gott ihr befahl, auch dorthin zu gehen und sich seinem Dienst zu weihen. Sie erkundigte sich, wie sie das bewerkstelligen könne, und erfuhr, daß die irischen Schwestern von Loreto eine missionarische Tätigkeit in Indien ausübten. So entschloß sich Agnes, die Heimat und alles, was ihr bis dahin liebgewesen, zu verlassen und reiste nach Dublin ins Mutterhaus der Loreto-Schwestern in Rathfarmham. Dort wurde sie zunächst in der englischen Sprache unterrichtet und auf ihren Dienst vorbereitet. 1928 schickte man sie nach Darjeeling im Himalaya, wo sie ihr Noviziat ableistete.

Die großartige Landschaft beeindruckte sie tief und galt ihr als Zeichen göttlicher Allmacht. Am Ende ihres zweijährigen Noviziats legte sie ihre Gelübde ab und nahm den Namen Teresa nach der »kleinen« Heiligen an. Sie wurde sodann nach Entally gesandt, das im Osten von Kalkutta liegt, um dort an der von den Schwestern unterhaltenen High School für bengalische Mädchen Geographie und Geschichte zu unterrichten. Unmittelbar hinter dem Schulgelände begannen die Slums von Kalkutta. Schwester Teresa ging nie dorthin. Sie war glücklich und erfolgreich in ihrer Arbeit als Lehrerin und Erzieherin und wurde Rektorin der Schule, an der sie fast zwanzig Jahre unterrichtete.

Als Schwester Teresa am 10. September 1946 zu einem Erholungsaufenthalt nach Darjeeling reiste, erging während der Eisenbahnfahrt die Berufung an sie. Ganz plötzlich spürte sie, daß Gott sie zum Dienst der Nächstenliebe an den Allerärmsten ausersehen hatte. Dies war für sie »der Tag der Entscheidung«. Doch zunächst mußte sie sich von der Oberin ihres Ordens die Erlaubnis erbitten, das Kloster verlassen und allein außerhalb arbeiten zu dürfen. Dazu brauchte sie die Genehmigung des Erzbischofs von Kalkutta, die dieser ihr nach eingehender Prüfung ihrer Gründe gewährte. Nach einer kurzen Ausbildung in der Krankenpflege verließ sie das schützende Haus am 8. August 1948 im weißen Sari mit blauer Borte und einem Kreuz auf der linken Schulter, also ohne das Gewand der Klosterschwester. Dieser Abschied war schwer für sie, schwerer als einst der von ihrer Familie, den die jugendliche Begeisterung erleichterte. Sie verzichtete damit auf die Sicherheit, die der Orden ihr bot und auf die Gemeinschaft mit den Schwestern. Dennoch blickte sie zuversichtlich in die Zukunft, denn sie folgte ja Gottes Gebot. An Geld besaß sie nicht mehr als fünf Rupien.

Sie mußte sich, obwohl er fast vor ihrer Tür lag, den Weg in den Slum erst erfragen. Binnen kurzem fand sie ein überaus bescheidenes Quartier und begann sofort, ihre ersten Schüler, fünf an der Zahl, zu unterrichten. Es waren größere Kinder, die sie das Alphabet und ein wenig Hygiene lehrte. Für gutes Lernen gab es als Belohnung ein Stückchen Seife. Es ist ein Rätsel, wie sie es fertigbrachte, zu existieren, zu helfen und zu geben. Doch sagt sie selbst, daß sie nicht betteln mußte, sondern von Anfang immer Menschen fand, die sie unterstützten, weil sie ihr Tun beobachtet hatten. Schwester Teresas Charme, der aus Güte und Frömmigkeit stammte, war und ist unwiderstehlich. Eine indische Familie, die Gomes, bot ihr eine leere Etage in ihrem Haus an, die sie im Februar 1949 bezog. Bereits im März stellte sich die erste Helferin ein, Schwester Agnes, eine Schülerin, die aus Liebe zu ihr Teresas Taufnamen angenommen hatte. Es kamen mehr und mehr Mitarbeiterinnen hinzu, darunter ausgebildete Ärztinnen und Schwestern, und so war Teresas Hilfstruppe auf achtundzwanzig angewachsen, als sie ein unweit gelegenes Haus im Stadtteil Kalighat beziehen konnten. Jetzt waren die Voraussetzungen zur Gründung und Anerkennung einer Kongregation erfüllt. Die »Missionarinnen der Nächstenliebe« lebten nach Regeln, die Mutter Teresa, nun Oberin, entworfen und mit Experten ausgearbeitet hatte. Unbedingte Armut und die Verkündigung der Frohen Botschaft durch den Dienst an den Ärmsten waren die obersten Gebote. Zehn Jahre lang durften die »Missionarinnen der Nächstenliebe« ihren Dienst nicht über Kalkutta hinaus ausdehnen, so verlangen es die Regeln der Kirche. Ein Orden braucht diese Zeit, um sich in Ruhe zu konstituieren und das für seine Zwecke nötige Team aufzubauen. Das war hart für Mutter Teresa, die in einem Alter stand, in dem sich der Mensch seiner besten Kräfte bewußt ist und diese entsprechend einsetzen möchte. Sie und ihre Schwestern übernahmen die schwersten sozialen Aufgaben, die man sich vorstellen kann: Sterbepflege, Sammeln und Aufziehen verwaister und unerwünschter Kinder und die Versorgung von Leprakranken.

Auf den Straßen von Kalkutta fand Mutter Teresa eines Tages eine sterbende Frau, die sie nach lebhaftem Protest schließlich in eins der Hospitäler bringen durfte. Doch es war zu spät. Die Frau starb auf dem Transport. Die Vorstellung, daß es unter den 100000 Obdachlosen in Kalkutta viele gab, die unbeobachtet, von Ratten und Ungeziefer angenagt, buchstäblich in der Gosse verreckten, war ihr unerträglich.

Sie ruhte deswegen nicht eher, bis ihr die Behörden ein Heim für solche Fälle zuwiesen, es war ein leerstehendes Pilgerheim auf dem Gelände des Tempels der Göttin Kali. Das machte böses Blut. Ein führendes Mitglied der Kali-Verehrer versprach seinen Glaubensbrüdern, die Nonnen von dort zu vertreiben. Aber ein Rundgang durch

Mutter Teresa

wurde am 27.8.1910 als Bauernkind in Skopje (Jugoslawien) geboren. Mit 18 Jahren vernahm sie ihre erste religiöse Berufung: Sie ging nach Dublin zu den Schwestern von Loreto, um von dort als Missionsschwester nach Indien geschickt zu werden. Fast 20 Jahre unterrichtete sie in Kalkutta. 1946 fühlte sie sich zum zweitenmal berufen: Gott hatte sie für den Dienst an den Allerärmsten ausersehen. Nach der Ausbildung in Krankenpflege eröffnete sie eine Laienschule. Nach zwei Jahren übernahm sie mit 30 Mitarbeiterinnen schwerste soziale Aufgaben. Ab 1960 konnte sich ihr Orden »Missionarinnen der Nächstenliebe« über die ganze Welt ausbreiten. 1971 erhielt Mutter Teresa den Friedenspreis des Papstes, 1972 den Nehru-Preis für Internationale Verständigung, 1973 den Templeton-Preis für Fortschritt in Religion, 1979 den Friedensnobelpreis in Oslo.

das Haus belehrte ihn eines Besseren. Er erklärte, daß er die Schwestern nur fortschicken würde, wenn die Kali-Anhänger dazu bereit wären, ihren eigenen Müttern und Schwestern den schweren Dienst aufzubürden, den die Missionarinnen verrichteten. Natürlich konnten sie bleiben. Fast die Hälfte der aufgelesenen Sterbenden erholte sich und verbrachte noch eine gute Zeit im Heim. Von denen, die starben, sagte einer: »Ich habe als Bettler gelebt und sterbe wie ein König.«

Viele Kinder werden in Indien ausgesetzt, vor die Türen von Heimen und Pfarreien gelegt, »weggeworfen«. Oft sind es Kinder von Jugendlichen, die Idolen nacheifernd, Sex probieren, ohne die geringste Ahnung von Verhütungsmitteln zu haben. Diese winzigen Wesen am Leben zu erhalten und tüchtige Menschen aus ihnen zu machen, gehört zu den Aufgaben der »Missionarinnen der Nächstenliebe«. Es gibt im Waisenhaus Sishu Bhavan, das auch aus dem Nichts erstand, Verkrüppelte und Behinderte, manche von ihnen sterben. Aber viele bringt man durch, lehrt sie ein Handwerk und entläßt sie unter günstigeren Bedingungen ins Leben. Auch ledige Mütter werden aufgenommen und können dort ihr Kind zur Welt bringen. Ein Lebensmittelvorrat wurde angelegt, und hier gab es von nun an regelmäßige Speisen für die Armen.

Auf der Welt gibt es schätzungsweise 4 Millionen Leprakranke, davon leben allein in Indien 2 Millionen. Sie wurden, wenn ihre Krankheit bekannt wurde, von den eigenen Angehörigen verstoßen und mußten – oft aus begüterten Familien stammend – ihre Heimat verlassen, um irgendwo unerkannt sich bettelnd durchs Leben zu schleppen. Mutter Teresa kam auf indirekte Weise dazu, sich auch um die Leprakranken zu kümmern. Ein Heim der Barmherzigen Schwestern von Gobra sollte aus Gründen der Stadtsanierung geschloßen werden. Damit wären 150 Patienten obdachlos geworden. Mutter Teresa wandte sich an ihren einflußreichen Gönner, den Gesundheitsminister, der ihr eine Unterkunft in einem Distrikt anbot, den sie wegen Mangels an gutem Wasser für ungeeignet hielt. Noch durften die Patienten in ihrem Heim bleiben. Aber Mutter Teresa wurde aktiv, sie informierte sich über die neuen Heilmethoden des belgischen Arztes Dr. Hemerycks. Nach ihnen durften die Leprakranken, solange keine akute Ansteckungsgefahr bestand, bei ihren Angehörigen bleiben und wurden regelmäßig ambulant behandelt. Diesen Dienst übernahmen die Schwestern mit mobilen

Behandlungsstationen. So blieben die Familien zusammen und viele, die sich nicht der Öffentlichkeit gezeigt hatten, kamen zu diesen Stationen. Die Chancen der Besserung, ja der Heilung sind um so größer, je früher die Behandlung einsetzt. Es war den Schwestern klar, daß sie selbst vor Ansteckung nicht sicher waren, und eine ganze Reihe erkrankte auch, aber wie ihr Beichtvater mitteilt, »danken sie dem Herrn für diese Gnade«. Doch auch Einrichtungen alten Stils wurden gebraucht, so wurde mit der »Stadt des Friedens« eine Kolonie für Leprakranke samt Rehabilitationszentrum gegründet. Als die 10jährige Wartezeit um war, begann Mutter Teresa noch am gleichen Tage, Niederlassungen in Neu-Delhi und anderen indischen Städten vorzubereiten. Inzwischen war die Kunde von ihrem Wirken weit in alle Welt gedrungen. In der Nähe von Caracas (Venezuela) wurde die erste überseeische Station der »Missionarinnen« 1965 gegründet. Es folgten weitere in Tansania und in Rom, in Australien (ein Zentrum für Eingeborene, die Weißen hatten keinen Bedarf), in Jordanien. 1970 entstand ein Noviziat für Novizen aus aller Welt in London. Der Orden weitete sich 1971 bis New York aus, nach Nordirland und Bangladesh. Weitere Gründungen folgten: Im Jemen, in Peru, in Äthiopien und Neuguinea, wie auch an neuen Stätten in Ländern, die bereits von Schwestern betreut wurden. Seit 1969 wurde auch die »Internationale Vereinigung der Mitarbeiter Mutter Teresas« dem Orden der »Missionare der Nächstenliebe« angegliedert, und Papst Paul VI. segnete die Verfassung ab. Öffentliche Ehrungen kamen von allen Seiten: 1971 der Friedenspreis von Papst Paul VI., der Nehru-Preis für Internationale Verständigung 1972; der Templeton-Preis in London 1973 und schließlich in Oslo der Friedens-Nobelpreis im November 1979.
Wie konnte es einer kleinen, unauffälligen Frau gelingen, das Interesse der Weltöffentlichkeit auf Dinge zu lenken, die getan werden mußten? Mutter Teresa ist völlig ohne Eitelkeit. Sie fühlt sich als Werkzeug Gottes, nicht anders als etwa »sein Bleistiftstummel«. In den Armen, denen sie dient, liebt und ehrt sie Christus. Die Liebe zu ihm verleiht ihr die Kraft, täglich vierundzwanzig Stunden in seinem Dienst zu sein. Sie arbeitet von morgens früh bis spät in die Nacht, und ihre Güte, ihr Optimismus haben sie in allen den Jahren auch der anstrengenden Reisen nicht verlassen, sondern strahlen noch heute ebenso auf andere aus. Ohne Bettelei vermag sie den Reichen klar zu machen, daß sie geben müssen, aber nicht nur Almosen, son-

dern auch Gaben, die Opfer bedeuten. Allein die BBC-Sendung über sie brachte 20000 Pfund für ihr Werk ein.
Die Verkündigung der Frohen Botschaft ist nicht leicht. Man stelle sich vor: Sechs junge Mädchen ziehen, der Landessprache unkundig, in den Jemen und bauen dort eine Leprastation auf, fern der Heimat, fern der Oberin, fern allen geistlichen Zuspruchs, dessen sie bedürfen, aber zunächst umgeben von Mißtrauen. Sie wissen nicht, ob sie je ihre Heimat wiedersehen. Die »Schwestern der Nächstenliebe« müssen jederzeit reisefertig sein. Sie besitzen nichts außer drei Ordensgewändern – den blauen Sari über weißem Gewand –, einen Koffer und das Nötigste für die Körperpflege. Für noch wichtiger als ihre ständige Bereitschaft hält Mutter Teresa die Beständigkeit der Freude am schweren Dienst.
Mutter Teresa versieht jedes Haus mit sieben bis acht Schwestern. 209 befinden sich zur Zeit im Noviziat. 50 Bewerberinnen haben sich aus Europa und Amerika gemeldet. Doch brauchte sie mindestens 450 Anwärterinnen, wollte sie alle 58 Anmeldungen auf Errichtung neuer Häuser berücksichtigen.
Mutter Teresa ist Optimistin geblieben und hat Grund dazu. Wie oft hat sie erlebt, daß die Sorgen von gestern sich bereits heute von selbst erledigten! Sie ist ein Beispiel dafür, daß der Glaube Berge versetzen kann, und sie vertraut dem Opfersinn junger Menschen, von denen man nach ihrer Erfahrung nicht wenig, sondern viel verlangen muß. Was sie mit ihrem Orden praktisch erreichte, mag wie ein Tropfen im Ozean des Leides der Welt sein. Aber das Beispiel ist, was zählt. Es wirkt weiter und hat ein weltweites Echo gefunden.

Marguerite Duras
Auf der Suche nach der Liebe

von Ursula Carl

Frankreich hat eine literarische Sensation. Marguerite Duras, die schon seit Jahren zur literarischen Szene gehört und die Samuel Beckett »Frankreichs bedeutendste lebende Schriftstellerin« genannt hat, wurde im Herbst 1984 mit dem »Prix Goncourt«, dem begehrtesten französischen Literaturpreis ausgezeichnet. »L'Amant (Der Liebhaber)« heißt der Roman, für den die über 70jährige in allen französischen Zeitungen und Zeitschriften enthusiastisch gefeiert wird.
Dieser Roman der Autorin, die in Deutschland vor allem mit ihren Büchern »Moderato Cantabile«, »Das Pferdchen von Tarquinia« und den Kurzgeschichten »Ganze Tage in den Bäumen« bekannt wurde und deren neuester Film »Die Kinder« auf der Berlinale 1985 großen Beifall erhielt, ist entschlossen autobiographisch. Er spielt in der ehemaligen französischen Kolonie Indochina. Die Hauptperson – die Hauptfiguren der Duras sind meist Frauen – ein Mädchen, 15 Jahre alt, am Beginn der Entdeckung der eigenen Sinnlichkeit, wie sie erlebt wird in der leidenschaftlichen Liebesbeziehung zu dem 35jährigen Sohn eines reichen chinesischen Immobilienmaklers. Nach der Trennung wegen der Rückkehr der Familie nach Frankreich und nach vielen Jahren, in denen die Ich-Erzählerin als Schriftstellerin in Paris lebt – Heirat, Kinderkriegen und Scheidung durchlebt hat – meldet sich der ehemalige Liebhaber, um ihr zu sagen, daß er sie immer lieben werde. Sinnlichkeit und Liebeserfahrung werden, wie in allen Büchern der Duras, auch hier als Naturkatastrophe geschildert, die durch die dünne Wand der gesellschaftlichen Konventionen bricht, frei von jeglicher Sentimentalität.
Am 14. April 1914 wurde Marguerite Duras in Gia-Dinh, in der Nähe von Saigon, in der damals noch französischen Kolonie Indochina geboren. Ihre Mutter war Lehrerin, der Vater Mathematikprofessor. Beim Tod des Vaters war Marguerite Duras vier Jahre alt, die Mutter wurde zunächst nach Vinh-Long, dann nach Sadec, beides kleine

Städte im Mekong-Delta, versetzt. Die Erinnerungen an ihre Kindheit in der vietnamesischen Landschaft sind »schöner als alles, was ich jemals schreiben könnte«, so erinnert sie sich. Doch wurden ihr damals schon die mit dem Kolonialsystem, dem Rassismus und der Vorherrschaft der Weißen verbundenen Ungerechtigkeiten bewußt. Einer ihrer ersten Romane »Un Barrage contre le Pacifique«, in dem sie beides, Schönheit der Landschaft und Verbrechen der Kolonialherren, zum Ausdruck bringt, stellt deshalb so etwas wie eine Abrechnung mit dieser Kolonialkindheit dar. Aus dieser Erfahrung heraus stellte sie sich später, im Unabhängigkeitskrieg Algeriens gegen Frankreich, auf die Seite Algeriens.

Nachdem sie den ersten Teil ihres Abiturs in Paris abgelegt hatte, mit Vietnamesisch als Fremdsprache, kehrte sie nach Saigon zurück, um dort das Abitur zu vollenden. Danach nahm sie endgültig ihren Wohnsitz in Paris und legte nach etwas ungezielten Studien ein Examen in Jura ab. 1939 heiratete sie Robert Antelme, Autor von »L'Espece Humaine (Die menschliche Rasse)«. 1942 begegnete sie Dyonis Mascolo, dem Verfasser von »Le Communisme (Der Kommunismus)«, von dem sie einen Sohn bekam. Die geistige Verbundenheit zu diesem Mann war dauerhaft, in vielen ihrer Filme spielt er eine wichtige Rolle. Damals trat sie auch in die kommunistische Partei ein, die sie später jedoch wieder verließ, nicht zuletzt wegen ihrer Überzeugung, daß alle Parteien gleichermaßen gefährlich seien. 1943/44 entstanden auch ihre ersten Romane »Les Impudents« und »La Vie Tranquille«. Nach Kriegsende schloß sie sich den literarischen Zirkeln um den französischen Schriftsteller und Philosophen Jean-Paul Sartre an. In dieser Zeit entwickelte sich auch ihre Leidenschaft für den Film. Zwischenzeitlich – einen »Bestseller« hatte sie vor »L'Amant« nicht – arbeitete sie im Ministerium für Kolonialangelegenheiten.

Von 1950 an veröffentlichte sie regelmäßig Romane und schrieb Theaterstücke. 1958 hatte sie mit dem Roman und Film »Moderato Cantabile« nicht nur in Frankreich, sondern auch in Deutschland einen unbestreitbaren Erfolg, doch der große Ruhm kam erst 1960 auf dem Filmfestival in Cannes mit dem Film »Hiroshima, mon Amour«, für den sie das Drehbuch geschrieben hatte.

Ihr Engagement im Komitée Schriftsteller/Studenten bei den großen französischen Studentenunruhen im Mai 1968 machte sie für die etablierte Gesellschaft noch mehr als bisher zu einer Außenseiterin, die mit der literarischen Auseinandersetzung um diese Unruhen,

ihrem Roman »Detruire, dit-elle«, ihre Überzeugung von der sich vollziehenden Zerstörung der abendländischen Gesellschaftsform zum Ausdruck brachte.
Seither hat Marguerite Duras viele Werke veröffentlicht, weit über 40, doch immer mehr wurde der Film das künstlerische Medium, in dem sie, besessen von ihrer Arbeit, sogar selbst die Regie übernimmt. Viele ihrer Romane, Novellen, Erzählungen, Drehbücher wurden zu Filmen verarbeitet. 1973 erklärte sie in einem Interview, daß, um ein Buch wirklich abzuschließen, um einen Schlußpunkt setzen zu können, sie einen Film davon drehen müsse. Häufig beschäftigen sie die Personen, Probleme und Situationen eines Stückes so sehr, daß sie in einem neuen Werk wieder auftauchen.
Seit dem Erscheinen von »Moderato Cantabile«, bei dem sie selbst von einer »Wende zur Aufrichtigkeit« sprach – man hat sie seither auch in die literarische Richtung des »Nouveau Roman (Neuen Romanes)« gepreßt –, ist das Werk der Duras von einer extremen Nüchternheit geprägt. Ohne die ihr lächerlich erscheinenden Ausschmückungen des klassischen, traditionellen Romans, reduziert sie in einer fast primitiven Umgebung die tief verborgenen Konflikte und Spannungen zwischenmenschlicher Beziehungen auf das Wesentliche. Es sind Probleme einer verlorenen Welt, mit fast psychoanalytischer Distanz aufgezeigt, eine Problematik, die sich wie ein Schrei durch das Werk der Duras zieht. In »Das Pferdchen von Tarquinia« läßt sie eine ihrer Hauptfiguren sagen, daß »keine Liebe der Welt die Liebe ersetzen könne«. Und man nimmt dieser Frau wohl die Höhen und Tiefen, die Leidenschaften des Lebens ab. Vieles ist auch hier autobiographisch:

Marguerite Duras

wurde am 14. April 1914 in Gia-Dinh in Vietnam geboren, wo sie ihre Kindheit und Jugend verbrachte. Seit dem 18. Lebensjahr lebt sie in Paris. Nach einem Studium der Rechtswissenschaft arbeitete sie zunächst im Ministerium für Kolonialfragen, während der Besetzung Frankreichs im Zweiten Weltkrieg gab sie diesen Posten auf, um sich der Literatur zu widmen. Unter dem Einfluß der literarischen Richtung des »Nouveau Roman« entstanden zahlreiche Romane, Theaterstücke, Erzählungen, Novellen, Drehbücher, u.a. zu »Hiroshima, mon Amour«. 1984 erhielt sie für ihren autobiographischen Roman »L'Amant (Der Liebhaber)« den »Prix Goncourt«.

Das Problem der Alkoholabhängigkeit beispielsweise ist ihr eigenes gewesen. Während der letzten großen Entziehungskur hat ihr ein um viele Jahre jüngerer Mann geholfen, mit dem sie seit Jahren zusammenlebt.
Im Werk von Marguerite Duras stehen immer Frauen in der Konfrontation zur Männerwelt im Mittelpunkt. Viele ihrer brutalen, einschneidenden Äußerungen würden sich auf dem Banner der emanzipatorischen Frauenbewegung gut ausnehmen, doch steht ansonsten die Passivität in krassem Gegensatz zur von Feministinnen geforderten Aktivität. Passivität zeichnet in der Tat die Frauen im Werk Marguerite Duras' aus, eine Passivität und ein Schweigen, die jedoch das Gegenteil von Resignation und Schwäche sind. Und genau dies ist der eigenwillige Beitrag der Duras zum Feminismus, ein Beitrag, der sich, wie auch ihre kommunistische Überzeugung, nicht in das offizielle Programm einer Bewegung einordnen läßt.

Indira Gandhi
Die Unbeugsame

von Gisela Bonn

Indira Gandhi war nicht nur die Tochter eines großen Vaters. Bereits als junges Mädchen entwickelte sie ein eigenes und sehr eigenwilliges Profil. Zwar leugnete sie nicht, in ihren politischen Vorstellungen von ihrem Vater Jawaharlal Nehru geprägt worden zu sein, aber mit der Rolle eines bloßen Nachfolgers hätte sie sich niemals zufriedengegeben. Auch liebte sie es nicht, als »Frau« apostrophiert zu werden. Sie war der Ministerpräsident von Indien – Madame Primeminister.

Es kann kein Zufall gewesen sein, daß Indira Gandhi die politische Szene Indiens seit 1966, seit sie zum ersten Mal Ministerpräsident wurde, beherrschte. Selbst als sie 1977 das hohe Amt für zwei Jahre und neun Monate verlor, blieb sie im Brennpunkt der Politik als eine Frau, die sich biegt, aber nicht bricht.

Ihr schmales Gesicht mit den Zügen einer Römerin oder einer Rajputen-Prinzessin verriet Ernst, Energie und Disziplin, in manchen Augenblicken sogar Unduldsamkeit und Strenge gegen sich selbst. Aber hatte es wirklich, wie der Amerikaner Welles Hangen schreibt, etwas »abschreckend Königliches«? Wo immer ich sie auftreten sah, geschah das ohne königlichen Pomp, so als käme sie zufällig vorbei. Sie besaß die große Gabe, sich unter einfachen Menschen zu bewegen, als gehöre sie zu ihnen. Bharat Mata – Mutter Indiens. Nicht Public-Relations-Fachleute legten ihr diesen Beinamen zu, er kam aus einem Volk, dessen Hoffnung sie war.

Fast schien es, als wollte sie sich nicht erlauben, was anderen Frauen selbstverständlich ist: Sie trug keinen Schmuck, kein Make-up, für die Dienststunden wählte sie einen einfachen Sari aus Baumwolle. Man war versucht zu glauben, was ihre Anhänger behaupteten: Solange Indien leide, wolle Indira nicht glänzen. Mehr als innenpolitische Taktik war hier menschlicher Takt im Spiel – ein Sinn für das Angemessene und Mögliche.

Im Gegensatz zu fast allen Inderinnen, die ihre glatten Haare zu einem schweren Knoten am Hinterkopf aufbinden, trug Indira leicht gewelltes, kurzgeschnittenes Haar. Ihre dunklen Augen, über denen die Brauen sich in einem originellen Schwung wölbten, verrieten Nachdenklichkeit und Melancholie. Wenn sich Indira von ihrem Partner angesprochen fühlte, vermochte sie ihn durch ein fast mädchenhaftes Lachen zu entwaffnen. War sie amüsiert, zuckte etwas wie kindliche oder auch verschmitzte Heiterkeit um ihre Mundwinkel. Langweilte oder ärgerte sie sich, reagierte sie wie Vater Jawaharlal Nehru mit eisigem Schweigen. Sie konnte sich in einer Weise zurückziehen und unbeteiligt erscheinen, daß ihre jeweiligen Gesprächspartner sie voller Wut verließen und von Hochmut und Arroganz, ja sogar von Demütigung durch sie sprachen.

Über Indiras Persönlichkeit ist viel geschrieben worden, am meisten von jenen, die sie nie empfangen hat, die sich kein Bild machen konnten oder wollten, wer Indira wirklich war. Nur wenigen gelang es, sie treffend zu beschreiben, das heißt, die Distanz zu überwinden, die Indiens Regierungschefin in ihrem ganzen Leben gegenüber anderen zu wahren verstand. Sie machte es gewiß weder Freunden noch Feinden leicht, sie zu begreifen. Sie war nicht »easy-going« – wie die Engländer sagen – nicht leicht zu haben, nicht einfach zu durchschauen. Wie sollte sie auch. Ihr Leben hatte sie gelehrt, auf der Hut zu sein, auf Distanz zu gehen. Der Freiheitskampf gegen die englischen Kolonialherren hatte bereits in ihrer Kindheit und Jugend tiefe Spuren im Wesen der Indira Gandhi hinterlassen. An frühen Erfahrungen mit Macht und Gewalt hat es Indira nicht gefehlt. Mit fünf Jahren sah sie, wie ihr Vater, einen Protestmarsch gegen die Engländer durch Allahabad anführend, von der berittenen Polizei der Fremden mit Stockschlägen traktiert wurde, aber, wenn auch blutüberströmt, aufrecht und wortlos weiterschritt, getreu den Forderungen Gandhis nach passivem Widerstand und gewaltloser Abwehr. Der Mahatma wurde zu einer der großen Bezugspersonen in Indiras Leben, zu einem Ratgeber, der ihr eine Welt eröffnete, die sich erheblich von der des reichen, den Luxus liebenden, sie mit Geschenken verwöhnenden Großvaters Motilal Nehru unterschied. Durch Mahatma Gandhi lernte Indira, einfach und asketisch zu leben, sie lernte zu dienen.

Ihre erste Feuerprobe bestand sie mit fünf Jahren. Die Nehrus hatten beschlossen, nicht nur – wie der Mahatma verlangte – englische Waren zu boykottieren, sondern alles, was sie an britischen Gütern besaßen, zu verbrennen. Von diesem Feuer, das im Hofe des großvä-

terlichen Hauses, des Anand Bhavan, loderte und alle europäischen Gegenstände zerstörte, sprach die ganze Nation. Wenige Tage nachdem die fressenden Flammen das weiße Haus in ein glühendes Rot getaucht hatten, lehnte die kleine Indira ein Kleid ab, das ihr ein Freund des Vaters aus England mitgebracht hatte. Der unvernünftige Mann machte seinem Ärger Luft und erklärte ihr ironisch, wenn sie so fanatisch sei, müsse sie auch ihre Lieblingspuppe wegwerfen, da sie ebenfalls aus England stamme. Das unglückliche Kind geriet in einen schlimmen Konflikt. Es liebte die Puppe mehr als alle anderen Spielsachen, aber es war gleichzeitig erfüllt vom Kampfeswillen gegen alles Britische. Schließlich opferte Indira die Lieblingspuppe, warf sie in ein Feuer, das sie selbst auf dem Dach von Anand Bhavan entzündete. Nach mehr als 60 Jahren hatte sie den Zwischenfall noch nicht vergessen. »Ich erinnere mich genau, was ich fühlte, mir war es damals, als ermordete ich jemanden. Seither hasse ich es, ein Streichholz zu entzünden.«

Eigenartig genug – aber charakteristisch: Die Frau, die das mit leiser Stimme und ohne Pathos erzählte, suchte kein Mitleid, und vielleicht warb sie – in einen einsamen Stolz gehüllt – nicht einmal um Verständnis.

Von ihrer Kindheit sagte sie: »Alle meine Spiele waren politischer Natur, für mich war die Politik einfach da. Sie gehörte zu meinem Leben.« Ihr Einsatz für Indien war groß. Sie bezahlte ihr Rendezvous mit der Politik mit dem höchsten Preis, ihrem Leben. Es wird zu den großen Tragödien des Landes gerechnet werden, daß sie selbst, um ihre Vorurteilslosigkeit und ihren Willen zum inneren Frieden zu beweisen, gegen den Rat der Sicherheitsbehörden die beiden Sikh-Soldaten behielt, die am 31. Oktober 1984 zu ihren Mördern werden sollten.

»Geschichte zu lesen ist gut«, schrieb einst Jawaharlal Nehru aus dem Gefängnis an seine Tochter Indira, »besser ist es jedoch, mitzuhelfen, Geschichte zu machen.«

Indira Gandhi hat Geschichte gemacht, anders, dramatischer und tragischer, als der Vater es ahnen konnte. Nehru legte das Fundament, auf dem Indira bauen sollte. Für sie bedeutete das die Ablösung einer großen Vergangenheit, die Transformierung einer traditionell religiösen Gesellschaft in eine säkulare Gemeinschaft. Nicht mehr Transzendenz-Erfahrung, sondern wissenschaftliche Erkenntnis galt nun als Quintessenz des Lebens. Das bedeutete von Anfang an die Konfrontation mit den Traditionalisten, den sicher nicht unbedeutenden Gestalten aus der Gründerzeit. Schätzte Indira Gandhi diese Opposition richtig ein, als sie im Juni 1975 versuchte, ihre Gegner durch Ausrufen des Notstandes in die Knie zu zwingen?

Was immer zwischen 1975 und 1977 an Verdunkelung der demokratischen Szene in Indien geschah, Indira nahm eine mutige Kurskorrektur vor, als sie für den März 1977 Wahlen ausschreiben ließ. Sie wurde auf ganz demokratische Weise abgewählt, um im Januar 1980 nach neuen vorzeitigen Wahlen auf den Sessel des Ministerpräsidenten zurückzukehren. Sie triumphierte, nicht nur weil ihre Gegner schwach waren. Für ihren Sieg gab es andere Gründe, Imponderabilien, die man nicht mit der Elle messen konnte. Sie besaß, was ihre Feinde nicht besaßen, das Charisma, die Ausstrahlung eines allindischen Führers, das heißt, sie wurde im kontroversen Indien fast überall akzeptiert. Jedermann kannte sie, und Millionen trauten ihr zu, daß sie bewahren würde, was ihr Vater Jawaharlal Nehru geschaffen hatte: die Einheit der Nation. Diese entstand erst, nachdem die Bewohner der indischen Union über Rassen, Kasten und Religionen hinweg die indische Identität als ihren gemeinsamen Nenner gefunden hatten. Sie zu bewahren und damit die indische Einheit zu erhalten war die große innenpolitische Aufgabe der Tochter Nehrus. Bedeutete ihr tragischer Tod, daß Indien an dieser Aufgabe scheitern könnte und daß damit in Gefahr geriete, was für Europa und Amerika so wichtig ist: die indische Demokratie?

Indira Gandhis Rückkehr auf den Posten des Ministerpräsidenten fiel in eine dramatische Periode asiatischer Geschichte. Als sie am 14. Januar 1980 zum vierten Mal in ihrer politischen Laufbahn auf das hohe Amt vereidigt wurde, waren gerade 19 Tage nach dem Einmarsch sowjetischer Truppen in Afghanistan vergangen. Mit den Russen ante portas erhielt die Frage nach Indiras politischem Credo eine erhöhte Priorität. Auf gesellschaftspolitischem Gebiet hatte Indira seit ihrem Regierungsantritt 1966 ihre Karten aufgedeckt. Sie wollte Indien verschaffen, was der Nation noch immer fehlte: soziale Gerechtigkeit. Wahrlich eine Aufgabe von historischen Dimensionen. Wer sie als Illusion abtut, verurteilt Millionen Menschen in Indien zur Hoffnungslosigkeit.

Mit der Verstaatlichung von Banken im Jahre 1969 siedelte sich Indira links von der Mitte an, sie wurde zur Wortführerin der jungen progressistischen Generation. Einige ihrer Gegner nannten sie seither bald eine Kommunistin, bald eine Faschistin. Weder das eine noch das andere traf zu. Es hatte wenig Sinn, Noten wie prokommunistisch, anti- oder prowestlich zu verteilen. Indira Gandhi war vor allem proindisch.

1969 leitete sie mit der dramatischen Spaltung ihrer Partei in den »alten« und den »neuen« Kongreß eine historische Wende ein. Durch ihren Bruch mit den Traditionalisten und die vernichtende Wahlniederlage, die sie ihnen im März 1971 bereitete, erzwang sie die Wachablösung, den Generationswechsel, den Nehru heimlich gewünscht haben mag.

»Indira weiß, was sie will und setzt sich auf jeden Fall durch«, betonten ihre Freunde, kritisierten ihre Feinde. Nur eine kurze Zeit in ihrem Leben schien sie zu schwanken, war es, als geriete sie in den Willensbereich eines anderen. Er hieß Feroze Gandhi und hatte bereits neun Jahre lang um sie geworben, als sie ihn 1942 trotz der Einwände ihrer Familie heiratete. Obwohl weltoffen und dem Säkularismus verschrieben, hatte der Brahmane Nehru gegen den Parsen Feroze Gandhi Bedenken, und er behielt recht.

»No personal comment« – keine Bemerkungen, die das Persönliche betreffen, das war eigentlich immer Indiras Haltung. Es muß eine besondere Stunde gewesen sein, als sie auf die Frage einer Journalistin, ob ihre Ehe unglücklich gewesen sei, antwortete: »Alles ist relativ, Konflikte und Unglück sind nicht immer die schlimmsten Dinge, die sich ereignen können. Es ist die ganze Erfahrung, die einer machen muß – je umfassender die Erfahrung, um so stärker wird die eigene Persönlichkeit.«

An der Stärke ihrer Persönlichkeit gemessen, müssen die Lebenserfahrungen der indischen Ministerpräsidentin dramatisch gewesen sein. Sie trat unter einem anderen Stern als ihr Vater an. Nehru wurde nach Erlangung der Freiheit noch durch den Willen von Millionen getragen, die gemeinsam gegen etwas gekämpft hatten. Dieser Gemeinschaftsgeist hielt im Grund bis zu seinem Tode an, Indira aber konnte nicht mehr mit ihm rechnen. Sie mußte mit dem grauen Alltag innen- und außenpolitischer Probleme fertig werden, mit einer internationalen Presse, die sich am bedrückenden Elend des Landes festsaugte und nur wenig anerkennende Worte für Indiens Entwicklung unter der Regierung Gandhi fand.

Indira Gandhi war nicht die erste Aristokratin in der Geschichte, die sich zum Sozialismus bekannte, zu den Visionen einer wissenschaftlich regierten, gemeinwirtschaftlichen und gerechten Welt, sie wollte erreichen, was dem Vater vorschwebte, eine auf Indien zugeschnittene sozialistische und säkularisierte Gesellschaft. In den Beziehungen zu

Indira Gandhi

Die Tochter des ersten Ministerpräsidenten des freien Indien, Jawaharlal Nehru, wurde am 19.11.1917 in Allahabad im Anand Bhavan, dem Hause des Großvaters Motilal Nehru geboren. Sie war schon als Kind in der Freiheitsbewegung tätig. Als Zwölfjährige gründete sie die »Affenbrigade«, eine Organisation von tausend Mädchen und Jungen, die als Überbringer geheimer Nachrichten unter den Freiheitskämpfern wirkten. 1935/36 studierte Indira in Shantiniketan, der Universität des indischen Philosophen, Dichters und Nobelpreisträgers Rabindranath Tagore. 1936 starb ihre Mutter Kamala. 1937 begann sie in Oxford Verwaltungswissenschaften, Geschichte und Anthropologie zu studieren.

1942 heiratete sie den Parsen Feroze Gandhi. 1942/43 in britischer Haft. 1944 wurde der erste Sohn Rajiv geboren, der am 31.10.1984 Ministerpräsident wird. 1946 Geburt des zweiten Sohnes Sanjay. Danach zieht Indira in das Haus ihres Vaters nach Delhi. Sie unterstützt Nehru bis zu seinem Tod im Mai 1964 als »First Lady«, als persönliche Begleiterin und politische Beraterin. 1959/60 war sie Präsidentin der Kongreß-Partei. 1964–1966 Minister für Information im Kabinett Lal Bahadur Shastri. 1966 übernahm sie das Amt des Ministerpräsidenten. 1969 spaltete sie die Kongreß-Partei. 1971 gewann sie die Wahlen mit einer 2/3-Mehrheit. Im August 1971 Freundschaftsvertrag mit der Sowjetunion. Im Dezember 1971 kurzer Krieg mit Pakistan, um die Befreiung der Ost-Bengalen, Unterstützung bei der Gründung des Staates Bangladesh. 1974 scharfe innenpolitische Auseinandersetzungen. 1975 läßt sie den Notstand ausrufen. 1977 schreibt sie Wahlen aus und verliert. 1980 wird sie wieder zum Ministerpräsidenten gewählt. Große außenpolitische Erfolge. Anerkannter Führer der Blockfreien Nationen, deren offizielle Führung sie im März 1983 von Fidel Castro übernimmt und damit den alten Prinzipien: Blockfreiheit, Neutralität und friedliche Koexistenz wieder zum Durchbruch verhilft. Ab 1982 Verstärkung der Unruhen im Punjab, wo extremistische Sikhs »Khalistan«, einen unabhängigen Sikh-Staat verlangen, der die Einheit der indischen Union bedroht. Am 6. Juni 1984 Sturm auf den »Goldenen Tempel«, wo die extremistischen Sikhs ein Waffenlager unterhielten. Am 31. Oktober 1984 wird Indira Gandhi von ihren beiden Sikh-Leibwächtern Beant Singh und Satwant Singh ermordet.

anderen Ländern war für sie sein politisches Testament verpflichtend: Neutralität und friedliche Koexistenz.
Indira Gandhi wollte keine Frau sein, die bezauberte, sie war eine Politikerin, die sich durchzusetzen, ein Mensch, der zu überzeugen wünschte. Sie beherrschte ein Instrument, das mit »Propaganda« nicht definiert ist. Man entdeckte es, wenn sie zu den Massen sprach und auch ohne Aufwand von Pathos die Menschen mitriß.
Eine Frage aber ließ diese oft bejubelte, viel diskutierte und hart kritisierte Frau unbeantwortet: Was würde in Indien geschehen, wenn die Hoffnungen der Massen auf sie unerfüllt bleiben müßten? Indiras Rivale Desai sagte 1971 nach ihrem überwältigenden Wahlsieg: »Wir haben sie mit Blumen bekränzt, in Wahrheit haben wir ihr eine Dornenkrone aufs Haupt gedrückt.« Sie wußte schon damals, daß aus ihrer Krönung leicht eine Kreuzigung werden könnte. Wer aber ahnte 1971, daß über ein Jahrzehnt später mit Indiras innen-politischen Problemen eine neue Passion Indiens beginnen würde?
Indira blieb ihr ganzes Leben lang, wie einer ihrer Berater einmal bemerkte, »a very lonely person«, ein Mensch der fast melancholischen Distanz.
Mit Nehru teilte sie eine Erkenntnis: Der Preis für das hohe Amt war Einsamkeit, war der Verzicht auf Sicherheit und persönliches Glück.

Doris Lessing
Eine ehrliche Erzählerin

von Bruno Rottenbach

Anfang der achtziger Jahre kam in London eine schon berühmte Schriftstellerin auf den Gedanken, ein Buch unter Pseudonym herauszubringen. Einmal wollte sie wie eine unbekannte Autorin beurteilt werden, zum anderen junge Autoren ermutigen. Sie gab ihrem Manuskript den Titel »Das Tagebuch der Jane Somers« und schickte es an das englische Verlagshaus Jonathan Cape und Granada. Obwohl der Verlag bereits einige Bände der Autorin veröffentlicht hatte, kam dieses Buch umgehend zurück. Der zweite Verlag, Michael Joseph, nahm es an. Einer seiner Lektoren witterte hinter dem Pseudonym Jane Somers die Schriftstellerin Doris Lessing, die daraufhin diesem Verlag gegenüber ihr Versteckspiel aufgab. Das Geheimnis wurde dennoch nicht publik, auch als drei europäische Verlage in Deutschland, Frankreich und Holland das Buch ankauften.

Als das »Tagebuch der Jane Somers« 1984 in deutscher Übersetzung im Stuttgarter Verlag Klett-Cotta erschien, gingen die ersten Exemplare ohne die später beigefügte aufklärende Pressemitteilung an Buchhändler und Rezensenten. Die Resonanz blieb nicht aus. »Meine liebste Neuerscheinung!« jubelte ein Buchhändler. Ein Buchkritiker stufte das »Tagebuch« als »eines der wichtigsten Bücher des Jahres« ein. Als ich es zum ersten Male in die Hände bekam, war das Geheimnis bereits gelüftet. Doris Lessing hatte Verlegern wie Rezensenten eine Lektion erteilt und sich erfolgreich gegen das Einsortieren in gewisse Schubladen gewehrt. Das Buch aber machte seinen Weg, nicht nur als »Das Tagebuch der Jane Somers«, sondern auch als das bisher beste Buch der Lessing.

Doris Lessing spricht in ihren Romanen kaum direkt von Liebe, noch weniger von Nächstenliebe im christlichen Sinne. Aber in diesem Tagebuch leuchtet etwas von beidem auf. Mit 49 Jahren auf dem Höhepunkt ihrer Karriere, vital und wohlhabend, wird Jane Somers zum ersten Male mit Armut und Krankheit konfrontiert. Sie erfährt

aus der zufälligen Begegnung mit der neunzigjährigen Maudie Fowler eine Betroffenheit, die sie zu der Erkenntnis führt: »Sich mit unermeßlich bedürftigen Menschen abzugeben heißt, eine Last von Schuld auf sich nehmen. Sie brauchen so viel, man kann so wenig geben.« Dennoch wird sie von liebevoller Zuneigung und uneingestandener Nächstenliebe geradezu zwanghaft dazu gedrängt, sich um die verwahrloste Maudie zu kümmern, ihren alten, stinkenden Körper zu waschen, jahrelangen Dreck aus der schmuddeligen Wohnung zu räumen. Sie gerät in Maudies Bann, muß sich trotz Ekel und Widerwillen mit diesem so viel älteren Menschen einlassen. Gedanken an die eigene Mutter fließen hier ebenso ein wie die Einsicht, daß auch sie von heute auf morgen auf fremde Hilfe angewiesen sein könnte. Der Roman ist voller Sentiment, entbehrt aber jeglicher Sentimentalität. Qualvoll kreisen Fragen um Leere und Einsamkeit des Alters und um den Tod. Das alles ergreift, berührt, weil es wirklichkeitsnah, bestechend ehrlich und einfühlsam erzählt wird.
Immer tritt die Autorin engagiert für Frauen ein, ohne indessen einem dogmatischen Feminismus das Wort zu reden. Ein Mißverständnis in dieser Frage begründete schließlich in Deutschland den Ruhm Doris Lessings. Das war im Jahre 1978, als ihr bereits 1962 geschriebenes »Goldenes Notizbuch« in deutscher Sprache erschien. Der mit sechzehnjähriger Verspätung übersetzte Band wurde einseitig als »klassisches Dokument« in der Geschichte der Befreiung der Frau klassifiziert, obwohl die Lessing anmerkte, daß ihr Werk »nicht primär die weibliche Emanzipation angeht.« Sie selbst sagte 1984 zu dem oft als »Bibel der Feministinnen« interpretierten Band, daß die Frauenbewegung der sechziger Jahre insofern eine Chance vertan hat, als Männer nicht von Anfang an Teil der Frauenbewegung gewesen sind. »Frauen, die allein sind und isoliert, verändern nichts«, postulierte sie kühn gegen ihre Geschlechtsgenossinnen. Daher ist auch das »Goldene Notizbuch« mehr als ein »intimes Protokoll der Bewußtwerdung intellektueller und schöpferischer Frauen«, ein Ideenroman, der das intellektuelle und moralische Klima in der Mitte unseres Jahrhunderts erfaßt. Dennoch läßt sich Doris Lessing aus der gegenwärtigen Frauenbewegung nicht fortdenken, hat sie doch viele ihrer Gedanken ausgelöst und ausgesprochen.
Die britische Simone de Beauvoir, wie Doris Lessing einmal genannt wurde, schrieb lange vor dem »Goldenen Notizbuch« die Pentalogie »Kinder der Gewalt«. 1952 erschien der erste Band, der erst 1981 in

deutscher Übersetzung unter dem Titel »Martha Quest« herauskam. Ihm folgten »Eine richtige Ehe«, »Sturmzeichen«, »Landumschlossen«, und »Die viertorige Stadt« als Vision eines paradiesischen Utopia. Dieses Werk weist stark autobiographische Züge auf. Doris Lessing erzählt darin die Geschichte ihrer Suche nach Beruf, Freunden und Liebe. Die in dem Romanzyklus geschilderten acht Lebensjahrzehnte der Martha Quest bis etwa zum Jahre 2000 könnten eine Chronik unseres Jahrhunderts sein. Da spielt zunächst die Gleichberechtigung der Rassen, Klassen und Geschlechter eine wesentliche Rolle, bleibt Martha auf der Suche nach Humanität, Toleranz und Gewaltlosigkeit. Im zweiten Romanteil wird die Geschichte einer falschen Ehe erzählt, bringt sie ihr Kind zur Welt. Marthas dritte Inkarnation, wie Doris Lessing Marthas Lebensabschnitte nennt, endet wieder mit einer verunglückten Ehe und darüber hinaus mit dem Verlust ihrer Träume. In »Landumschlossen« dominiert die politische Thematik, der Kampf der Kommunistischen Partei um eine gemeinsame Front mit afrikanischen Organisationen und der Zusammenbruch der Anti-Hitler-Koalition. In »Die viertorige Stadt« sieht uns Doris Lessing visionär in einem Jahrhundert der Gewalt als Opfer der Vernichtung. Doch sie beläßt eine Hoffnung : eine Chance für die Jungen, die bereit sind, aus der Geschichte zu lernen.

Das Werk Doris Lessings ist vielfältig und vielschichtig. 1979 erschienen bei uns die autobiographischen »Memoiren einer Überlebenden«, 1981 die »Anweisung für einen Abstieg zur Hölle«, beides Stationen auf der Suche nach neuen Ausdrucksformen. Die drei Anthologien »Der Mann, der auf und davon ging«, »Die Frau auf dem Dach« und »Die schwarze Madonna« mit Erzählungen aus den Jahren 1953 bis 1972 stehen zwar im Schatten des Notizbuch-Ruhms, aber sie präsentieren Doris Lessing als eine Erzählerin, die eine tiefe Zuneigung zu Afrika hegt und gegen die Stellung bezieht, die zerstören und verachten. Von dem ebenso persönlichen wie bemerkenswerten »Katzenbuch« schwärmen selbst zurückhaltende Rezensenten in Superlativen. Doris Lessing erzählt in dem bereits 1967 in England erschienenen Band sehr poetisch Begebnisse mit Katzen und beschreibt deren Wesen in emotional subjektiver Weise.

Anfang der siebziger Jahre war Doris Lessing immer wieder im Gespräch, wenn es um den Nobelpreis für Literatur ging. 1977 wurde die meisterhafte Erzählerin in Frankreich mit dem »Prix Medicis Etrangers« ausgezeichnet. 1982 erhielt sie den »Shakespeare-Preis«. Im

gleichen Jahr wurde ihr der Österreichische Staatspreis verliehen.
Doris Lessing, für die der Realismus eine literarische Form der Selbstfindung war, die sie auch zu neuen Ausdrucksformen befähigte, nennt ihr Schreiben ein naturhaftes Bedürfnis. Sie sieht sich als »writing animal«. Überleben ist das Hauptthema ihres gesamten Werkes. »Wir leben in einem gräßlichen Zeitalter«, sagte sie einmal. »Ein großer Teil der Menschheit stirbt an Hunger. Ich glaube nicht, daß man davor die Augen verschließen kann. Wenn irgendwo in der Welt schreckliche Dinge passieren, betrifft uns das alle. Wir können uns nicht davonstehlen.«
Diese Erkenntnis wuchs ihr »als Verletzte des Krieges« in einem überaus bewegten Leben zu. Geboren am Ende des Ersten Weltkrieges als Tochter eines britischen Offiziers im persischen Kermanschah, siedelte sie 1925 mit der Familie nach Südrhodesien über. Der Besuch einer Klosterschule war nicht von langer Dauer. Als Vierzehnjährige flüchtete sie zurück auf die elterliche Farm. Von da an bildete sie sich als Autodidaktin weiter: »Das mußte ich. Die Schule taugte nichts. Ich las, und wenn mich irgend etwas interessierte, blieb ich dran.«
1937 arbeitete sie in Salisbury als Krankenpflegerin, Telefonistin und Bürokraft. Das war alles andere als eine europäische Erziehung. Über die Einflüsse, die ihre Kindheit und Jugend in Afrika auf ihren Standort als Schriftstellerin haben, sagte sie einmal ganz offen: »Ich denke, jede Erziehung in jedem Land ist im Grunde eine Gehirnwäsche, um die jeweils herrschende Kultur zu akzeptieren. Die europäische Erziehung zielt zum Beispiel darauf ab, Europa als den wichtigsten Teil der Welt darzustellen. Sobald man aber Europa verläßt und andere Kulturen betrachtet, bemerkt man, wie Europa zusammenschrumpft.«
Dennoch wird sie von europäischen Ideen infiziert. Weniger in ihrer ersten Ehe mit dem britischen Kolonialoffizier Frank Charles Wisdom als vielmehr in ihrer zweiten mit dem deutschen kommunistischen Emigranten Gottfried Lessing: »Durch den Einfluß meines zweiten Mannes wurde ich eine gläubige Marxistin. Dann kam jedoch meine Wut über die Zustände in Südafrika, später meine Eindrücke von den Londoner Arbeitervierteln. Es war ein langer mühsamer Prozeß, mich davon zu lösen.«
Erst im Jahre 1949 zieht Doris Lessing mit einem ihrer drei Kinder nach London. 20 Pfund hatte sie in der Tasche als Grundstock für eine neue Existenz. Bereits ein Jahr später, 1950, erscheint dort ihr bereits in Salisbury geschriebener Roman »Afrikanische Tragödie«. Damals

schwor sie noch auf den Marxismus. Sie trat in London sogar in die Kommunistische Partei ein, die sie allerdings im Jahre 1956 wieder verließ. Zunächst arbeitete sie um des Lebensunterhaltes willen als Stenotypistin und Mädchen für alles in einer Anwaltskanzlei. Doch kurze Zeit darauf kündigte sie, »um einen Roman zu schreiben«. Es war der erste Band der Pentalogie »Kinder der Gewalt«. Vom Ausscheiden aus der Anwaltskanzlei an führt Doris Lessing das Leben einer Autorin, mit deren erzählerischen Möglichkeiten sich im heutigen Europa kaum eine zweite finden lassen dürfte.

Die auf den verschiedenen Lebensstationen gemachten Erfahrungen sind der Autorin eine reiche Vorratskammer für ihre größtenteils autobiographischen Texte. Doris Lessing, als literarische Erbin der Jane Austen, George Eliot und Virginia Woolf gefeiert, schrieb neben zahlreichen Erzählungen und Bühnenstücken an die 25 Bücher. Sie repräsentiert eine Tradition anspruchsvollen Erzählens. Darüber hinaus ist sie aber auch eine Warnerin, welche die Zeichen der Zeit zu deuten versteht.

Den Feminismus hält sie schon sehr bald für sinnlos, denn »was nützt es, einem achtzehnjährigen Mädchen etwas von Frauenrechten zu erzählen, wenn es arbeitslos ist.« Auf Sexualität für die Frauen von heute angesprochen, bleibt Doris Lessing die Antwort ebensowenig

Doris Lessing

wird am 22. Oktober 1919 als Tochter des britischen Offiziers Taylor und seiner Frau McVeigh in Kermanschah in Persien geboren. 1925 siedelt die Familie nach Südrhodesien, dem heutigen Simbabwe, über.

Dort besucht Doris Taylor zunächst eine Klosterschule, aus der sie als Vierzehnjährige im Jahre 1933 flieht. Von da an eignet sie sich als Autodidaktin an, was sie interessiert. 1937 geht sie gegen den elterlichen Willen nach Salisbury, wo sie als Krankenpflegerin, Telefonistin und Bürokraft arbeitet. 1939 heiratet sie den Kolonialoffizier Frank Charles Wisdom, läßt sich aber 1943 von ihm scheiden. 1944 geht sie eine zweite Ehe mit dem aus Deutschland emigrierten Kommunisten Gottfried Lessing ein, die 1949 zerbricht. Im gleichen Jahr zieht sie mit einem ihrer drei Kinder nach London. Dort arbeitet sie zunächst als Stenotypistin und Mädchen für alles in einer Anwaltskanzlei, ehe sie sich ganz der schriftstellerischen Arbeit widmet. 1950 erscheint ihr erster, noch in Salisbury geschriebener Roman »Afrikanische Tragödie«, der ihren literarischen Erfolg einleitet.

schuldig: »Alle diese Sentimentalität, dieses romantische Gehabe zum Thema Sex in unserer Gesellschaft ... Das wird uns präsentiert wie das absolute Ziel unserer Existenz.«
Abschließend sei nochmals an »Shikasta« erinnert, was die »Verletzte«, die »Zerstörte« bedeutet, unsere heutige Erde: »Und doch gibt es in dieser Hölle der Interkontinentalraketen, des Hungers, der Arbeitslosigkeit, des Drogenwahns und des mörderischen Kampfes zwischen Ost und West, Nord und Süd eine Kraft, die Resistenz verheißt: die unverschüttbare Sehnsucht vor allem der Kinder und jungen Menschen, der Liebenden und jener in den psychiatrischen Zwangsanstalten Erniedrigten und Beleidigten nach reiner Natur und friedlichem Miteinander.«

Sophie Scholl
Gewalten zum Trotz

von Klaus Klöckner

»Ich sehe sie noch vor mir, meine Schwester, wie sie ... dastand, reisefertig und voll Erwartung. Eine gelbe Margerite vom Geburtstagstisch steckte an ihrer Schläfe, und es sah schön aus, wie ihr so die dunkelbraunen Haare glatt und glänzend auf die Schultern fielen. Aus ihren großen, dunklen Augen sah sie sich die Welt an, prüfend und doch mit einer tiefen, warmen Teilnahme. Ihr Gesicht war noch sehr kindlich und zart. Ein wenig von der schnuppernden Neugier eines jungen Tieres war darin und ein großer Ernst.«
So taucht ihr Bild auf in der Erinnerung der vier Jahre älteren Schwester Inge. Der Tag, den sie erinnert, lag schon über zehn Jahre zurück. Es war der 9. Mai 1942, Sophie Scholls einundzwanzigster Geburtstag, der Tag also, an dem sie, nach damaligen Gesetz, volljährig wurde. Und ganz unabhängig von diesem äußeren Datum: der Tag, an dem ein neuer, ein ganz anderer – ein sehr kurzer Lebensabschnitt begann. Reisefertig war sie für die Fahrt von Ulm nach München, neugierig auf andere Menschen und Erfahrungen, voll Erwartung, was das Studium bringen sollte. Aufbruch unter dem Zeichen der Hoffnung, so sah es aus, so erlebte sie es selbst. Was ließ sie hinter sich?
Da gibt es kaum etwas zu berichten, das sich abgehoben hätte von den frohen und schmerzlichen Erfahrungen anderer junger Menschen der damaligen Zeit. Aufschlußreicher wäre es, den Weg des drei Jahre älteren Bruders Hans zu betrachten: Erfahrungen mit der Welt zu machen, abenteuerliche und gefährliche, war, wie es von außen schien, mehr Sache der Jungen, der jungen Männer. Es war Krieg, und vorausgegangen war, auch wenn es viele nicht merkten, die Abrichtung für den Krieg. Hans, der sie jetzt in München erwartete, hatte den Frankreich-Feldzug als Sanitäter mitgemacht und gehörte nun als Medizinstudent einer Studentenkompanie an. Werner, der jüngste Bruder, war als Soldat in Rußland.

Fünf Geschwister waren sie; der Vater, Liberaler und Demokrat, war Bürgermeister einer Kleinstadt im Kochertal nördlich der Schwäbischen Alb, dann in Ulm, wo Sophie und ihre Geschwister die Höhere Schule besuchten: Kinder einer angesehenen, gutbürgerlichen Familie, religiös geprägtes Bildungsbürgertum.
Sophie war zwölf, als die Nationalsozialisten unter Hitler die Macht in Deutschland an sich rissen. Was das bedeutete, konnten die Heranwachsenden nicht begreifen – begriffen es denn die Erwachsenen? Da war von Heimatliebe, Volksgemeinschaft und Vaterland die Rede – was sollte daran schlecht sein? Heimat, das war für die Kinder im Hause Scholl etwas leicht Faßbares, hatte Namen und Gesicht, natürlich liebten sie ihre Heimat. Und Vaterland, das war gemeinsame Sprache, das waren die Lieder, die man von Kind an sang. Das alles und viel mehr sollte also nun von allen neu begriffen und weitergetragen werden. Begeisterung steckt an, flatternde Fahnen und singende Kolonnen im Gleichschritt können mitreißen – wer sah schon klar, wohin da marschiert wurde! »Wir waren mit Leib und Seele dabei«, erinnert sich Inge Scholl, »und wir konnten es nicht verstehen, daß unser Vater nicht glücklich und stolz ja dazu sagte.« Der Vater wollte dämpfen, warnen; er verglich Hitler mit dem »Rattenfänger von Hameln, der die Kinder mit seiner Flöte ins Verderben gebracht hatte«. Schwach ist die Flöte des Rattenfängers gegen Trommeln und Fanfaren, gegen das überwältigende Gefühl einer großen Kameradschaft, in der die Jugend ernst genommen zu werden schien.
Aber sehr rasch zerbrach, was einmal gläubige Hoffnung auf einen großen Aufbruch gewesen war; die dunklen Warnungen des Vaters begannen Wirklichkeit anzunehmen. Die »Sache mit den Juden« blieb auch den jungen Menschen nicht verborgen, und ein zunächst unverstandenes Wort nahm drohende Umrisse an: Konzentrationslager. Es gibt Dinge, die Grauen erregen können, ehe man sie begreift; und es gibt Vorgänge, die man überhaupt nicht begreift. Die so unbegreiflich sind, daß manche sich heute noch einreden wollen, sie könnten nicht wirklich gewesen sein.
Man mußte freilich auch damals schon Augen und Ohren verschließen, wollte man von nichts etwas wissen. Im Frühjahr 1942 fanden die Scholls – und manche andere – vervielfältigte Texte im Briefkasten (und gelegentlich regneten sie als Flugblätter vom Himmel), Auszüge aus Predigten des Bischofs von Münster: Kardinal Graf

von Galen war einer der wenigen, die es wagten, Nazi-Greuel öffentlich anzuprangern: die gewaltsame Auflösung der Klöster, die massenhafte Ermordung psychisch Kranker.
Und dieser Staat, von den millionenfach Unrecht ausging, schmückte sich mit großsprecherischen Parolen und nahm die Menschen ausnahmslos in Pflicht. Für Sophie hieß das, ehe sie mit dem Studium beginnen konnte, ein halbes Jahr »Reichsarbeitsdienst« und anschließend ebensolange »Kriegshilfsdienst«. Dienst leisten für einen solchen Staat, das stürzte einen denkenden und empfindsamen Menschen in schlimme Konflikte. In erzwungener »Gemeinschaft«, im Lagerleben, das kaum Spielraum für eigene Wege läßt, fand Sophie niemanden, mit den sie wenigstens darüber hätte reden können. Die schützende – und doch selbst schon bedrohte – »Insel« der Familie war fern
Das alles lag nun schon hinter ihr – im Mai 1942. So konnte sie das, was vor ihr lag, als Chance einer Freiheit erhoffen, die es zu erringen galt. Hans erwartete sie in München auf dem Bahnhof. Im Kreise seiner Freunde feierte man am Abend Geburtstag. Es war ein frohes – und doch kein unbeschwertes Zusammensein. Auch von der Arbeit der Medizinstudenten in Lazaretten war die Rede, von Krieg und Tod. Und zum erstenmal – jedenfalls zum erstenmal so, daß sie darauf aufmerksam wurde – hörte sie das Wort »Widerstand«. Widerstand gegen einen Unrechtsstaat, den zu ertragen eigentlich Schuld bedeutete. So endete dieser zukunftsträchtige Tag, Sophies Geburtstag, der ihr letzter war.
Die kommenden Wochen und Monate waren bedrängend erfüllt von Ereignissen und Taten, die nicht nur für die unmittelbar Beteiligten einmalig waren. Im Juni 1942 geschah, zunächst an der Münchner Universität, etwas Ungeheures: Flugblätter tauchten auf, in denen die Verbrechen des Nazi-Staats beim Namen genannt wurden. Die – scheinbare oder wirkliche – Teilnahmslosigkeit der Deutschen wurde angeklagt, passiver Widerstand gegen die »braune Horde«, die »Diktatur des Bösen« wurde gefordert.
An Zitaten aus Büchern, die auf ihres Bruders Schreibtisch lagen, erkannte Sophie sehr rasch, daß Hans an dem gefährlichen Unternehmen beteiligt war – und sie war nun Mitwisserin. Die Texte der vier Flugblätter der »Weißen Rose«, wie sich die Widerstandsgruppe nannte, die nicht nur in München, sondern auch in anderen Städten Süddeutschlands und Österreichs verteilt wurden, sind erhalten,

man kann sie nachlesen. Es ist freilich schwer, sie richtig einzuschätzen, sie mit den Augen der damaligen Zeit zu lesen, zu begreifen, wie die Machthaber darauf reagieren mußten.
In den Semesterferien kamen die Medizinstudenten zum Fronteinsatz nach Rußland. Sophie fuhr nach Hause. Aber auch die Familie war keine »Insel« mehr, auf der man Ruhe finden konnte. Wegen »unvorsichtiger« Äußerungen, er hatte Hitler eine »Gottesgeißel« genannt, wurde der Vater denunziert und von einem »Sondergericht« zu vier Monaten Gefängnis verurteilt.
Im Spätherbst 1942, zu Semesterbeginn, trafen die Freunde wieder in München zusammen; die Angehörigen der Studentenkompanie kamen aus Rußland zurück. Die Mitglieder der kleinen Widerstandsgruppe, in ihrer Mitte der Professor für Psychologie und Philosophie Kurt Huber, wurden nun rastlos tätig. Im Keller eines Hinterhauses vervielfältigten sie Flugblätter und verteilten sie in München und anderen Städten. In jenen Wochen war schon der Name Stalingrad in aller Munde, mit dem sich bis heute das Gedächtnis an Hunderttausende verbindet, die durch verbrecherische Befehle sinnlos geopfert wurden.

Sophie Scholl

wurde am 9. Mai 1921 als Tochter des Bürgermeisters von Forchtenberg bei Heilbronn geboren. Sie wuchs in Ulm auf, wo sie durch das, was sie von der Praxis des Gewaltregimes erfuhr, zur Gegnerin der Nazi-Ideologie wurde. 1942 begann sie in München mit dem Studium der Biologie und Philosophie. Ihr Bruder Hans studierte dort Medizin. Zusammen mit den katholischen Publizisten Carl Muth und Theodor Häcker und dem Professor für Psychologie und Philosophie Kurt Huber organisierten die Geschwister Scholl die Widerstandsgruppe »Die Weiße Rose«. Vor allem unter dem Eindruck der Kämpfe um Stalingrad entschloß man sich, die Öffentlichkeit aufzurufen. In Flugblättern prangerte man die Verbrechen der Nationalsozialisten an. »Die Weiße Rose« rief zum passiven Widerstand auf, forderte die Erneuerung Deutschlands im Zeichen der Grundrechte durch einen »vernünftigen Sozialismus« in einem föderativ aufgebauten Staat. Es gab nur eine Parole: Kampf gegen die Partei. Bei der Verteilung der Flugblätter wurden sie am 18. Februar 1943 in der Münchner Uni festgenommen. Sie wurden zum Tode verurteilt und am 22. Februar 1943 hingerichtet.

Am 30. Januar 1943 war die Schlacht um Stalingrad zu Ende. Wenige Tage später waren an vielen Stellen in München, besonders an der Universität, Inschriften zu lesen: »Nieder mit Hitler!« – »Hitler der Massenmörder« – »Freiheit«. Hans Scholl und Alexander Schmorell hatten das getan; und Sophie erfuhr davon, wollte mitmachen. Ungeheure Aufregung und Betriebsamkeit bei der Geheimen Staatspolizei. Freunde warnten Hans. Am 18. Februar legten Hans und Sophie in den Gängen der Universität über 1500 Flugblätter aus; einen Teil davon ließ Sophie vom zweiten Stock in den Lichthof des Eingangsgebäudes hinabflattern. Der Hausmeister beobachtete sie dabei. Hans und Sophie wurden verhaftet, kurz darauf ein weiteres Mitglied der Gruppe: Christoph Probst, Vater von drei kleinen Kindern; das dritte war gerade zur Welt gekommen. Die Geheime Staatspolizei hatte mit diesen Verschwörern keine schwere Arbeit. Die anfänglichen Versuche zu verschleiern, um zu überleben, scheiterten rasch. Dann ging es nur noch darum, andere zu schonen, möglichst viel »Schuld« auf sich zu laden. Alle, die mit diesen jungen Widerstandskämpfern zu tun hatten und später darüber aussagten, berichten von einer bewundernswürdigen Tapferkeit, ja Gelassenheit. Nur der 23jährige Vater bat um sein Leben: um seiner kleinen Kinder willen.

Die Verhandlung des »Volksgerichtshofs« leitete Roland Freisler, dessen entsetzliches Gebrüll, wenn wir es heute aus Aufzeichnungen vernehmen, ein Zeichen ist für die Unsicherheit des Terror-Regimes angesichts der Tapferkeit äußerlich Wehrloser. »Allen Gewalten zum Trotz sich erhalten«, dieses Goethe-Wort schrieb Hans an die Wand seiner Zelle. Über ihre Schwester berichtet Inge Scholl: »Sophie hatte in diesen letzten Nächten, sofern sie nicht vernommen wurde, den festen Schlaf eines Kindes.«

Die Haltung der zum Tode Verurteilten erschien allen, die ihnen in den letzten Stunden begegneten, wie etwas Unerklärliches. Die Eltern durften sie noch einmal besuchen, eine große Ausnahme, und die Gefängniswärter handelten gegen strenge Vorschrift, als sie die drei unmittelbar vor der Hinrichtung noch einmal kurz zusammenführten. In Sophies Zelle blieb die Anklageschrift zurück, darauf hatte sie ein Wort geschrieben: »Freiheit«. Aus dem Bericht der Wärter: »Dann wurden sie abgeführt, zuerst das Mädchen. Sie ging, ohne mit der Wimper zu zucken. Wir konnten alle nicht begreifen, daß so etwas möglich war. Der Scharfrichter sagte, so habe er noch nieman-

Margaret Thatcher

Sophie Scholl

den sterben sehen.« Hans rief, ehe er starb: »Es lebe die Freiheit!« Sie fielen unter dem Fallbeil. Es war der 22. Februar 1943. »Durch ihren Verrat an unserem Volk«, heißt es in der entsetzlichen Sprache des Urteils, »haben die Angeklagten ihre Bürgerehre für immer verwirkt.«

Schulen und Straßen sind heute nach den Geschwistern Scholl benannt; ihre Namen stehen auch für die vier anderen, die mit ihnen oder kurz danach hingerichtet wurden. »Sie haben nichts Übermenschliches unternommen«, sagt Inge Scholl. »Sie haben etwas Einfaches verteidigt, sie sind für etwas Einfaches eingestanden, für das Recht und die Freiheit des einzelnen Menschen, für seine freie Entfaltung und sein Recht auf ein freies Leben.«

Dieses »Einfache«, das Ausdruck eines tiefen Glaubens war, hat Sophie Scholl kurz vor ihrem Tod so erklärt: »Was liegt an meinem Tod, wenn durch unser Handeln Tausende von Menschen aufgerüttelt und geweckt werden.«

Haben wir diese Hoffnung erfüllt?

Margaret Thatcher
Die Eiserne Lady

von Hermann Schreiber

Es war in alten Zeiten nicht ganz selten, daß Frauen ganze Völker führten, nicht nur im Frieden, sondern auch im Krieg; sie kämpften im Sudan und in Südengland gegen die Römer, sie regierten im Kaukasus und in Syrien. Dann aber, als Europa sich festigte, als das Zeitalter der Nationalstaaten begann, schien dies vorbei zu sein: Frankreich wie das Heilige Römische Reich Deutscher Nation sahen eine weibliche Thronfolge gar nicht erst vor, und selbst die große Maria Theresia hatte einen schweren Kampf zu bestehen, um wenigstens in den österreichischen Erblanden herrschen zu können; Kaiser wurden nur ihr Gemahl und ihr Sohn Joseph.

Das Britische Reich, im neunzehnten Jahrhundert zur ersten Macht der Welt geworden, hatte demgegenüber eine starke Tradition weiblicher Herrscher. Wer immer an Elisabeth I. oder die Queen Victoria dachte, der konnte eigentlich keinen inneren Vorbehalt dagegen verspüren, daß unter einer Königin, unter Elisabeth II. auch der Ministerpräsident, in England Premierminister genannt, eine Frau sei.

Trotz dieser Traditionen kann man nicht sagen, daß in Großbritannien eine ausgesprochene Bereitschaft bestünde, Frauen in hohe Regierungsämter zu berufen; am allerwenigsten in jenen konservativen Kreisen, die Margaret Thatcher schließlich ganz nach oben brachten. War also schon das eine Sensation, so war der Weg dieser Politikerin die zweite, denn sie kam nicht aus dem Großbürgertum, nicht aus dem Landadel und schon gar nicht aus einer jener großen Familien, die auf der Insel noch immer beträchtlichen Einfluß ausüben. Sie war die Tochter einer Kleinstadt-Krämers, über dem Laden wohnhaft, und wie ihre ganze Familie den Methodisten aufs engste verbunden.

Margaret Roberts, wie sie als Mädchen hieß, legte diesen schier unendlich wirkenden Weg aus dem Arbeiterstädtchen Grantham in Lincolnshire nach Oxford, ins Unterhaus und an die Spitze der Regierung zurück, weil sie die geheimen Sehnsüchte ihres Vaters verwirklichte; weil alles hinter ihr stand, was er in seinem Leben als unerfüllt empfunden hatte. Als Sohn eines Dorfschusters hatte er nicht einmal diesen bescheidenen Beruf ergreifen können, weil er viel zu schlecht sah, hatte auch nur eine dürftige Schulbildung erhalten und erst später, in öffentlichen Bibliotheken, seinen Wissensdurst befriedigen können. Mit einem Leben harter Arbeit, einem Laden, den er für die Arbeiter schon um sechs Uhr morgens aufsperrte, war er schließlich in den unteren Mittelstand aufgerückt, hatte Freunde gewonnen und war in den Gemeinderat gewählt worden. Die ganze Familie hatte sich schon früh für die provinziellen Wahlkämpfe engagiert, auch Margaret hatte bereits als Zehnjährige die Wahlhelferin gemacht und mit sechzehn die ersten Flugblätter verteilt.

Von einem unbändigen Ehrgeiz beseelt, hatte sie alle Vorurteile der Lehrer niedergekämpft, Latein nebenher gelernt und sich nur mit dem schwer erreichbaren Platz in einem College der Universität Oxford zufriedengegeben, den Studien inmitten der Elite des britischen Reiches. In den nicht sehr ausführlichen Kommentaren, die Margaret Thatcher zu ihrem eigenen Leben abgibt, bezeichnet sie die Jahre in Oxford als den Durchbruch, als die Entscheidungsphase ihres Lebens. Bis dahin in ihren Studien naturwissenschaftlich orientiert, weil man sich von diesem Wissenszweig den großen Fortschritt der Welt erwartete, erkannte sie in Oxford ihr beherrschendes Interesse für Politik und die Notwendigkeit, sich auch juristische Kenntnisse anzueignen. Zugleich lernte sie – wie kaum anders möglich – in Oxford jene Leute kennen, die ihr auf diesem Weg behilflich sein konnten, die Eltern von Mitschülern ebenso wie die Talentsucher der großen konservativen Gremien.

In einer parlamentarischen Demokratie wie Großbritannien kann die Protektion freilich nur die ersten Schritte erleichtern, und wenn auch im Oberhaus so mancher junge Lord auf dem Stammplatz des Geschlechts nicht viel mehr tun muß, als gute Figur zu machen, so geht es im Unterhaus doch bis heute sehr lebhaft zu, und die junge Abgeordnete der Konservativen Partei hatte harte Arbeit zu leisten. Als sie 1959 erstmals gewählt wurde, war sie 34 Jahre alt und nicht viel mehr als ein Bündel von Energie, ausgestattet mit mehr Rechtschaffenheit als Routine, mehr Lebensregeln als Lebenserfahrung. Ihre Jugend im Umkreis der Methodistenkirche und eine Großmutter mit strengsten sittlichen Grundsätzen hatten gemeinsam dazu beigetragen, aus der jungen Anwältin eine leidenschaftlich für das alte England eintretende Politikerin zu machen. Sie hieß nun übrigens nicht mehr Roberts, sondern Thatcher, denn sie hatte kurz nach ihrem 26. Geburtstag einen eher sportlich als politisch interessierten Grundbesitzer und ländlichen Industriellen geheiratet; nicht in Grantham, sondern schon in einem Londoner Vorort, wenn auch nach dem ihr vertrauten methodistischen Ritual...

In einem Industriestaat wie Großbritannien haben es konservative Parteien heute nicht mehr leicht, und Margaret Thatcher brauchte eigentlich nur auf Fehler ihrer männlichen Kollegen zu warten, um vorzurücken. Obwohl sie 1970–74 nur als Minister für Erziehung und Wissenschaft Erfahrungen sammeln konnte, also auf einem doch sehr speziellen Gebiet, war sie es, die nach verunglückten, von Heath ausgeschriebenen Neuwahlen an die Spitze ihrer Partei vorrücken konnte. Es wird berichtet, daß Heath gar nicht von seinem Schreibtisch aufgeblickt habe, als sie ihm ihre Gegenkandidatur um das Amt des Vorsitzenden ankündigte – wenig später aber war sie gerade wegen dieses Umstands, eben weil niemand in ihr eine echte Alternative zu den männlichen Bewerbern sah, Führerin der Konservativen Partei Englands und der Opposition.

In einer Demokratie kann der Führer der Opposition nach jeder neuen Wahl, nach jeder Abstimmungsniederlage der Regierung mit dem Amt des neuen Regierungschefs rechnen. Und als die Labourregierung im Mai 1979 abtreten mußte, hatte Großbritannien seinen ersten weiblichen Premierminister. Weltweit gesehen, war das nicht mehr unerhört, wurde doch der 600-Millionen-Staat Indien von einer Frau energisch geführt, zeitweise auch Ceylon-Sri Lanka und andere Länder. Und wenn böse Zungen behaupteten, Margaret Thatcher habe ihren Außenseiter-Sieg mehr der Härte der britischen Gewerkschaften zu verdanken als eigenen Verdiensten, so mußten diese Skeptiker doch bald umdenken. Nicht nur sie, sondern ebenso Mr. Thatcher, der Gatte der neuen Regierungschefin: Auch er hatte der Kandidatur seiner Frau keine Chance gegeben.

Das Ereignis, das Margaret Thatcher den Beinamen der Eisernen Lady eintrug und sie zu einem Begriff für die ganze Welt werden ließ, war jedoch keineswegs ein Konflikt der britischen Innenpolitik, sondern ein kurzer, heißer Krieg zwischen großen Mächten: die Rückeroberung der Falkland-Inseln nach der argentinischen Invasion vom April 1982.

Vierzig Jahre nach Winston Churchill sah sich plötzlich eine Frau an der Spitze der britischen Regierung in die Notwendigkeit versetzt, einen Krieg zu führen. Daß es kein Angriffskrieg war, wie die amerikanische Intervention in Vietnam, machte die Sache nicht viel leichter: Die Falkland-Inseln, ein Schlechtwetter-Archipel an der Südspitze von Südamerika, waren zwar nur von 1800 Menschen bewohnt, aber diese waren eben treueste Untertanen der Königin, leidenschaftliche Pioniere des Britentums auf einem weit entlegenen Außenposten. In den Kreisen um Margaret Thatcher herrschte Einigkeit darüber, daß jede Regierung gestürzt würde, die einen argentinischen Übergriff von solcher Brutalität ohne Gegenwehr hinnehmen würde – und wenn dann Labour-Minister diesen Krieg führen mußten, dann konnte ihn Maggy auch selber führen. »Niemand hat wohl erwartet«, schreibt Ulrich Grudinski in einer Studie über ihre Tätigkeit als Ministerpräsident, »daß diese Außenseiterin sich unter die stärksten britischen Premierminister einreihen werde. Richtig vorausgesagt wurde, daß sie heftig umstritten sein werde. Ihre Partei kann sich keinen anderen Heath-Nachfolger vorstellen, der ihren Mut zum Falkland-Krieg besessen hätte und die wütende Hartnäckigkeit im Streit um den britischen EG-Beitrag.«

Der Falkland-Krieg wurde zu einer harten Bewährungsprobe für das alte, große Empire. Noch einmal fuhren Schlachtschiffe über den Atlantik, obwohl sich schon im Zweiten Weltkrieg gezeigt hatte, daß diese kostspieligen Kolosse veraltet waren; noch einmal mußten junge

Margaret Thatcher

Margaret Hilda Thatcher, geborene Roberts, kam am 13.10.1925 in der mittelenglischen Kleinstadt Grantham zur Welt. Ihr Vater, ein methodistischer Kolonialwarenhändler, hatte sich in seiner Gemeinde eine geachtete, aber durchaus provinzielle Position geschaffen, aus der Margaret mit großem Ehrgeiz früh hinausstrebte. Sie errang sich mit hartem Einsatz die Qualifikation für Oxford, interessierte sich früh für Politik und wechselte von naturwissenschaftlichen Studien bald zur Jurisprudenz, die für die politische Karriere größere Chancen bot. 1959 zog sie als Abgeordnete der Konservativen Partei ins Unterhaus ein, 1970 wurde sie Minister für Erziehung und Wissenschaften und war seit 1975 Oppositionsführerin. Als solche wurde sie nach dem Wahlsieg ihrer Partei 1979 Premierminister.

Soldaten auf fernen Inseln ihr Leben lassen, als die Argentinier mit modernsten französischen Raketen der britischen Flotte schmerzlichste Verluste zufügten. Der schwer erkämpfte Sieg war der Sieg traditioneller britischer Machtpolitik und der Erfolg einer unbeugsamen, an ihren Grundsätzen unbeirrt festhaltenden Frau. Die merkwürdigste Folge dieser verlustreichen Expedition rund um die halbe Erde bestand jedoch darin, daß sich das alte große Reich, das British Empire, verjüngte. Man hatte es der Welt wieder einmal gezeigt, man hatte sich aus dem Schlepptau der Vereinigten Staaten befreit und britische Weltpolitik gemacht.
Margaret Thatcher wurde und blieb ungeheuer populär. Sie konnte in endlosen Streiks Machtproben riskieren, die jeden anderen Politiker das Amt gekostet hätten, und sie erfüllte die wirtschaftlich schwer ringenden britischen Inseln mit dem Millionenheer der Arbeitslosen mit der einen Zuversicht, wenigstens ganz oben, an der Spitze, eine tüchtige und unbestechliche Intelligenz zu wissen, welche die traditionellen Werte des alten Königreichs verteidigte.

Ingeborg Bachmann
Das Bewußtsein der Grenze

von Klaus Klöckner

»Ich habe meine Jugend in Kärnten verbracht, im Süden an der Grenze, in einem Tal, das zwei Namen hat, einen deutschen und einen slowenischen. Und das Haus, in dem seit Generationen meine Vorfahren wohnten – Österreicher und Windische –, trägt noch heute einen fremdklingenden Namen.« Es ist der Tobaihof bei Obervellach im Gailtal, von dem der Vater stammte, der dann Lehrer wurde. Ingeborg Bachmann, die das im Alter von 26 Jahren geschrieben hat, ist 1926 in Klagenfurt zur Welt gekommen, Kärntens Landeshauptstadt. Windische nannte man dort die Slowenen.

Die Erfahrung der Grenze hat für diese Schriftstellerin eine besondere Bedeutung: »So ist nahe der Grenze noch einmal die Grenze: die Grenze der Sprache – und ich war hüben und drüben zu Hause, mit den Geschichten von guten und bösen Geistern zweier und dreier Länder, denn über den Bergen, eine Wegstunde weit, liegt schon Italien.« Mehr als eine Zeitstunde gewiß, wenn man den Weg über den Gebirgszug der Karawanken zu gehen hat – aber Italien war der 26jährigen geistig schon sehr nahe. »Ich glaube, daß die Enge dieses Tals und das Bewußtsein der Grenze mir das Fernweh eingetragen haben.« Innsbruck, Graz, Wien, dann Paris, London, München, Berlin, Zürich und vor allem Rom wurden zu Stätten ihres Schriftstellerlebens.

Wann das begonnen hat, weiß Ingeborg Bachmann nicht genau zu sagen: »Ich weiß nur, daß ich in einem Alter, in dem man Grimms Märchen liest, zu schreiben anfing, daß ich gern am Bahndamm lag und meine Gedanken auf Reisen schickte, in fremde Städte und Länder und an das unbekannte Meer, das irgendwo mit dem Himmel den Erdkreis schließt. Immer waren es Meer, Sand und Schiffe, von denen ich träumte, aber dann kam der Krieg und schob vor die traumverhangene, phantastische Welt die wirkliche, in der man nicht zu träumen, sondern sich zu entscheiden hat.«

Die Träume und die Entscheidungen: Muß das eine verloren gehen, die Freiheit der Phantasie, wenn das andere nötig wird? »Jugend in einer österreichischen Stadt« heißt ein Text vom Jahre 1959, den Ingeborg Bachmann als »Erzählung« herausgegeben hat. Wenn sie da, Distanz suchend, wo Nähe schmerzlich werden kann, in der dritten Person Mehrzahl »die Kinder« in Erinnerung ruft, gehört sie selbst dazu. Dort ist auch von der Schule die Rede, von »Übungen im Horizontgewinn und Traumverlust«. Und davon, daß die Kinder einen »Liebesdialog« belauschen und nicht verstehen; sie »möchten ein Wörterbuch haben für die unverständliche Sprache«.

Aber dann: »Die Kinder sind verliebt und wissen nicht in wen. Sie kauderwelschen, spintisieren sich in eine unbestimmbare Blässe, und wenn sie nicht mehr weiterwissen, erfinden sie eine Sprache, die sie toll macht. Mein Fisch. Meine Angst. Mein Fuchs. Meine Falle. Mein Feuer. Du mein Wasser. Du meine Welle. Meine Erdung. Du mein Wenn. Und du mein Aber. Entweder. Oder. Mein Alles ...« Kinder können das noch: eine neue Sprache erfinden. Später kann eine zerbrechen daran, und die Elemente – Erde, Wasser und vor allem Feuer – finden nicht mehr zum Ganzen.

Wann endet solche Kindheit? Die 33jährige erinnert sich an Radiomeldungen, die Angst machten, an marschierende Kolonnen, fremde Fahnen, Lieder, die Gewalt hinausschrien: »Es hat einen bestimmten Moment gegeben, der hat meine Kindheit zertrümmert. Der Einmarsch von Hitlers Truppen in Klagenfurt. Es war etwas so Entsetzliches, daß mit diesem Tag meine Erinnerung anfängt: durch einen zu frühen Schmerz, wie ich ihn in dieser Stärke vielleicht später überhaupt nie mehr hatte. Natürlich habe ich das alles nicht verstanden in dem Sinne, in dem es ein Erwachsener verstehen würde. Aber die ungeheure Brutalität, die spürbar war, dieses Brüllen, Singen und Marschieren – das Aufkommen meiner ersten Todesangst.«

Das war im März 1938: Einmarsch deutscher Truppen in Österreich. Bald darauf erlebten die Kinder den Krieg, »Christbäume« fielen vom Himmel, die Leuchtsignale, mit denen Bomber ihr Zielgebiet markierten. »Und noch später dürfen sie Laufgräben ausheben ...« Im Kino hieß es bei manchem Film noch »Jugendliche ... nicht zugelassen, aber dann waren sie es doch, zu dem großen Sterben und Morden ein paar Tage später und alle Tage danach.« Alle Tage? Auf diese beiden Wörter ist zurückzukommen.

Noch eine Kindheitserinnerung, die aufschlußreich erscheint für Späteres: Anfangs wohnte die Familie in einem Mietshaus über dem Hausherrn. Rücksicht hieß das Gebot. Die Kinder »dürfen nur flüstern und werden sich das Flüstern nicht mehr abgewöhnen in diesem Leben«. Das ist die eine Seite. Die andere: »In der Schule sagen die Lehrer zu ihnen: Schlagen sollte man euch, bis ihr den Mund auftut. Schlagen ... Zwischen dem Vorwurf, zu laut zu sein, und dem Vorwurf, zu leise zu sein, richten sie sich schweigend ein.«

Flüstern, schreien und schweigen – Dichtung und Leben Ingeborg Bachmanns bezeugen es. Heinrich Böll schreibt in seinem Nachruf: »... sie war eine Dichterin und damit beides: engagiert – und das andere. Und sie war beides ganz: mit leiser Stimme und doch voll Energie, wie wenn sie Gedichte vorlas. Hinter ihrer habituellen Nervosität, einer Art ständiger Gebrochenheit, die immer den Zustand ›kurz vor dem Zusammenbruch‹ signalisierte, verbargen sich Zähigkeit, Kraft, auch Direktheit, die spontan zu Freundschaft und Hilfsbereitschaft wurde ...«

Die leise, die kraftvolle Stimme der Dichterin. Vernehmlich wurde sie im Mai 1952 bei einer Tagung der »Gruppe 47« in Niendorf an der Ostsee, da las sie Gedichte.

»Im Stahlgefieder verborgen, verhören
Instrumente den Raum, Kontrolluhren und Skalen
das Wolkengesträuch, und es streift die Liebe
unseres Herzens vergessene Sprache ...«

Eine Dichterin war zu entdecken, eine neue Stimme, die aufhorchen ließ. Die »Gruppe 47«, »ein Ort, an dem die deutsche Nachkriegsliteratur mit sich selbst ins Gespräch kam« (Heinz Friedrich), eine – nicht fest organisierte – Gruppe von Schriftstellern; 1947 gegründet und für zwei Jahrzehnte, vor allem in den 50er Jahren, von großer Bedeutung für die Literatur der Bundesrepublik.

»... Aber ins Holz,
solang es noch grün ist, und mit der Galle,
solang sie noch bitter ist, bin ich
zu schreiben gewillt, was im Anfang war!
Seht zu, daß ihr wachbleibt!«

Bekenntnis und Mahnung, geschrieben von einer 26jährigen Schriftstellerin aus Berufung – und nun auch von Beruf.

Was vorher war: Besuch der Oberschule für Mädchen bei den Ursulinen in Klagenfurt bis zur Matura. Nach dem Krieg Studium der Philosophie (anfangs auch Jura) in Innsbruck und Graz, schließlich in Wien dazu noch Germanistik und Psychologie. 1950 Promotion mit einer Arbeit über »Die kritische Aufnahme Martin Heideggers«. Frau Doktor Bachmann arbeitete dann in einem Büro der amerikanischen Besatzungsbehörde und – bis 1953 – beim Sender »Rot-Weiß-Rot« in Wien, zuletzt als Redakteurin. Die Anfänge der schriftstellerischen Laufbahn fallen in diese Zeit. Schon 1946 wurde eine Erzählung veröffentlicht, zwei Jahre später erschienen erstmals Gedichte; sie übersetzte ein Drama von Thomas Wolfe und Gedichte von Giuseppe Ungaretti. 1952 wurde das Hörspiel »Ein Geschäft mit Träumen« urgesendet.

Bei der »Gruppe 47« in Niendorf begegnete Ingeborg Bachmann dem Komponisten Hans Werner Henze. Eine Partnerschaft begann, die hier nur in Ergebnissen gemeinsamer Arbeit zur Sprache kommen soll. Als Kind hatte Ingeborg zu komponieren versucht, aber dann festgestellt, daß die »Begabung nicht groß genug« sei, fortan hat sie dann »nur noch geschrieben«. Jetzt schrieb sie einen neuen Text für Henzes Ballettpantomime »Der Idiot« (nach Dostojewski), und nach Texten von Ingeborg Bachmann schrieb Henze die Opern »Der Prinz von Homburg« und »Der junge Lord«.

»Italienisch war meine zweite Sprache« – und Rom wurde der Ort für entscheidende Jahre ihres Lebens, von 1953 an bis zu ihrem Tode zwanzig Jahre später; mit Unterbrechungen und fünf Jahre hindurch im Wechsel mit Zürich, dem Wohnort des Schweizer Schriftstellers Max Frisch, der sich über seine Beziehung zu Ingeborg Bachmann 1975 in seiner autobiographischen Erzählung »Montauk« äußert, über seine »Hörigkeit«, wie er bekennt: »In ihrer Nähe gibt es nur sie, in ihrer Nähe beginnt der Wahn ...« Ein paar Sätze über ihre Person: »Sie verlangt den Luxus nicht; wenn er da ist, so ist sie ihm gewachsen. Ihre Herkunft kleinbürgerlich wie die meine; nur ist sie frei davon. Ohne Ideologie; kraft ihres Temperaments. Wenn sie rechnet, rechnet sie mit Wundern.«

Frisch schreibt auch dies: »Das Ende haben wir nicht gut bestanden, beide nicht.« Ingeborg Bachmann habe in einer verschlossenen Schublade Frischs Tagebuch gefunden, es gelesen und dann verbrannt. Sie selbst hat über ihr privates Leben keine Auskunft gegeben, das haben wir zu respektieren: »Menschlichkeit: Den Abstand wahren können. Haltet Abstand von mir, oder ich sterbe, oder ich morde mich selber.« Befragt zu ihrem Roman »Malina« äußert sie sich so: »Eine Autobiographie würde ich es nur nennen, wenn man darin den geistigen Prozeß eines Ichs sieht, also nicht das Erzählen von Lebensläufen, Privatgeschichten und ähnlichen Peinlichkeiten.« Ingeborg Bachmanns Werke liegen vor; ihre Briefe und Notizen haben die Erben notariell versiegeln lassen, für fünfzig Jahre.

Ein Werk, das in weiten Teilen großen Erfolg brachte – und Scheitern nicht verbirgt. »Sie kann einen Ausdruck verfehlen, weil sie weiß, was Ausdruck überhaupt ist«, sagt Ingeborg Bachmann über die Sängerin Maria Callas.

Die Daten sind nachzulesen: 1953 der Gedichtband »Die gestundete Zeit«, drei Jahre später ein weiterer: »Anrufung des Großen Bären«; 1961 »Das dreißigste Jahr«, Erzählungen. Nach einem qualvollen Jahrzehnt dann der Roman »Malina«, erstes und einzig vollendetes Buch der Trilogie »Todesarten«. Öffentliche Anerkennungen waren zahlreich: Literaturpreise von höchstem Rang.

Was kaum bekannt wurde: 1954 war Ingeborg Bachmann für ein Jahr – unter dem Pseudonym Ruth Keller – mit politischen Beiträgen für die Westdeutsche Allgemeine Zeitung tätig. Den politischen Fragen der Zeit hat sie sich nicht entzogen. Heinrich Böll schreibt: »Es gehörte Mut dazu, 1958 dem Komitee gegen Atomrüstung beizutreten, sich 1963 der Klage gegen Dufhues anzuschließen und 1965 die Erklärung zum Vietnamkrieg zu unterschreiben. (Anmerkung: Der CDU-Politiker Dufhues hatte die »Gruppe 47« mit einem Begriff aus der Nazizeit diffamiert: »Reichschrifttumskammer«.) Man sollte nicht versuchen, diese Art Mut und Engagiertheit aus der großen Dichterin herauszudividieren, denn das eine gehört zum anderen.« Das entspricht Ingeborg Bachmanns Auffassung von Kunst: Sie gebe uns »die Möglichkeit, zu erfahren, wo wir stehen und wo wir stehen sollten, wie es mit uns bestellt ist und wie es mit uns bestellt sein sollte.«

Unüberhörbar das dichterische Engagement, die Warnung an die Zeitgenossen: Es geht nicht ohne die Unerbittlichkeit der Unterscheidung, ohne Umwertung gefährlich eingeschliffener »Werte«. Begreifen, daß unser Alltägliches »unerhört« ist; durchbrechen, was wir alle Tage gewohnt sind; Standorte überprüfen; hinweisen auf Werte und Worte, die wahr sind.

ALLE TAGE

Der Krieg wird nicht mehr erklärt,
sondern fortgesetzt. Das Unerhörte
ist alltäglich geworden. Der Held
bleibt den Kämpfen fern. Der Schwache
ist in die Feuerzonen gerückt.
Die Uniform des Tages ist die Geduld,
die Auszeichnung der armselige Stern
der Hoffnung über dem Herzen.

Er wird verliehen,
wenn nichts mehr geschieht,
wenn das Trommelfeuer verstummt,
wenn der Feind unsichtbar geworden ist
und der Schatten ewiger Rüstung
den Himmel bedeckt.

Er wird verliehen
für die Flucht von den Fahnen,
für die Tapferkeit vor dem Freund,
für den Verrat unwürdiger Geheimnisse
und die Nichtachtung
jeglichen Befehls.

»Hätten wir das Wort, hätten wir Sprache, wir bräuchten die Waffen nicht«, heißt es in den Frankfurter Vorlesungen; Ingeborg Bachmann war die erste, die den neu eingerichteten Lehrstuhl für Poetik an der Frankfurter Universität innehatte. Wir »haben« sie nicht, die Sprache. Das Wort unbedingter Liebe hätte soviel Sprengkraft, daß die Welt daran zerbrechen und neu werden müßte. Darum vernichtet die Ordnungsmacht die Liebende in Ingeborg Bachmanns Hörspiel »Der gute Gott von Manhattan«. Tödliche Erfahrung der Grenze.

»Wir aber werden über Grenzen sprechen,
und gehn auch Grenzen noch durch jedes Wort:
wir werden sie vor Heimweh überschreiten ...«

Überschreiten: auch die Möglichkeiten ihrer selbst. Von dem Philosophen Ludwig Wittgenstein, über den Ingeborg Bachmann geschrieben hat, stammt der Satz: »Die Grenzen meiner Sprache bedeuten die Grenzen meiner Welt.« Sätze wie dieser, sagt die Dichterin, »haben mir einfach etwas bewußt gemacht, was wohl schon in mir gewesen sein muß.« Trotzdem – besser: gerade deshalb das Verlangen, bis zum Äußersten zu gehen, »Grenzen zu überschreiten, die uns gesetzt sind«. Weiter heißt es dann in der Rede mit dem Titel »Die Wahrheit ist dem Menschen zumutbar« – es ist die Rede zur Verleihung des Hörspielpreises: »Es ist auch mir gewiß, daß wir in der Ordnung bleiben müssen, daß es den Austritt aus der Gesellschaft nicht gibt und wir uns aneinander prüfen müssen. Innerhalb der Grenzen aber haben wir den Blick gerichtet auf das Vollkommene, das Unmögliche, Unerreichbare, sei es der Liebe, der Freiheit oder jeder reinen Größe.«

Das Unerreichbare: die »neue Sprache«, zu der jeder Dichtende auf dem Weg ist. Beglückende Augenblicke des Gelingens, bittere Zeitstrecken des Versagens, des Verstummens. Dies rührt an das Geheimnis jeder Dichtung, und es ist die Frage, die uns vor Ingeborg Bachmanns Werk bewegt, erschüttert – und wenigstens im Denken zum Ausbruch treiben soll aus dem Gewohnten. »Eine neue Sprache muß eine neue Gangart haben, und die Gangart hat sie nur, wenn ein neuer Geist sie bewohnt.«

Das Testament der Ingeborg Bachmann: ihr Werk, das radikale Fragen stellt. Gibt es Antworten? Ihr Tod war ein »Zufall« und war es doch nicht; voraus ging eine lange Zeit seelischer Qual, körperlichen Zerfalls. Mit Unmengen von Tabletten suchte sie Schmerzen zu

Ingeborg Bachmann

wurde am 25. Juni 1926 in Klagenfurt geboren. Von 1945–1950 studierte sie Philosophie (Germanistik, Psychologie) und promovierte 1950 zum Dr. phil. Zunächst Rundfunkredakteurin, erhält sie 1953 den Preis der »Gruppe 47« für ihren Gedichtband »Die gestundete Zeit«. Von 1958–1963 lebt sie abwechselnd in Rom und in Zürich.
Sie erhält den Preis der »Gruppe 47« 1953, den Bremer Literaturpreis 1957, den Hörspielpreis der Kriegsblinden 1959, den Georg-Büchner-Preis 1964, den Großen Österreichischen Staatspreis für Literatur 1968 und den Anton-Windgans-Preis 1972.
1959 wird sie auf den neugeschaffenen Lehrstuhl für Poetik an der Universität Frankfurt berufen. Am 26.9.1973 erlebt sie einen Brand-Unfall, an dessen Folgen sie am 17. Oktober 1973 stirbt.

übertäuben. Lebensmüde war sie wohl nicht: Die Fahrkarte für eine Reise war schon gelöst, als sie in Rom am Abend des 26. September 1973 mit brennender Zigarette einschlief. Aufflammendes Nylongewebe, schwerste Verbrennungen, verzweifelter Hilferuf. Erst am 17. Oktober war der Todeskampf zu Ende. »... ich wehre mich gegen etwas, das leicht gesagt ist«, schreibt Heinrich Böll, »der Tod habe sie erlöst. Nein, diese Art der Erlösung suchte sie nicht; ich würde sie gerne selber fragen, ob ich mich täusche.«
Einen nun unumstößlichen Auftrag – keine Antwort – erteilt eine Zeile aus dem Gedichtzyklus »Lieder auf der Flucht«:
»Wart meinen Tod ab und dann hör mich wieder...«

Corazon Aquino
Die Jeanne d'Arc der Philippinen

von Rüdiger Siebert

Katholischer Tradition gemäß wurden dem Mädchen Corazon fromme Lieder an der Wiege gesungen und sonst nichts. Zu abwegig wäre der Familie Cojuangco der Gedanke erschienen, in der am 25. Januar 1933 geborenen Tochter werde einmal während dunkelster nationaler Stunde die Hoffnungsträgerin der Philippinen erwachsen, eine Symbolfigur populären Aufbegehrens erstehen, eine Frau, die an Jeanne d'Arc denken läßt. Der Weg, den Corazon die ersten viereinhalb Jahrzehnte ihres Lebens einschlug, war dagegen eher vorauszusehen gewesen, weil er ganz der herkömmlichen Erwartung in den Kreisen der philippinischen Oberschicht entsprach. Die Cojuangcos besitzen auf Luzon, der großen nördlichen Insel der Republik, weite Zuckerrohrplantagen, sind an deren Vermarktung beteiligt und mischen im Kokosnuß-Geschäft großen Stiles mit.
Für eine Tochter aus begüterter Familie gab es kaum eine andere Wahl, als Studentin, Ehefrau und Mutter zu werden und dann im Schatten des Mannes zu bleiben. Auch in dem südostasiatischen Staat mit den 7000 Inseln, einer jahrhundertelangen spanischen und einer knapp fünfzigjährigen amerikanischen Kolonialbevormundung bestimmen hauptsächlich Männer die Richtlinien von Geschäft und Politik. In beiden Bereichen hatten sich die Cojuangcos erfolgreich betätigt. Corazons Großväter, einer ihrer Brüder sowie zwei Onkel haben eine Rolle im politischen Leben gespielt oder spielen sie noch. Corazon – oder Cory, wie sie auf philippinische Weise abgekürzt und freundschaftlich genannt wird – hat niemals Ansprüche auf einen Berufsweg in Nähe der Schaltstellen von Macht und Geld geäußert. Sie besuchte von katholischen Schwestern geführte Schulen, wie es im einzigen asiatischen Land mit katholischer Bevölkerungsmehrheit üblich ist, ließ sich im Konvent von den Tugenden der braven gottesfürchtigen Frau überzeugen, studierte in den USA die französische Sprache und Mathematik und kehrte mit dem akademischen Titel

des Bachelor of Art nach Manila zurück. Dort begann sie ein Studium der Jurisprudenz, das sie aber bald an den Nagel hängte, um 21jährig Benigno (Ninoy) Aquino zu heiraten, einen Journalisten und ambitionierten Mann aus ebenfalls reichem Hause. Dessen Name und politischer Kampf sollten für Cory lebensbestimmend werden. Aus geruhsamem Familienleben wurde nicht viel.
Politik in den Philippinen, soweit sie von den Filipinos selbst bestimmt werden konnte und nicht nur eine Reaktion auf die vielfältigen Fremdeinflüsse aus Europa und den USA gewesen war, vollzog sich in der erbitterten Rivalität reicher Familien, die noch reicher werden wollten. In den 60er Jahren ging Ferdinand E. Marcos mit seinem Clan als Sieger im Ringen um die Macht in Manila hervor, wurde zum Präsidenten gewählt, schaffte es, ein zweitesmal in das höchste politische Amt der Philippinen zu gelangen, und regierte ab 1972 mit dem Diktat des Kriegsrechtes weiter. Benigno Aquino profilierte sich als einer der prominentesten Gegner, kam ins Gefängnis und durfte 1980 zu einer Herzoperation in die USA ausreisen, wo er danach blieb. Seine Familie begleitete ihn ins Exil. Für Cory begann eine Zeit, an die sie sich später gern erinnerte. Losgelöst vom Druck des lebensgefährlichen Machtkampfes in der Heimat konnten sich die Aquinos, mittlerweile Eltern von fünf Kindern, einer relativen Ruhe erfreuen. Benigno übernahm einen akademischen Lehrauftrag. Cory war wirklich das, was ihr die späteren Feinde nachsagten, nämlich die Frau, die immer nur den Kaffee kochte.
Zwei Daten und Ereignisse rissen die Familie aus dieser vermeintlichen Idylle. Am 21. August 1983 kehrte Benigno mit dem Flugzeug nach Manila zurück, um den politischen Kampf gegen Marcos auf heimischem Boden wieder aufzunehmen. Noch auf dem Flugplatz in Manila wurde der unwillkommene Rivale erschossen, ein Opfer jener mörderischen Politik in den Philippinen, wo unter Marcos ein Menschenleben jeglichen Wert verloren hatte. Cory sah sich über Nacht als Witwe mit der Bürde belastet, das Vermächtnis ihres Mannes erfüllen zu müssen. Von jenem 21. August an waren die Philippinen nicht mehr das, was das Land und seine von Marcos diktierten Machtverhältnisse zuvor gewesen waren. Der Mord hatte eine beispiellose Mobilisierung unterschiedlichster Gesellschaftsschichten ausgelöst.
Bis dahin hatte nur eine einzige Frau die Philippinen auch politisch repräsentiert. Imelda Marcos, die Gattin des Präsidenten, die First

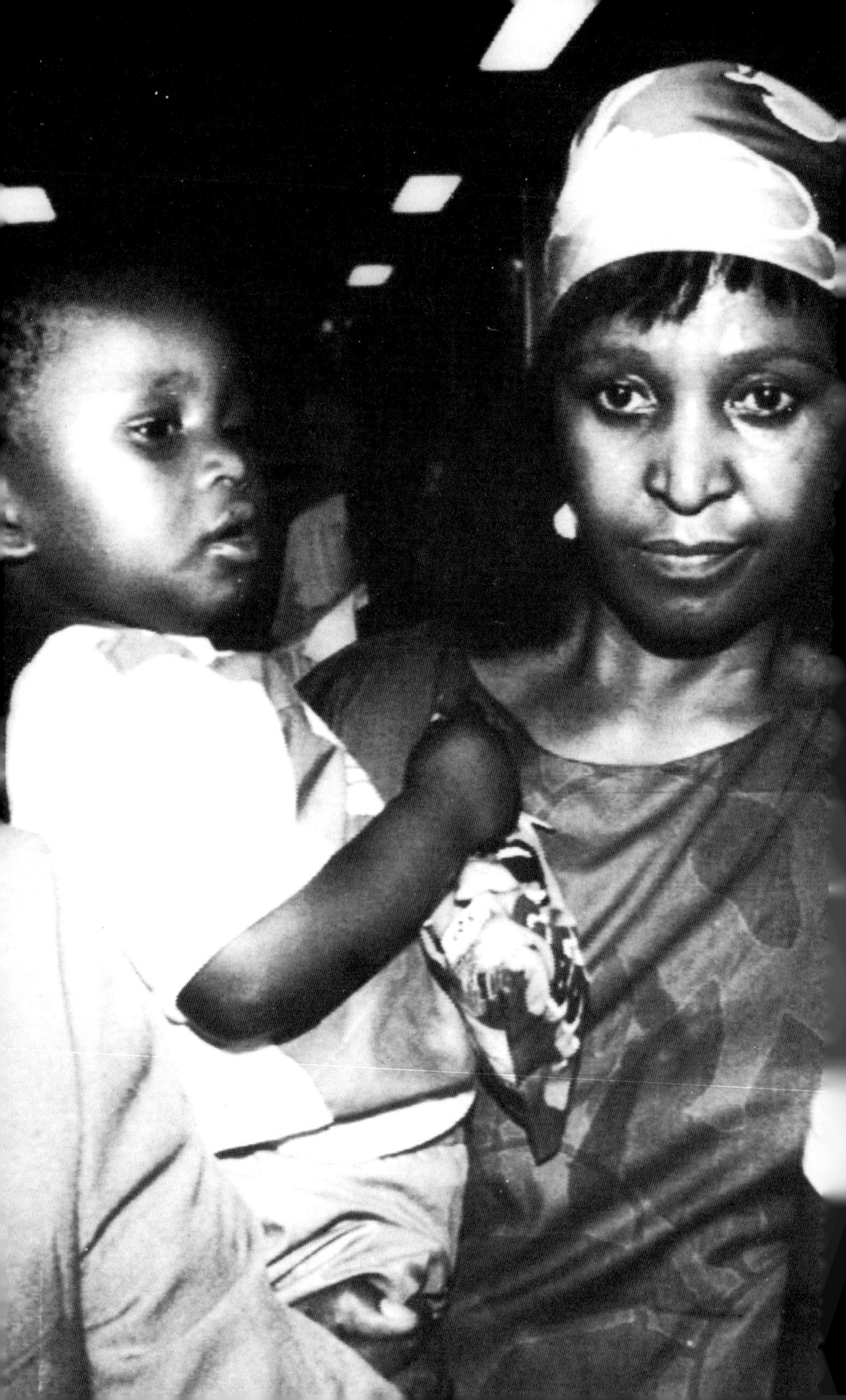

Lady, wie sie sich nennen ließ. Die einstige Schönheitskönigin füllte die Vielzahl ihrer Ämter so rigoros und machtbesessen aus, so selbstherrlich und in maßloser Verschwendung über den Nöten der Bevölkerungsmehrheit schwebend, daß ihr der Volksmund den nicht gerade schmeichelhaften Beinamen »Eiserner Schmetterling« verpaßte. Dieser Frau trauten die Filipinos jeglichen Machtmißbrauch, Intrigen, Korruption und die Verwicklung in den Mord an Benigno Aquino zu.
Mit Cory kam ein völlig anderer Frauentyp auf die politische Bühne der Philippinen. Die zierliche Filipina, die stets in größter Bescheidenheit auftrat und um viele Jahre jünger wirkte, als sie tatsächlich war, strahlte Werte aus, die im öffentlichen Leben der Philippinen längst verkommen waren: Ehrlichkeit, moralische Integrität, Naivität im reinsten Sinne. Ich erinnere mich an eine Szene im Herbst 1983. Cory stand am Grab ihres Mannes im Manila Memorial Park, das zu einer Wallfahrtsstätte der Marcos-Gegner geworden war. »Wir werden den Kampf fortsetzen«, sagte sie mit mädchenhafter Stimme vor dem weißen Marmorblock mit dem Foto Benignos. Die Menschenmenge ringsum klatschte. Die zerbrechlich scheinende Frau sprach von Freiheit und Gerechtigkeit. Ihre Worte klangen verhalten, ganz und gar nicht aufrührerisch. Ein schüchternes Lächeln in ihrem Gesicht. Nichts Verbissenes ging von ihr aus. Da stand keine Witwe, die Rache schwor, sondern eine Frau, die von den Sorgen niedergedrückt wurde, die die meisten Filipinos erlitten hatten. Aber sie machte allen klar, daß es nicht länger beim Erdulden bleiben dürfe und der gewaltlose Widerstand eingeübt werden müsse. Die Vertreterin der Oberschicht rief zur gesellschaftlichen Veränderung zum Nutzen aller auf. Sie traf den Ton, der bei den einfachen Leuten ankam, für die Politik in den Philippinen stets auch etwas mit dem Gefühl und den einzelnen Personen zu tun hat.
Noch immer war Cory eher Hausfrau als politische Führerin, die dem Marcos-Clan tatsächlich hätte gefährlich werden können. Sie selbst verstand sich als eine Anwältin, die das Gewissen der Nation stärkte. Ihr Auftreten bei Demonstrationen, Straßentheater und Rundfunksendungen der kirchlichen Station Radio Veritas ermutigte die zersplitterten Gruppen in der Gegnerschaft zu Marcos, die sich durch alle Gesellschaftsschichten und politischen Schattierungen zog. Wo immer Cory in der Öffentlichkeit erschien und in ihrer sanften Art für Menschlichkeit plädierte, verkörperte sie eine neue Hoffnung all denen, die schon zu oft betrogen worden waren. Anfragen, ob sie

selbst an die Spitze des nationalen unbewaffneten Widerstandes treten wolle, wies sie weit von sich.
Da brachte das zweite Datum die entscheidende Wende. Präsident Marcos ließ für den 7. Februar 1986 Wahlen ansetzen, die er in gewohnter Weise mit allen Mitteln seines menschenverachtenden Apparates zu gewinnen trachtete, um seinem international ramponierten Ruf neues Ansehen zu verschaffen und vor allem gegenüber den USA seiner Herrschaft die Legitimation zu festigen. Mehr als eine Million Filipinos bezeugten durch ihre Unterschriften, daß sie einzig in Cory Aquino als Gegenkandidatin eine einigende Kraft erblickten, die den mehrheitlichen Beweis erbringen könnte, Marcos' Regime habe abgewirtschaftet.
Cory zögerte lange, ehe sie zustimmte. Zusammen mit dem ehemaligen Senator und Chef der oppositionellen UNIDO, der Vereinigten Nationalen Demokraten, Salvador Laurel, als potentiellem Vizepräsidenten, stellte sie sich der Wahl ins höchste Staatsamt. Marcos wähnte sich seiner Sache sicher, spottete über die mangelnden politischen Erfahrungen seiner Herausforderin und tat so, als schämte er sich in seiner Mannesehre, überhaupt gegen eine Frau antreten zu müssen.
Doch seine Rechnung ging nicht mehr auf. Auf dramatische Weise spitzten sich die Tage nach dem 7. Februar zu. Cory hatte die Wahlen gewonnen. Doch Wahlbetrüger wollten die Öffentlichkeit glauben machen, Marcos habe die Mehrheit auf seiner Seite. Landesweit wurden die Fälschungen aufgedeckt. Die Macht der Massen, Peoples Power, ließ sich nicht mehr zurückdrängen. Corys leidenschaftliche Appelle, Blutvergießen zu vermeiden, und ihr durch keine Manipulation zu verheimlichender Sieg trieben die Menschen in Millionen auf die Straßen Manilas und anderer Städte. Teile der Armee meuterten, alte Gefolgsleute von Marcos wechselten die Fronten. Am 24. Februar kürte sich Marcos zum neuerlichen Präsidenten – längst ein Kapitän auf gesunkenem Schiff.
Fast zur selben Zeit schwor Corazon Aquino den Amtseid. Marcos mußte wenige Stunden danach an Bord einer amerikanischen Militärmaschine mit Frau Imelda und Anhang das Land verlassen. Eine Welle des Aufatmens durcheilte den gesamten Archipel. Erleichterung. Entspannung. Die Menschen fielen sich in die Arme. Ein Alptraum ging zu Ende. Fast ohne Blutvergießen.
Sicher: Ohne das Umschwenken des Militärs, ohne den Druck der Amerikaner auf Marcos, ohne das beherzte massenhafte Eintreten der

Filipinos, die sich zwischen die Panzer gedrängt hatten, ohne die Einflußnahme höchster kirchlicher Kreise, ohne dieses Zusammentreffen von Faktoren, hinter denen jeweils unterschiedliche Interessen und Absichten standen, wäre Marcos nicht zu stürzen gewesen. Aber ebenso sicher ist, daß Cory der menschliche Mittelpunkt dieser unblutigen, als sanft bezeichneten Revolution gewesen war.
Hausfrau, Kaffee kochen, Witwe – all diese Klischees angeblicher Mittelmäßigkeit und weiblicher Herabminderung zählten plötzlich nicht mehr. Da vollzog sich Historisches, wie es die Geschichte nur in den seltenen Ausnahmefällen zu bieten hat. In einer höchst kritischen Phase tritt ein Mensch auf, der die richtigen Entscheidungen trifft und über sich hinauswächst. Mit dem sicheren politischen Instinkt, den ihr kaum jemand zugetraut hatte, nahm Cory die Herausforderung auf dem Höhepunkt an, kämpfte und behielt doch ihr Lächeln, das auf den Gesichtern der Filipinos einen Widerschein der Gemeinsamkeit erzeugte. Sie alle, die das Lachen über ihre Peiniger und die Lächerlichmachung angeblich sakrosankter Macht zu Waffen gemacht hatten, denen Gewehre und Gefängnisse auf die Dauer nicht standzuhalten vermochten, blieben die Sieger in dieser einzigartigen Stunde, da sich den Philippinen der Abgrund eines Massenmordes aufgetan hatte. Cory strahlte die lebensbejahende Siegesgewißheit aus, die auf die breiten Massen ansteckend und auf die Gegner lähmend wirkte.
Welch eine Frau! Sie trägt einfache Kleider, kaum Schmuck, ist auf den

Corazon Aquino

genannt Cory, wurde am 25. Januar 1933 in Tarlac, nördlich von Manila auf der philippinischen Insel Luzon geboren. Als Tochter einer wohlhabenden und einflußreichen Familie war ihr Werdegang vorgezeichnet. Strenge Schulbildung im katholischen Konvent, Studien in den USA (Bachelor of Art in Französisch und Mathematik), Jura-Studium in Manila. Mit 21 Jahren heiratet sie den Journalisten Benigno Aquino. Als ihr Ehemann – inzwischen Führer der Opposition gegen den Diktator Marcos – am 21.8.1983 ermordet wird, übernimmt sie nach langem Zögern die Führung der Opposition und gewinnt die Wahlen am 7.2.1986. Mit massivem Wahlbetrug will Marcos sie vom Präsidentenamt fernhalten. Nach äußerst dramatischen Tagen gewinnt sie den Kampf gegen Marcos und wird am 24.2.1986 neue Präsidentin der Philippinen.

ersten Blick die unscheinbare Nachbarin von nebenan. Cory braucht kein aufdringliches Getue, um Aufmerksamkeit zu erregen. Sie zählt zu den Menschen, denen man zuhört, auch und gerade wenn sie leise sprechen. Sie ist eine der wenigen Figuren weltpolitischer Weichenstellung, die ohne Intrigen, ohne Phrasen, ohne heuchlerische Versprechungen an die Spitze eines Staates gelangen konnten, getragen von einer Welle volkstümlichen Vertrauens und ausgestattet mit der ehrlichen Zuversicht, Richtiges zu tun.

Jeanne d'Arc in der modernen Version: Eine zutiefst gläubige Frau, überzeugt von ihrer Mission, tritt an und versteht es, ihre vermeintliche Schwäche in Stärke umzusetzen. Sie gewinnt den Kampf und weiß, da sie der Jubel der Ovationen umbraust, daß dieser Kampf noch nicht der letzte ist. Jeanne ist Handelnde und Opfer zugleich, animiert die Großen zur Tat und wird als Werkzeug benutzt. Die Bilder gleichen sich. Zu radikal sind die Widersprüche in Staat und Gesellschaft der Philippinen, zu zerrüttet ist die Wirtschaft des Landes, zu verfault die politische Moral als stinkendes Erbe zweier Jahrzehnte Marcosscher Diktatur, als daß die überfällige, wünschenswerte Gesundung ohne Komplikationen und neuerliche Machtstreitigkeiten erfolgen könnte.

Der Vergleich mit der Jungfrau, die einst so mutig in die europäische Politik eingegriffen hat und darin umkam, zwingt auch die Frage auf, welchen Preis wird Cory Aquino für ihr Tun zu zahlen haben?. Ihr Platz in der Geschichte der Philippinen ist ihr sicher. Sie war die Frau, die den Sturz eines Diktators beschleunigte und ihren Landsleuten zu gestärktem Selbstbewußtsein und der Inselrepublik zu einem neuen Anfang verhalf. Aber wird Cory genügend Kraft, Zeit und Glück haben, um im Spannungsfeld philippinischer Ranküne die in sie so massenhaft gesetzten Hoffnungen mit Leben erfüllen zu können?

Winnie Nomzamo Mandela
Ein Symbol der Zuversicht

von Hans-Georg Noack

»Sie werden es nie schaffen, eine Mauer um sie zu bauen. Sie können sie verbannen, wohin sie wollen, in ein Bantustan, in die Wüste oder in den Urwald – diese Frau hat so viel Kraft, sie wird überall die Vögel singen und die Bäume rauschen lassen. Da kann man sicher sein.«
Diesen Satz schrieb Sally Motlana über eine Frau, die wie wenige andere Frauen unserer Zeit Symbol und Hoffnungsträgerin für Millionen von Menschen geworden ist: Winnie Mandela. Und daß dieser Satz richtig ist, hat sich seit über einem Vierteljahrhundert auf eine Art gezeigt, die bedrückend ist und traurig stimmt, wenn man das Einzelschicksal bedenkt; die aber beglückt und Hoffnung gibt, wenn man sieht, welche Kraft die Entschlossenheit und die Zuversicht eines Menschen bei denen wecken und erhalten können, die in ihrem alltäglichen Leben kaum einen Grund finden können, zuversichtlich in die Zukunft zu schauen.
Die Welt, in die Winnie Mandela 1935 hineingeboren wurde, war feindselig. Südafrika war kein Land, das schwarzen Frauen Anlaß zu frohen Zukunftsträumen gab. Die *Apartheid*, die Politik der Rassentrennung, suchte und sucht einen Zustand zu verewigen, in dem eine Minderheit von 4,6 Millionen Weißen eine Mehrheit von 26,3 Millionen farbigen Bewohnern des Landes diktatorisch beherrscht. Der Wohlstand des Landes blieb den Wenigen vorbehalten, die sich ausbeuterisch der Vielen bedienten, um ihn zu mehren.
»Ein Schwarzer in der Republik Südafrika zu sein«, schreibt der Journalist Johannes Hermanns, »bedeutet getrennte Wohnviertel, getrennte Restaurants, Kinos, Badestrände, getrennte öffentliche Verkehrsmittel, Sportveranstaltungen, Krankenhäuser, weniger Lohn für die gleiche Arbeit, schlechtere Ausbildung, das bedeutet vor allem keinerlei politische Rechte. Der Weg zur Wahlurne ist den Schwarzen versperrt. Die Gesetze werden von den Weißen gemacht. Schon die Kinder der Weißen lernen, bevor sie in die Schule kommen, daß

Schwarz bedeutet, das Essen aufzutragen, die Kinder zu beaufsichtigen, den Garten zu pflegen, kurz, den Weißen zu Diensten zu sein. Schwarz sind die Müllmänner, die Apfelsinenpflücker in den Plantagen, die Straßenarbeiter, die das vorzügliche Autobahnnetz Südafrikas in Ordnung halten, die Bauarbeiter, alle die, die körperliche Schwerarbeit leisten.«

In dieser politischen und geistigen Umgebung wächst das Mädchen Winnie auf, geht es zur Schule, erarbeitet es sich danach ein Diplom der Sozialwissenschaften und wird die erste schwarze Sozialarbeiterin Südafrikas.

Aber soziale Arbeit unter den schwarzen Landsleuten kann in ihren Augen nicht bedeuten, daß man sich bemüht, die äußerlich nur allzu deutlich sichtbaren Zeichen der Not zu behandeln. Es kommt darauf an, die Quellen dieser Not trockenzulegen. Ein erfolgreicher Kampf gegen die Unterdrückung, gegen Rechtlosigkeit, gegen die Mißachtung des Menschen durch den Menschen ist Voraussetzung dafür, daß die schwarzen Menschen Südafrikas in ihrer schönen Heimat ein menschenwürdiges Leben führen können.

Es ist nur folgerichtig, daß sich Winnie Mandela noch sehr jung, im Jahre 1957, dem *African National Congress (ANC)* anschließt, der sich dem Kampf gegen die Apartheid verschrieben hat, und auch Mitglied der Frauenliga wird, weil die Frauen wegen ihrer Hautfarbe und ihres Geschlechts doppelt unterdrückt sind.

1958 wird für sie das Jahr, in dem endgültig der Weg in ihre heutige Rolle bestimmt wird. Sie heiratet den Rechtsanwalt Nelson Mandela, den Führer des ANC. Der Sohn eines Xhosa-Fürsten führte schon seit 1952 einen erbitterten gewaltlosen Kampf gegen die Apartheid, war verhaftet worden, Aufenthaltsbeschränkungen wurden ihm auferlegt, die Teilnahme an Versammlungen verboten. Von 1956 an stand er fünf Jahre lang wegen Hochverrats vor Gericht, wurde aber freigesprochen und ging prompt an die Vorbereitung eines Aufstandes mit Hilfe einer Organisation *Speer der Nation*. Erneut verhaftet und vor Gericht gestellt, wurde er diesmal zu lebenslänglicher Freiheitsstrafe verurteilt.

Als Ehefrau dieses Mannes, der für sein Volk und für Menschen in aller Welt zum Symbol des Freiheitskampfes der schwarzen Afrikaner wurde und der Führer des *African National Congress* trotz seiner Gefangenschaft bis heute geblieben ist, stand sie im Mittelpunkt der Aufmerksamkeit und wurde sie zur mißtrauisch beobachteten Gegnerin des Regimes der Weißen.

1958 wurde Winnie Mandela auch zum erstenmal verhaftet, weil sie gegen die erniedrigenden Paßgesetze protestiert hatte, die den Schwarzen Südafrikas auferlegt sind. Erstmals verbrachte sie zwei Wochen hinter Gittern, obwohl sie schwanger war. 1963 wurde sie verbannt, das heißt, ihr wurde ein Wohnsitz zugewiesen, den sie nicht mehr verlassen durfte, und mit kurzen Unterbrechungen besteht diese Verbannung bis heute fort. Auch als die Mehrheit der Verbannungen vor kurzem aufgehoben wurden, galt diese Verordnung der Regierung nicht für Winnie Mandela. Sie wird bis 1987 in ihrer Freiheit beschränkt bleiben, jeder ihrer Schritte wird überwacht, keinen Menschen kann sie ohne Zeugen treffen.

1969 wurde sie gemeinsam mit 40 anderen Anhängern des ANC verhaftet und zu 491 Tagen Freiheitsentzug verurteilt. Ihre damalige Verbannung dauerte bis 1975, doch 1976 war sie an den Aktivitäten um den sogenannten Soweto-Aufstand beteiligt, in dem vor allem die jungen Schwarzen auch unter Einsatz von Gewalt gegen ihre Unterdrücker aufbegehrten. Erneut traf sie der Bann. Das kleine Dorf Brandfort im Oranje-Freistaat wurde ihr als Aufenthalt zugewiesen. Dort lebt sie auch heute noch unter Hausarrest. Niemals darf sie mehr als eine Person gleichzeitig empfangen; selten darf sie Brandfort verlassen, bisweilen, um ihren lebenslänglich gefangenen Mann zu besuchen, den sie dann kurze Zeit unter Aufsicht eines Beamten sprechen darf.

Winnie Mandela hat dieses Brandfort als ihr »Grab zu Lebzeiten« bezeichnet, doch ist es der Regierung offenbar nicht gelungen, diese Frau durch die Verbannung mundtot zu machen. Sie setzt ihre Fähigkeiten und Kenntnisse ein, um der kleinen Dorfgemeinschaft zu helfen, hat einen Gemüsegarten angelegt, um zur wirtschaftlichen Unabhängigkeit beizutragen, unterhält eine kleine Krankenstation.

Die Tatsache, verfolgt zu werden, ist so sehr zum selbstverständlichen Bestandteil ihres Lebens geworden, daß es für sie keinen großen Unterschied mehr bedeutet, ob sie verbannt ist oder nicht, ob sie unter Hausarrest steht oder sich frei bewegen kann, ob sie im Gefängnis ist oder in »Freiheit«. »Ihrer Meinung nach«, so heißt es in einer Schrift des Afrikanischen Nationalkongresses, »befindet sich jeder Schwarze in Südafrika im Gefängnis, es gibt lediglich unterschiedliche Abmessungen.«

Der *Apartheid* unterworfen zu sein, bedeutet für sie unabdingbar,

Freiheitskämpferin zu sein. Nach ihrer Meinung wird eine schwarze Frau in Südafrika in diese Rolle hineingezwungen, sobald sie ein Kind zu erziehen hat; denn sie muß diesem Kind doch begreiflich machen, daß es benachteiligt ist, weil es schwarz ist, es muß ihm verständlich machen, daß es in einer ungerechten Ordnung lebt, und im selben Augenblick erzieht diese Mutter schon einen jungen Menschen, der sich gegen diese Ordnung auflehnen wird, und damit wird sie zur Freiheitskämpferin.

Immer wieder hat sie sich gegen die ungerechten Paßgesetze gewandt. In einem Interview aus dem Jahre 1986 erklärt sie: »Bevor diese Paßgesetze auf uns schwarze Frauen ausgeweitet wurden, konnten wir wenigstens unsere Männer besuchen, wenn diese sich – oft für mehr als ein Jahr – dazu verpflichtet hatten, weit weg von zu Hause zu arbeiten, in den städtischen Ballungszentren. Dadurch konnten wir Frauen wenigstens einen Schein unseres Familienlebens aufrechterhalten. Obwohl wir, wenn wir Frauen vom Land in die Städte kamen, mit großen sozialen und wirtschaftlichen Problemen konfrontiert wurden: Unsere Männer vegetierten in ihren Behausungen dahin wie Vieh. Und diese Behausungen sind so geradezu Brutstätten von revolutionären Gedanken und Gefühlen ... Die Frau ... kommt in die städtischen Bezirke der Weißen und lungert draußen vor den Behausungen der Männer herum, wartet auf ihren Mann. Die Männer müssen sich dann insgeheim in schwarze Stadtviertel verkriechen, um dort für eine Nacht mit ihren Frauen zusammen sein zu können. Ein derart menschenunwürdiges Leben degradiert dich zu einem Arbeitstier des weißen Mannes.«

Winnie Mandela hat in ihrer Ehe seit 1958 insgesamt nur wenig mehr als vier Monate mit ihrem Mann zusammen gelebt. Ein normales Familienleben kennt sie kaum. Ihre beiden Töchter waren noch klein, als der Vater zu lebenslänglicher Haft verurteilt wurde. Seit zwei Jahrzehnten durfte die Frau ihren Mann nicht einmal berühren.

Aber als sie heiratete, hat sie sich keine Illusionen gemacht. »Ich wußte bereits, als ich Nelson Mandela heiratete, daß ich niemals die Gelegenheit haben würde, ein normales Leben zu führen.«

Sie sieht sich als die Vertreterin ihres Mannes, der in der Gefangenschaft die Funktion eines Führers des Afrikanischen Nationalkongresses nicht ausüben kann und auf den sich doch viele Hoffnungen richten. Sie weiß, daß Millionen von schwarzen Landsleuten auf sie

schauen, daß sie aus ihrem Mut den eigenen schöpfen wollen, daß sie aus ihrer Beharrlichkeit Trotz und Ausdauer gewinnen.
Der ANC, der angetreten war, die Verhältnisse in Südafrika friedlich zu verändern, sieht sich in seinen Hoffnungen und Erwartungen bitter enttäuscht. Er sieht sich durch eine Politik weiter verraten, die durch die Errichtung der Homelands, jener den Schwarzen zugewiesenen Wohngebiete mit begrenzter Selbstverwaltung, die alte Machtverteilung unter dem Mantel größerer Freiheit zementiert. Deshalb billigt er nun leider auch das Mittel der Gewalt in seinem Kampf. Es hat viele Tote und Verletzte gegeben.
Wenn man Winnie Mandela oft *Die Mutter des schwarzen Volkes* genannt hat, so deswegen, weil sich in ihrem Leben und ihrem Leid das Leben und das Leid ihres Volkes spiegeln; weil sie dieses Leben und dieses Leid konsequent auf sich nimmt im Bewußtsein, daß viele in ihr Vorbild und Beispiel sehen. »Dieses mein ›privates Ich‹ gibt es nicht«, schreibt sie in ihrem Buch *Ein Stück meiner Seele ging mit ihm.* »Was immer sie mir antun, das tun sie dem Volk in diesem Land an. Ich bin und bleibe immer nur ein politisches Barometer. An meiner jeweiligen Situation kann man den gerade im Land herrschenden politischen Druck ablesen. Wenn sie mich ins Exil schicken, meinen sie nicht mich als Individuum. Sie bilden sich ein, mit mir könnten sie auch die politischen Ideen verbannen. Aber das ist eine historische

Winnie Nomzamo Mandela

wurde 1935 in der heutigen Transkei (Südafrika) geboren. Nach Beendigung ihrer Schulzeit erwarb sie ein Diplom der Sozialwissenschaften und arbeitete dann als Sozialarbeiterin. 1958 wurde sie verhaftet und anschließend geächtet und interniert.
Seit 1957 ist sie Mitglied des Afrikanischen Nationalkongresses und der Frauenliga. 1958 heiratete sie den Führer des ANC, Nelson Mandela, der 1964 zu lebenslanger Haft verurteilt wurde. Ihre beiden Töchter sind heute erwachsen, Winnie Mandela ist Großmutter.
Winnie Mandela selbst ist verbannt und unter Hausarrest gestellt, doch ihr Mut, ihre Ausdauer und ihre Entschlossenheit im Kampf um ein menschenwürdiges Dasein für die Schwarzen Südafrikas haben ihr in ihrem Lande und in der ganzen Welt Achtung und Bewunderung eingetragen.

Unmöglichkeit. Das wird ihnen niemals gelingen ... Das, wofür ich einstehe, wollen sie verbannen. Sie könnten mir keine größere Ehre erweisen.«

Eine Welt, in der Ungerechtigkeit herrscht, braucht Menschen, die unerschütterlich daran glauben, daß Gerechtigkeit möglich ist. Eine Gesellschaft, die Wert und Würde des Menschen mißachtet, braucht Menschen, die durch ihre unzerstörbare Würde ihrem Leben Wert geben. Die Unterdrückten dieser Welt brauchen Menschen, die durch ihr ganzes Leben beweisen, daß man auch in der Unterdrückung den Kopf hoch tragen kann. Ein Volk, das in Gefahr ist, den Mut zu verlieren, braucht Menschen, die diesem Volk immer wieder sagen, wofür es sich zu kämpfen lohnt.

Hier liegt die Größe Winnie Mandelas. Sie spürt, daß Millionen ihrer schwarzen Brüder und Schwestern auf sie schauen. Sie weiß, daß viele bereit sind, ihrem Beispiel an Beharrlichkeit zu folgen, und daraus gewinnt sie die Kraft, ihr Schicksal unerschüttert zu tragen.

»Man braucht keine größere Inspiration als diese: Wir sind eine sehr glückliche Generation, weil wir unsere Befreiung noch erleben werden!«

Wilma Rudolph
Die schwarze Gazelle

von Ernst L. Erd

Bei den XVII. Olympischen Spielen 1960 in Rom startete in den kurzen Laufstrecken der Frauen sowie in der viermal-100-Meter-Staffel für die USA eine 20jährige Schwarze, deren Name in die Sportgeschichte eingegangen ist: Wilma Rudolph. Sie war in ihrer Art einmalig, und sie ist es bis heute geblieben. Hinreißend schön war ihr Laufstil, anmutig und ästhetisch jede ihrer Bewegungen. Zwar sind ihre Rekorde, die für lange Zeit festgeschrieben schienen, noch oftmals gebrochen worden. Allzeit gegenwärtig aber bleibt die Art und Weise, wie sie ihre Siege errang. An ihr schien alles vollkommen, klassische Schönheit und Grazie, gepaart mit der Schnelligkeit und Wendigkeit des sympathischen Naturkindes. Ein Phänomen.
Die Sportpresse überschlug sich: »Ein weiblicher Jesse Owens«; »die schwarze Perle von Tennessee« oder die »schwarze Gazelle vom Mississippi«. Ganz klar, daß sie die große Favoritin in ihren Disziplinen war. Natürlich hatte sich auch schon vor ihrem ersten Start in Rom die Regenbogenpresse ihrer bemächtigt: Man weiß von Klatsch und Tratsch und Liaisons, die keine waren.
Man wußte aber auch Wahrhaftiges zu berichten: Diese Königin der Aschenbahn ist das elfte Kind einer 20-köpfigen schwarzen Familie aus Nashville in Tennessee am unteren Mississippi, wo der Vater und die älteren Geschwister mehr schlecht als recht die vielköpfige Familie ernähren mußten und wo soziales Elend allweil zu Hause war.
Als Wilma elf Jahre alt war, erkrankte sie an der spinalen Kinderlähmung und war an den Rollstuhl gefesselt. Man stelle sich das Schicksal des kleinen Mädchens vor. Wie schmerzlich war es für sie, nahezu gelähmt im Rollstuhl zu sitzen, wenn sie die gesunden Geschwister erblickte und erleben mußte, wie die anderen Kinder ihres Alters herumtollen konnten.
Wenn sie nur einmal stehen könnte, oder gar einige Schritte auf Krücken machen könnte, ach Gott, nur einige Schritte! Täglich ver-

sucht sie es mehrfach, aber immer wieder sackt sie in den Stuhl zurück. Doch da war so etwas wie eine innere Stimme in ihr und die sagte immer wieder: »Nur nicht aufgeben, Wilma, nur nicht aufgeben!«

Und da kam eines Tages jenes unvergeßliche Ereignis im Hause der Rudolphs, das man als ein wahrhaftes Wunder bezeichnen kann. Wieder einmal versuchte Wilma zu stehen und sich auf ihren Krücken fortzubewegen. Da stockt sie. »Was ist das?« Sie wankt zwei, drei Schritte vorwärts und sackt nicht mehr wie früher in die Knie. Sie schreit auf, es ist ein Schrei von Schmerz und Freude: »Ich kann gehen, ich kann gehen!«

Von nun an wurde es immer besser. Dank ihrer sonst gesunden Konstitution und mit Hilfe eines täglichen Trainings, das sie eisern durchhielt, normalisierten sich ihre Bewegungsabläufe immer mehr. Schließlich konnte sie sogar laufen, erst 30, dann 40 ... 50 Meter weit ... dann immer weiter.

Uns klingt es wie ein Märchen aus 1001 Nacht: Bereits nach zwei Jahren läuft sie allen ihren Mitschülerinnen und Mitschülern bei einem Sportfest auf und davon. Weitere sechs Jahre nicht nachlassenden Übens und Trainierens und Wilma Rudolph wird die schnellste Frau der Welt!

Bei den Olympischen Spielen 1960 in Rom faszinierte sie die sportliche Welt als die 1,82 m große Modellathletin. Hier trat sie an gegen die Besten der Welt und besiegte sie alle scheinbar mühelos in einem Stil, der bis heute an Anmut und Ästhetik unerreicht blieb.

Freitagnachmittag, 2. September 1960 im Olympiastadion in Rom bei der 17. Olympiade. Etwa 90000 Zuschauer warten bei 30 Grad im Schatten auf das Finale des 100-Meter-Laufes der Frauen, warten auf den ersten großen Auftritt der Wunderläuferin Wilma Rudolph. Als sie im Stadion erscheint, skandiert das Publikum mit südländischer Begeisterung von den Rängen, was die Presse unlängst in Riesenbuchstaben auftrug: »La perla nera« (Die schwarze Perle) und für die europäische Presse ist sie längst: »Die schwarze Gazelle!«

Die Römer verstehen Athleten zu feiern, besonders wenn es sich dabei um hübsche Frauen handelt. Und selbstverständlich vergißt das italienische Publikum dabei auch nicht, ihre eigene Läuferin Guiseppina Leone (»Guiseppina Nationale«) gebührend mitzufeiern. Doch alle ahnen es: Die Rudolph ist nicht zu schlagen. Atemlose Stille im weiten Oval, dann fällt der Startschuß:

Wie von der Sehne geschnellt, rasen sieben Läuferinnen aus den Startlöchern, nur eine kommt zu spät weg:
Die Läuferin mit der Startnummer 117. Aber man ist ihre schwachen Starts schon von den Vorläufen her gewohnt. Um so faszinierender dann, wie sie das Feld der Weltbesten von hinten heraus aufrollt, nach 50 Metern aufschließt, überholt und scheinbar spielend das Band mit zwei Metern Vorsprung zerreißt. Keiner im Stadion ist auf seinem Platz geblieben, zumal hinter der Engländerin Dorothy Hyman die Italienerin, ihre Leone, die Bronzemedaille erringt. In den Jubel hinein tönt der Lautsprecher: »Siegerzeit für Wilma Rudolph USA 11,0 Sekunden. Neuer olympischer und neuer Weltrekord!« Doch als Weltrekord konnte die Zeit nicht anerkannt werden, da zum Zeitpunkt des Laufes auf der Bahn 2,7 Meter Rückenwind gemessen wurden. Lächelnd tänzelt die Siegerin über die Aschenbahn, wirft dem Publikum Kußhändchen zu oder winkt mit ihrem hellen Strohhut in die Runde und zeigt dabei lächelnd ihr blütenweißes Gebiß. Die Zeitungen haben wieder eine charmante Schlagzeile.
Aber das war für das Mädchen vom »Ol Man river« nur der erste Auftritt. Eine Woche später: Die gleiche Kulisse, die gleiche Atmosphäre, der gleiche Hexenkessel: Endlauf über 200 Meter. Auch hier wieder eine langsam startende Wilma Rudolph und eine überraschend führende Jutta Heine aus Hannover. Aber dem Spurt der Supersprinterin aus Nashville ist auch die blonde Jutta Heine nicht gewachsen. Mit drei Metern Vorsprung durcheilt sie das Ziel.
Faszinierend auch hier wieder, wie sie siegte. Keine Spur von Kampfanstrengung, scheinbar spielend sprintet und gewinnt sie. Die römische Presse überschlägt sich: »Die schwarze Gazelle erobert die Herzen der Welt!« Dank ihres großartigen Spurts als Schlußläuferin erringt sie mit ihren Staffelkameradinnen Hudson, Williams und Jones auch noch die dritte Goldmedaille. Eine Königin kam, sah und siegte und eine bekannte deutsche Zeitung schrieb damals: »Es waren die Olympischen der Wilma Rudolph!«
Über Nacht war aus der bescheidenen und schüchternen Sportstudentin ein Weltstar geworden. Zunächst läßt sie sich einmal feiern bei Starts in Deutschland, Frankreich, der Sowjetunion und in Japan. 1961 ersprintet sie in Stuttgart mit handgestoppten 11,2 Sekunden einen neuen 100-Meter-Weltrekord, nachdem sie zuvor mit 22,9 Sekunden eine »Schallmauer« des langen Sprints durchbrach. Dann erlebte sie bei einem Sportfest in den USA die erste Niederlage.

Sie tritt ab, und es wurde vorübergehend still um sie. Im Gegensatz zu den meisten ihrer Kollegen lehnte sie es zunächst ab, ihre Goldmedaillen in klingende Münze zu verwandeln. Sie kehrte heim in den tiefen Süden der Heimat, zum Ol Man river. Das »We shall overcome« lag ihr im Blut, das »make money« nicht. Noch nicht!

An der Tennessee State University legte sie das Sportlehrerinnen-Examen ab. Der Bürgerrechtsbewegung von Martin Luther King schloß sie sich sympathisierend an, ohne in ihr aktiv aufzutreten. Als Sportlehrerin verdiente sie herzlich wenig, und nun half sie selber nach, daß ihre sportliche Vergangenheit sie wieder einholte. Mit Hilfe von Ghostwritern schrieb sie zwei Sportbücher und verfaßte schließlich noch ein Buch mit dem Titel: »Frauen im Berufsleben und am Herd«. Hatte sie einst Reklameangebote achtlos abgetan, so posiert sie nun für harte Dollars bei Sportjournalisten und für die Getränkeindustrie.

Auch Hollywood hat sich ihrer schon dankbar angenommen. Als »Wilma-Rudolph-Story« lief 1979 ein zwei Stunden langer Film im US-Fernsehen.

Aber auch die anderen Kontinente haben die schwarze Perle noch nicht vergessen. Wie hoch sie immer noch in der Gunst der Deutschen geblieben ist, zeigt die Tatsache, daß man sie im Februar 1982, 22 Jahre nach der Olympiade von Rom, hinter Rosi Mittermaier und gleichauf mit Heide Rosendal, zur beliebtesten Sportlerin in Deutschland wählte. Zu ihrer Ehrung kam sie in die Bundesrepublik. In einem Sporthotel in Herzogenaurach feierte sie Wiedersehen mit ihrer Geg-

Wilma Rudolph

wurde am 29. Juli 1940 in Nashville/Tennessee am Mississippi geboren. Sie war das 11. von 18 Kindern. Mit 11 Jahren an spinaler Kinderlähmung erkrankt, mußte sie ein Jahr lang im Rollstuhl verbringen. Mit eisernem Training überwand sie ihre Krankheit. Bei der Olympiade von Rom 1960 war die »schwarze Gazelle« die überragende Persönlichkeit und errang drei Goldmedaillen. Nach Beendigung ihres Studiums als Sportlehrerin lebte sie zunächst in Californien (Sacramento) und später in Indianapolis. Ihr Leben wurde in Hollywood verfilmt, eine der ganz wenigen Persönlichkeiten, denen eine solche Ehre schon zu Lebzeiten zukam. Sie schrieb drei Bücher und ist bis heute eine der größten Sportlerpersönlichkeiten der Welt.

nerin von Rom, Jutta Heine, und dem Hürdenläufer und Staffelsieger Martin Lauer. Dabei erfuhr man durch sie, daß sie heute eine »Wilma Rudolph-Foundation« in Indianapolis als Präsidentin leitet. Hier soll der Leichtathletiknachwuchs gefördert werden.

Ihre einstmals sagenhaften Weltrekordzeiten sind inzwischen mehrmals verbessert worden. Darauf angesprochen, finden wir ihre Antwort bemerkenswert: »Ich bin immer nur auf Aschenbahnen gelaufen, niemals auf einer Tartanbahn. Wenn ich den ganzen sportwissenschaftlichen Apparat der achtziger Jahre und bessere Trainingsmöglichkeiten gehabt hätte, würde die heutige Weltelite immer noch hinterherlaufen. Die sind nicht unbedingt besser; aber teurer!« Zuletzt sahen die deutschen Fernsehzuschauer Wilma Rudolph am 23. Februar 1985 als Ehrengast bei der Verleihung der Goldenen Kamera unter vielen Prominenten. Der herzliche Beifall, mit dem sie dort empfangen wurde, mag ihr gezeigt haben, daß ihre Leistung noch immer in lebendiger Erinnerung geblieben ist.

Irena Szewinska
Die erfolgreiche Athletin

von Ernst L. Erd

Wilma Rudolph gilt als die ästhetischste Läuferin der Welt. Die Holländerin Fanny Blankers und die Australierin Betty Cuthberts waren mit je 4 olympischen Goldmedaillen die erfolgreichsten Athletinnen. Doch dann kam Irena Kirzenstein-Szewinska und setzte neue Maßstäbe. An Erfolgen gemessen stellte sie in der Leichtathletik des Frauensports alles in den Schatten. Zu Recht konnte die Warschauer Zeitung Zycie Warszawy 1976 behaupten: »Eine solche Bilanz kann keine Sportlerin der Welt aufweisen!«
Kann man dem widersprechen? Teilnahme an 5 olympischen Spielen zwischen 1964 und 1980: Drei Goldmedaillen; vier Silber- und zwei Bronzemedaillen. Fünf Goldmedaillen bei Europameisterschaften. Als sie 1980 abtrat, war sie Inhaberin von fünf Weltrekorden (100 Meter, 200 Meter, 400 Meter, Weitsprung und 4-mal-100-Meter-Staffel). Das liest sich so einfach. Dabei fing alles gar nicht so erfolgreich an.
»Gib's auf Irena, du wirst niemals eine Hochleistungssportlerin werden, dir fehlen körperliche Voraussetzungen und Talent. Dein Wille allein schafft es nicht!« Traurig, mit gesenktem Kopf, verläßt das hochaufgeschossene, hagere und langbeinige Mädchen die Aschenbahn. Tränen stehen in den dunkelbraunen großen Augen der Vierzehnjährigen. Zu hart trifft sie das Werturteil des Trainers. Dann packt sie ihre Sachen und geht vom Sportplatz in Warschau direkt ins nächste Kino. Man schreibt September 1960. Über die Leinwand läuft gerade der Olympiafilm von Rom. Fasziniert starrt Irena auf Wilma Rudolph, das farbige Mädchen, das so herrlich läuft und siegt. Etwas später liest Irena in der Zeitung, daß diese Wilma Rudolph als Kind gelähmt im Rollstuhl saß. Da faßt sie ihren Entschluß: »Jetzt werde auch ich weitermachen. Nicht nur der Trainer, nein, die ganze Welt soll erfahren, was ich kann!«
Drei Jahre später gehört die 17-jährige 1,76 m große Irena Kirzenstein zum polnischen Olympiakader. Bei der Olympiade im folgenden Jahr

1964 in Tokio sollte die Welt zum ersten Mal erfahren, was sie kann. Gleich zweimal steht sie auf der Siegertreppe mit Silbermedaillen im Weitsprung (hinter der legendären Engländerin Mary Rand) und über 200 Meter (hinter der farbigen US-Amerikanerin Edith Mac Guire). Mit ihren Zeiten und Weiten wäre sie noch in Rom bereits Siegerin geworden. Doch ihren größten Triumph erlebt sie als Kurvenläuferin in der 4-mal-100-Meter-Staffel mit ihren Mitkämpferinnen Ciepla, Goreka und Globukowska: Weltrekordzeit 43,6 Sekunden! Tränen stehen in ihren Augen bei der Siegerehrung.

Nach dem großen Erfolg von Tokio setzten die Europameisterschaften von 1966 in Budapest höchste Glanzpunkte für »die Kirzenstein«. Gleich dreimal steht sie auf der obersten Stufe der Siegertreppe mit der Goldmedaille. Über 100 Meter ist sie »nur« Zweite geworden. Darauf angesprochen erklärte sie: »Ich habe einen relativ langsamen Start und brauche deshalb einige Zeit, um meine volle Fahrt zu erreichen.« Noch im gleichen Jahr stellte sie ihre beiden ersten Weltrekorde auf (100 Meter: 11,1 und 200 Meter: 22,7 Sekunden handgestoppt).

Die Kirzenstein war ein Weltstar geworden. Überall, wo sie lief, sprang und siegte, scharten sich die Reporter und die Pressefotografen um sie. Und der Pressereporter Janusz Szewinska ist immer an der Aschenbahn und an der Weitsprunganlage und »schießt« die besten und aktuellsten Bilder von der Kirzenstein.

Wenige Wochen vor den Olympischen Spielen in Mexiko-City erfährt die Sportwelt, daß Irena nun Frau Szewinska heißt. Ihr Ehemann wird auch ihr Trainer. Irena muß es wissen, wenn sie viel später einmal sagt: »Alles was ich habe, auch meine sportlichen Erfolge seit 1968, verdanke ich meinem Mann!«

Dann kam die zweite Olympiade für sie in den Höhen von Mexico-City. In der dünnen Luft in 2000 Meter Höhe wird sie Olypiasiegerin über 200 Meter; Silbermedaillengewinnerin über 100 Meter und erlangt im Weitsprung die Bronzemedaille. Hier im Hexenkessel von Mexiko-Stadt erlebt sie auch unmittelbar den Jahrhundertsprung von Bob Beamon über 8,90 m im Weitsprung.

Dann wurde es vorübergehend still um sie. Man erfuhr weniger über den sportlichen als über den privaten Bereich. Es war zu hören, daß die Familie im Stadtteil Mokotow von Warschau eine 2-Zimmer-Wohnung bezogen hatte, daß Irena inzwischen Mutter des kleinen Andrzej geworden ist und an der Universität Warschau Sport und

Wirtschaftswissenschaft studiert. Zur Olympiade in München 1972 aber ist sie plötzlich wieder da. Hinter der DDR-Weltklasseläuferin Renate Stecher und der Australierin Raelene Boyle wird sie Bronzemedaillengewinnerin. Drei Olympiaden für sie: zweimal Gold, dreimal Silber, zweimal Bronze: Alle Achtung! Eine große Sportlerkarriere schien zu Ende zu gehen.
Irena Szewinska pflegte stets die Sportastrologen und Propheten eines Besseren zu belehren. Jetzt ging es für sie erst richtig los. Vom 12.–22. Juni 1974 machte sie gleich dreimal Schlagzeilen. Zuerst schlägt sie die zweifache Olympiasiegerin Renate Stecher und erreicht deren Weltrekord. Einen Tag später egalisiert sie in glänzenden 22,0 Sekunden Renates Weltrekord über die 200-Meter-Distanz. Das große Comeback war mit Paukenschlägen eröffnet worden. Aber es sollte noch besser kommen. Der Sportinformationsdienst schrieb damals: »Mit der ›alten Dame‹ ist die Ästhetik des Laufes wieder in die Stadien eingezogen.« In der Tat, der Lauf der Szewinska wirkt ästhetisch, ist aber sinnvoll gepaart mit Energie, Kraft und Ausdauer. Es beginnt nun jener Teil im Leben der Irena Szewinska, der sie in den unbestrittenen Rang der größten Leichtathletin erheben sollte.
22. Juni 1974, Leichtathletikfest in Warschau, spätnachmittags. Es hat geregnet, die Aschenbahn ist noch feucht, leicht kühles Abendwetter und wenige Zuschauer. In Deutschland ist Fußballweltmeisterschaft, da sitzt man auch in Warschau vor den Fernsehschirmen. Zur allgemeinen Überraschung meldet sich Irena bei dem Kampfgericht:
»Ich werde heute 400 Meter laufen!« Sie ist niemals zuvor in einem Wettkampf die Strecke gelaufen, es sollte lediglich ein Testlauf werden, eine Selbstbestätigung darüber, wo ihre wahren Grenzen liegen. Der Weltrekord wurde von der Olympiasiegerin Monika Zehrt mit 51,0 Sekunden gehalten. Wer als Frau diese Strecke unter 52 Sekunden zurücklegt, gehört zur absoluten Weltspitze. Eine Zeit um 50 Sekunden erscheint ausgeschlossen.
Da fällt der Startschuß und Irena legt sofort los, als ob es nur über die 200-Meter-Distanz gehen sollte. Unmöglich, daß selbst ein solches Energiebündel wie die Szewinska dieses Tempo durchsteht. Bei 200 Meter zeigen die Uhren unter 24 Sekunden an; das ist schneller, als die Rudolph in Rom bei ihrer 200-Meter-Siegeszeit war, und das ist erst die halbe Strecke. Weiter eilt Irena durch die Kurve, rennt unvermindert schnell die Zielgerade herunter und stürzt ins Ziel.
Die Kampfrichter schauen auf die Uhren und schütteln die Köpfe.

Sechsmal wurde die Zeit genommen; viermal blieb die Uhr bei 49,9 Sekunden stehen, einmal bei 49,8 und einmal bei 50,0. »Jedem wurde es klar, daß soeben der phantastischste Laufrekord einer Frau registriert wurde, schrieb damals der Sport-Informationsdienst. Enthusiastisch verglich man ihre Leistung mit derjenigen von Bob Beamon von Mexiko. Irena wurde mit überwältigender Mehrheit Sportlerin des Jahres 1974.

Aber wieder einmal narrte sie die Propheten von der Sportpresse. Während Beamons Weitsprungweite möglicherweise das Jahr 2000 überdauert, zeigte die Szewinska, daß ihrer Leistung nicht zuletzt von ihr selber Grenzen gesetzt werden können. Ein Jahr später verbesserte sie ihren »Jahrhundertrekord« über die 400-Meter-Distanz auf 49,75. Dann kamen plötzlich einige Verletzungen und Niederlagen.

Doch Niederlagen gaben ihr stets Anlaß, noch härter, noch kompromißloser an sich zu arbeiten. Bei der Olympiade im kanadischen Montreal 1976 sollte es sich noch einmal eindeutig erweisen, wer die beste Läuferin der Welt über die 400-Meterstrecke war.

Donnerstag, 29. Juli 1976, vor 90000 Zuschauern im Stadion von Montreal. Ein heißer Sommertag liegt über der Millionenstadt am St. Lorenzstrom und der Ottawamündung. Wird es »die große alte Dame der Leichtathletik« noch einmal gegen die anrückende Jugend schaffen, vor allem gegen die beiden DDR-Asse Christa Brehmer und Ellen Streidt?

Nach dem Startschuß lief eines der phantastischsten 400-Meter-Rennen der Frauen in der Geschichte der Leichtathletik ab. Unwahrscheinlich der einmalige Lauf der Polin. Irena wurde zur überragenden Athletin der Spiele. In der neuen Weltrekordzeit von 49,23 Sekunden setzte sie absolut neue Maßstäbe. Mit ihrem Weltrekord am eigenen Rekord vorbei, schuf sie neue Leistungsdimensionen. Die Zeitung »Die Welt« wußte am 31. Juli 1976 zu berichten: »Ihr Vorsprung auf der Zielgeraden war majestätisch und sie machte ihrem Beinamen ›Polnische Prinzessin‹ alle Ehre. 1,22 Sekunden oder 10 Meter lag sie im Ziel vor den Gewinnerinnen von Silber und Bronze, Brehmer und Streidt aus der DDR!«

Zu diesem Zeitpunkt war sie zehnmal Weltrekordlerin. Irena nach ihrem Sieg: »Es war alles beisammen, der Sieg und der Weltrekord. Es ist das größte, was man sich als Sportler denken kann!« Auf eine Reporterfrage, ob sie für ihr politisches System laufe, antwortete sie: »Ich renne für mich; denn ich habe viel Freude am Laufen und

Trainieren. Ich weiß aber auch, daß die Leute in Polen sehr glücklich sind, wenn ich siege.«
Vier Olympiaden: 3 Goldmedaillen, dreimal Silber, zweimal Bronze und keine Olympiade, bei der sie nicht auf dem »Treppchen« war. Eine bisher niemals von einer anderen Athletin erreichte Leistung. Warum sollte sie es nicht auch noch ein fünftes Mal bei Olympischen Spielen für ihr Polen versuchen?
1978 mußte sie Niederlagen bei den Europameisterschaften in Prag hinnehmen. Aber so etwas verstand sie stets zu verdrängen. Wichtiger erschien ihr zunächst die Erringung des Sportlehrerdiploms. Täglich drehte sie auf dem Sportplatz ihre Runden mit dem Ziel: Olympia 1980 in Moskau. Zwar lagen ihre Zeiten unter denen der Weltspitze seit 1978. Immerhin schaffte sie die Olympiaqualifikation noch einmal.
In Moskau sollte es sich dann doch für die inzwischen 34jährige Irena Kirzenstein-Szewinska zeigen, daß die Zeit des Hochleistungssportes für sie vorbei war. Es blieb ihr lediglich die Ehre der Teilnahme. Aber der Internationale Leichtathletikverband hatte sich doch noch etwas einfallen lassen: Man verlieh ihr als bisher einziger Sportlerin der Welt die Ehrenolympiamedaille in Gold.

Irena Szewinska

wurde am 24. Mai 1946 als Irena Kirzenstein in Leningrad geboren. Sie war Tochter jüdischer Eltern, die aus Polen geflüchtet waren. Später kehrte die Familie nach Warschau zurück. Schon mit 17 Jahren stand Irena im Olympiakader Polens und nahm nacheinander erfolgreich an den Olympiaden Tokio (1964), Mexiko-City (1968), München (1972), Montreal (1976) und Moskau (1980) teil. Nur in Moskau blieb sie medaillenlos. Dafür erhielt sie dort als erfolgreichste Olympionikin in der Leichtathletik die bisher größte Auszeichnung (Ehrenolympiamedaille in Gold).

Mit drei olympischen Goldmedaillen, drei Silbermedaillen und zwei Bronzemedaillen ist sie die erfolgreichste Leichtathletin. Hinzu kommen fünf Goldmedaillen bei Europameisterschaften. Insgesamt hatte sie 10 neue Weltrekorde inne. Die spektakulärsten waren diejenigen über die 400-Meter-Distanz. Dreimal war sie Weltsportlerin des Jahres. Heute ist die erfolgreichste Sportlerin Trainerin des polnischen Olympianachwuchses. Seit 17 Jahren ist sie verheiratet und hat einen 16jährigen Sohn (1986). Außer ihren sportlichen Qualifikationen besitzt sie noch das Diplom der Wirtschaftswissenschaftlerin.

Heute 1986 bewohnt sie mit ihrem Mann und dem inzwischen 16jährigen Sohn eine bescheidene kleine Wohnung in Warschau, obwohl sie längst zur Nomenklatura, den Privilegierten, in Polen gehört.
Natürlich freut sie sich, wenn im städtischen Omnibus wildfremde Menschen ihren Nachbarn zuflüstern »Das ist doch die Szewinska« und die Leute sie freundlich grüßen. Dann weiß sie wieder einmal, daß sie noch nicht vergessen ist.
Auf ihre Traineraufgaben befragt, sagt sie gelegentlich ohne Umschweife: »Ich will den sportlichen Nachwuchs fördern und dabei herausfinden, ob nicht wieder einmal eine Irena dabei ist.«

Michèle Mouton
Der schöne, schwarze Vulkan

von Hermann Schreiber

Es war an einem Maitag des Jahres 1973, daß ein schwarzäugiges Mädchen von etwa zwanzig Jahren auf einer serienmäßigen Alpine 1600 S die Damenwertung der Rallye Paris–Saint Raphael gewann. Ein kleines innerfranzösisches Ereignis, von dem die Welt keine Notiz nahm, aber ein Glückstag für die Fotografen; denn die junge Siegerin ist so temperamentvoll wie ihr Motor, und sie stammt aus der Landschaft, durch die sie zum Sieg gebraust ist, von der Côte d'Azur, den Hängen der Seealpen.

Mit diesem ersten Sieg seiner Michèle ging Monsieur Mouton ein jahrzehntealter Wunsch in Erfüllung. Als Chef einer Regionalversicherung hätte er vielleicht das Geld gehabt, selbst Rallyes zu fahren; was er aber nie hatte, das war die Zeit. Nun, seine Tochter holte alles für ihn nach und mehr. Denn wenn es etwas gibt, was in Frankreich noch mehr Sensation macht als der Sieg selbst, so ist es die Frau, die ihn erringt. Und Michèle Mouton ist keine Zufallssiegerin, kein Wettkampfhäschen, von dem man in ein paar Jahren nicht mehr sprechen wird. Sie ist eine junge Frau mit Persönlichkeit und als Repräsentantin eines neuen Typus Frau über ihre sportliche Karriere hinaus unserer Beachtung wert.

Als Herzblatt ihres Vaters hatte sie eine gute Schulbildung genossen, das Abitur bestanden, das in Frankreich ungleich schwerer ist als bei uns, und danach Jus studiert – wenn auch nicht lange. Plötzlich ging ihr Herz mit ihr durch: Sie wollte etwas tun, sie machte ein langes Praktikum bei behinderten Kindern. Angesichts dieser armen Geschöpfe erwachte ein unbändiger Leistungswille in ihr; angesichts so vielen Unglücks empfand sie ihre eigenen Gaben, die Kraft, die Energie, das gute Auge und die Intelligenz, als Verpflichtung. Nach einigen langen Gesprächen zwischen Vater und Tochter war der etwas ungewöhnliche, andererseits aber doch sehr zeitgemäße Weg gefunden: Michèle wagte sich hinaus auf die Kehren und Steilstrecken

ihrer Heimat, zunächst als Beifahrerin eines gleichgesinnten Freundes.
Aber obwohl der Beifahrer einer Rallye eine Menge zu tun hat, war ihr das nicht genug; sie hatte Blut geleckt, sie wollte selbst fahren, und da kam eben die Alpine, der niedrige Heckmotorwagen mit der traumhaften Straßenlage. Nach dem ersten Sieg, dem ersten Pokal, der noch ein Damenpokal war, stand für Michèle fest: der nächste Pokal durfte mit der Tatsache, daß sie eine Frau war, nichts mehr zu tun haben.
Sie wußte, daß dieser Weg sehr schwer sein würde, schwer und gefährlich. Sie hat sich später bitter darüber beklagt, daß einem Mann, der gesiegt hat, niemand die ausgefallenen Konkurrenten vorrechnet; siegt jedoch eine Frau, dann weiß jeder Journalist sofort, welche Ausfälle anderer Asse ihr diesen Sieg tatsächlich oder vermeintlich erst ermöglicht haben.
Frankreich hat zwei Veranstaltungen, die dem Motorsport zu besonderer Popularität verholfen haben, die Vierundzwanzig Stunden von Le Mans und die Rallye Monte Carlo. Michèle war von der einzigartigen Atmosphäre von Le Mans natürlich angezogen, und sie lernte dort eine Frau kennen, die für Italien ist, was Michèle heute für Frankreich sein darf: Lella Lombardi, die geschickte und kühne Rennfahrerin. Aber so sehr die beiden einander auch gefielen, Michèle konnte nichts dabei finden, vierundzwanzig Stunden auf einem Rundkurs zu fahren. Sie brauchte als Kind der Seealpen die Landschaft, das Abenteuer, das Erlebnis – und sie kämpfte sich durch eine Monte-Carlo-Rallye nach der anderen.
Wer in diesem Bewerb siegt, gehört – wie man so sagt – zu den Unsterblichen des Motorsports. Das ist so, seit die Monegassen im Jahr 1911 feststellten, man müsse etwas tun, um auch im Winter ausverkaufte Hotels zu haben. Fortan wurde die Rallye zu einem zunächst noch eher mondänen denn sportlichen Ereignis, man bewertete zeitweise sogar die Schönheit der Wagen(!), und 1925 gab es eine Sensation, als eine in Tunis gestartete Dame den zweiten Platz im Gesamtklassement belegte und damit alle Herren bis auf einen auf die Plätze verwies.
Nun, Michèle Mouton hatte es schon schwerer. Ihre Konkurrenten hießen und heißen Walter Röhrl, Björn Waldegaard, Bernard Darniche, auch der im Frühjahr 1985 tödlich verunglückte Attilio Bettega war unter ihnen. 1978, 1979 und 1980 erreichte Michèle in der

Gesamtwertung der Rallye Monte Carlo jeweils den siebenten Platz, und natürlich mit einer Frau als Beifahrerin, mit Françoise Conconi zunächst, später mit Annie Arrii. Sie fuhr dabei zunächst den Lancia Stratos, ein teuflisches Fahrzeug, von dem man sagt, es sei speziell für die Seealpen konstruiert worden, ein Wagen, den nur wenige zu bändigen vermögen; später war es dann ein Fiat Abarth von Fiat-France.

Aber Michèle Mouton ist nicht die Frau, die man durch Trophäen und Pokale charakterisieren könnte. Gewiß, sie ist seither wiederholt französische Rallyemeisterin geworden, sie hat immer wieder Weltmeisterschaftsläufe gewonnen, das heißt also: das ganze Feld der Fahrer-Elite geschlagen; sie hat sich selbst mit unterlegenen Fahrzeugen aufgebäumt und gute Plätze erkämpft, bis sie 1981 ins Audi-Werksteam eintrat und den Quattro fahren konnte, der sie so oft geschlagen hatte. Aber diese Stationen einer Karriere sind nur Äußerlichkeiten.

Michèle hat beim Sport weibliche Gefährtinnen, denn es sollen und müssen Frauen sein, die sich gegen die Männerwelt der Firmenteams, der Werkstätten, der Journalisten, der Clubpräsidenten und der Manager siegessicher durchsetzen. Nur privat dürfen Männer in ihr Leben treten. Ihre Wohnung in Sain-Paul de Vence teilt sie mit einem Motorsportjournalisten, der das Handikap hat, eben wegen dieser Nähe nicht über sie schreiben zu dürfen; sie will das Geschäft und den Beruf aus dieser Beziehung heraushalten.

Die schöne junge Frau, die in ihrer Energie, Ungeduld und Selbstsicherheit schon so manchem über den Mund gefahren ist und nicht nur Freunde hat, lebt in dem schönsten Dorf der Welt, das darum aber eben doch ein Dorf geblieben ist. Sie lebt, wo Chagall starb, wo Yves Montand und Simone Signoret ihre Ferien verbrachten und ihre Freunde empfingen, zwischen Malern, Künstlern, Literaten; in einem Burgdorf voll Antiquitäten, Keramik, Blumen und verschwiegenen Restaurants. In einem Gespräch mit dem deutschen Fachjournalisten Dieter L. Scharnagl bekannte sie, die Leistung der Bauern auf dieser kargen Erde, unter der grellen Sonne ebenso zu schätzen wie die Kunst, die ein Picasso ein paar Kilometer weiter in Vallauris hervorbrachte oder Matisse in Vence: »Sie leisten etwas Besonderes, jeder auf seine Art, und jeder von ihnen ist auf seinem Gebiet der Beste.«

Michèle Mouton wird von den Franzosen »le beau volcan noir« genannt, der schöne schwarze Vulkan. Tatsächlich sind ihre Energie

und ihr Einsatz unbändig, ganz gleich, ob sie in Frankreich, auf Korsika oder in Schweden fährt. Es mußte daher auch zu Verletzungen kommen, wie sie in diesem gefährlichen Sport unvermeidlich sind, gerade in Jahren wie jenen, in denen die Wettkämpfe von den atemberaubenden Zweikämpfen zwischen Michèle Mouton und Walter Röhrl beherrscht waren. Aber der Rallyesport, die vielen Stunden zwischen Leben und Tod, haben sie auch verwandelt. Das junge Mädchen aus der Stadt der Parfumfabriken und der riesigen Blumenfelder sieht heute, als professionelle Fahrerin, ihr Leben anders und ihren Sport als Arbeit – und Arbeit muß man ernsthaft und gut machen, sie enthält keine spielerischen Elemente mehr.
Für Phrasen, Schmeicheleien und die rosagefärbte Pseudowirklichkeit von Prominenz und Gesellschaft hat sie keinen Sinn und keine Gnade und setzt allem Getue ihre unverblümten Kommentare entgegen: Die Schickeria der Côte d'Azur hat sie nie vereinnahmen können, denn wer immer wieder sein Leben aufs Spiel setzt, kann die Zeiten dazwischen nicht mit Nebensächlichkeiten hinbringen. Für die Jugend Frankreichs, die gesunden und jene kranken Kinder, bei denen ihr Lebensweg begann, ist die feurige Michèle längst zum Idol geworden; zu einem Vorbild, in dem sich Mut, Einsatzfreude und Leistungsbereitschaft mit großem Ernst vereinigen, mit jener frühen Reife des Charakters, wie sie die Begegnung mit der Gefahr mit sich bringt.

Michèle Mouton

wurde am 23.6.1951 im südfranzösischen Grasse als Tochter eines Versicherungsagenten geboren. Schon früh erfüllte sie die Träume ihres Vaters, der trotz aller Begeisterung niemals Rallyes fahren konnte. Nach pädagogischer Ausbildung in einem Heim für behinderte Kinder bewies sie früh ihr Talent für den Automobilsport. Kaum 22 Jahre alt, fuhr sie 1973 ihr erstes Autorennen. Nach verschiedenen Erfolgen gewann sie 1981 als erste Frau der Welt eine Weltmeisterschaftsrallye in San Remo. Seither ist sie eine herausragende Erscheinung in diesem gefährlichen, bislang den Männern vorbehaltenen Sport.

Literaturhinweise

GLADYS AYLWARD – *Burgess, Alan:* Eine unbegabte Frau. 7. Auflage Gütersloh 1984

INGEBORG BACHMANN – Bilder aus ihrem Leben, hrsg. von Andreas Hapkemeyer, München 1983: Piper
Jürgen Serke: Ingeborg Bachmann in: Frauen schreiben. Hamburg 1979: Stern-Buch

GERTRUD BÄUMER – Des Lebens wie der Liebe Band, Briefe. Tübingen. Lebensweg durch eine Zeitwende. Tübingen

SIMONE DE BEAUVOIR – Christiane Zehl Romero, Simone de Beauvoir, Reinbek (Rowohlt) 1978 (rororo 260)
Simone de Beauvoir, Memoiren einer Tochter aus gutem Hause, Reinbek (Rowohlt) 1968 (rororo 1066)
Simone de Beauvoir, In den besten Jahren, Reinbek (Rowohlt), 1969 (rororo 1112)
Simone de Beauvoir, Der Lauf der Dinge, Reinbek (Rowohlt) 1970 (rororo 1250)
Simone de Beauvoir, Alles in allem, Reinbek (Rowohlt) 1976 (rororo 1976)
Simone de Beauvoir, Das andere Geschlecht, Sitte und Sexus der Frau, Reinbek (Rowohlt) 1971 (rororo 6621–6624)

ELSA BRÄNDSTRÖM – Lieken-Wentzlau, Hanna (Hrsg.): Elsa Brändström – Dank. Berlin 1938

MARIE CURIE – Curie, E., Leben und Wirken. Frankfurt 1974
Ulbrich, P.: Marie Curie 1948

ALEXANDRA DAVID-NEEL – Wanderer mit dem Wind. Wiesbaden 1979. Heilige und Ketzer. Wiesbaden 1984
Leben in Tibet. Basel 1984

MARGUERITE DURAS – Magazine littéraire, No 158, Paris, mars 1980
Marguerite Duras, Moderato cantabile, Classiques Hachette, Paris 1978/79
Marguerite Duras, Der Liebhaber, Suhrkamp, wo auch andere ihrer Werke deutsch vorliegen

ELEONORA DUSE – *Reinhardt, E. A.:* Das Leben der Eleonora Duse. Berlin 1943

INDIRA GANDHI – *Bonn, Gisela:* Die indische Herausforderung. Sachsenheim 1985
Bhatia, Krishan: Indira Gandhi, Biography of Prime-Minister. New York-Washington 1974
Bonn, Gisela: Indira Gandhi spricht. Percha 1975

ELLY HEUSS-KNAPP – *Elly Heuß-Knapp:* Bürgerin zweier Welten. Rainer-Wunderlich-Verlag, Tübingen
Elly Heuß-Knapp: Ausblick am Münsterturm. Rainer-Wunderlich-Verlag, Tübingen.
Elly Heuß-Knapp zum Gedächtnis. Laetare-Verlag, Nürnberg
Theodor Heuß: Erinnerungen. Rainer-Wunderlich-Verlag, Tübingen

RICARDA HUCH – *Baum, Marie:* Leuchtende Spur. Stuttgart 1950
Baumgarten, Helene: Ricarda Huch. Weimar 1965

MARIE LUISE KASCHNITZ – *Pulver, Elsbeth:* Marie Luise Kaschnitz. Reihe Autorenbücher 40, München 1984
Reichardt, Johanna Christiane: Zeitgenossin Marie Luise Kaschnitz, eine Monographie, Basel 1984

HELEN KELLER – *Cleve, Evelyn:* Helen Keller. Hamburg 1974
Keller, Helen: Licht in mein Dunkel. Zürich 1955

ANNETTE KOLB – Annette Kolbs Stammverlag Fischer hat ihre Romane mehrfach neu aufgelegt, auch in Sammelausgaben. Über Annette Kolb schrieb u. a. Hermann Kesten in seinem auch als Taschenbuch lieferbaren Erinnerungsband »Meine Freunde, die Poeten«.

KÄTHE KOLLWITZ – *Kollwitz, Käthe:* Ich will wirken in dieser Zeit. Auswahl aus den Tagebüchern und Briefen. Berlin 1972
Schmalenbach, F.: Käthe Kollwitz. Königsstein i. T. 1965

SELMA LAGERLÖF – *Berendsohn, Walter A.:* Selma Lagerlöf. Heimat und Leben, Künstlerschaft, Werke. München 1927
Jenssen, Christian: Selma Lagerlöf. Ein Lebensbild. Lübeck 1947

HELENE LANGE – *Lange, Helene:* Lebenserinnerungen. Berlin
Lange, Helene: Was ich hier geliebt. Briefe. Tübingen

ELISABETH LANGGÄSSER – *Augsberger, Eva:* Elisabeth Langgässer. Nürnberg 1982

ELSE LASKER-SCHÜLER – *Klüsener, Erika:* Else Lasker-Schüler. Rowohlts Monographie, Hamburg 1980
Wallmann, Jürgen: Else Lasker-Schüler. Mühlacker 1966

GERTRUD VON LE FORT – Leben und Werk in Bildern, Daten und Zeugnissen. Insel-Tabu, Frankfurt

DORIS LESSING – *Martha Quest,* Klett-Cotta, Stuttgart.
Eine richtige Ehe. Klett-Cotta, Stuttgart

Sturmzeichen. Klett-Cotta, Stuttgart
Landumschlossen. Klett-Cotta, Stuttgart
Die viertorige Stadt. Klett-Cotta, Stuttgart
Das goldene Notizbuch. Fischer-Verlag
Die Memoiren eines Überlebenden. Fischer-Verlag
Die schwarze Madonna. Klett-Cotta, Stuttgart
Katzenbuch. Klett-Cotta, Stuttgart
Das Tagebuch der Jane Somers. Klett-Cotta, Stuttgart

ROSA LUXEMBURG – *Hetmann, F,:* Rosa L. Die Geschichte der Rosa Luxemburg und ihrer Zeit. Weinheim 1977 = Fischer TB 2132
Hirsch, Helmut: Rosa Luxemburg. Reinbek = romon 158

GOLDA MEIR – *Isolani, Gertrud:* Golda Meir – Israels Mutter Courage. Basel 1970
Meir, Golda: Mein Leben. Hamburg 1975

LISE MEITNER – *Krafft, Fritz:* »Lise Meitner und ihre Zeit«, Zeitschrift Chemie, Band 90, Seite 876–92. Berlin 1978
Krafft, Fritz: »Im Schatten der Sensation«, Weinheim und Basel 1981
Stolz, Werner: »Otto Hahn, Lise Meitner«, Leipzig 1983

MARGARET MITCHELL – *Riess, Curt:* Bestseller, Hamburg 1960
Trask, Georgianne: Storytellers and their Art, New York 1963

MARIA MONTESSORI – *Kramer, Rita:* Maria Montessori. Leben und Werke einer großen Frau. München 1977
Montessori, Maria: Maria Montessori. Texte und Diskussionen. Hrsg. v. W. Böhm. Heilbronn 1971

MICHELE MOUTON – *Scharnagl, Dieter L:* Ralley-Jahrbuch 1980/81. München 1980

WILMA RUDOLPH – *Mägerlein, Heinz:* Bd. 2 XVII. Olymp. Sommerspiele in Rom. W. Limpert Verlag
Vogt, Erich: Wilma Rudolph. Die späte Karriere einer Einzelkämpferin. FAZ 03.01.1980
Hurek, Peter: Das Gold strahlt weiter. N. N. 17.02.1982

GABRIELE MÜNTER – *Eichner, J.:* Kandinsky und Gabriele Münter. Von den Ursprüngen moderner Kunst, München 1957
Buchheim, I. G.: Der Blaue Reiter, Feldafing bei München 1959

SOPHIE SCHOLL – *Jahnke, H.-H.:* Weiße Rose contra Hakenkreuz. Frankfurt 1969
Scholl, Inge: Die weiße Rose. Frankfurt 1953 = Fischer TB 88
Zuckmayer, Carl: Es war nicht umsonst. – Ein Brief an Inge Scholl zum 22. Februar 1950. In: Aufruf zum Leben. Frankfurt 1976

ANNA SEGHERS – Anna Seghers Materialienbuch. Neuwied o. H. = Sammlung Luchterhand 242
Sauer, Klaus: Anna Seghers. München 1978

EDITH STEIN – *Graef, Hilda:* Edith Stein. Zeugnis des vernichtenden Lebens. Freiburg 1979
Stein, Edith: In der Kraft des Kreuzes. Auswahl aus Schriften und Briefen. Freiburg 1979

IRENA SZEWINSKA – Olympia-Album 1964 Limpert Verlag. Stuttgarter Ztg. vom 7.9.74 und 27.8.78. Die »Welt« v. 31.7.76. »Allgem. Ztg. Kassel« vom 30.7.76. Saarbrücker Ztg. vom 19.9.80

MARGARET THATCHER – *Wapshot/Brock:* Eine Frau regiert in Downing Street. Stuttgart 1984

MUTTER TERESA – *Doig, Desmond:* Mutter Teresa. Freiburg 1977
Muggeridge, Malcolm: Mutter Teresa. Freiburg = Herder Bücherei 628

HELENE WEIGEL – *Brecht, Bertolt:* Tagebücher. Frankfurt 1975
Unseld: Helene Weigel zu Ehren. Eine Festschrift. Frankfurt 1970
Frederic, Ewen: Bertolt Brecht. Sein Leben, sein Werk, seine Zeit. Düsseldorf 1970

SIMONE WEIL – *Krogmann, Angelika:* »Simone Weil in Selbstzeugnissen und Bilddokumenten«. Reinbek 1970
Simone Weil, »Schwerkraft und Gnade«, übersetzt von Friedhelm Kemp, mit einer Einführung von Gustave Thibon. München 1952
»Das Unglück und die Gottesliebe«, mit einer Einführung von Stearns Eliot. München 1953
»Die Einwurzelung, Einführung in die Pflichten dem menschlichen Wesen gegenüber«, übersetzt von Friedhelm Kemp. München 1956
Simone Weil, »Unterdrückung und Freiheit«, mit einem Vorwort von Heinz Abosch. München 1975

VIRGINIA WOOLF – *Klein, Jürgen:* Virginia Woolf, München 1984
Poole, Roger: The unknown Virginia Woolf, Cambridge 1978

MARGUERITE YOURCENAR – Magazine littéraire, no 153, octobre 1979
Marguerite Yourcenar, Die schwarze Flamme, Kiepenheuer & Witsch, Köln, Berlin 1969
Marguerite Yourcenar, Ich zähmte die Wölfin. Erinnerungen des Kaisers Hadrian, Deutsche Verlagsanstalt 1977
Marguerite Yourcenar, Gedenkbilder, Hansa Verlag 1984